U0559823

浮华梦醒

民国实业家的创业之路

金满楼 著

团结出版社
UNITY PRESS

图书在版编目（ＣＩＰ）数据

浮华梦醒：民国实业家的创业之路 / 金满楼著 . --
北京：团结出版社，2024.9
　　ISBN 978-7-5234-0661-8

Ⅰ . ①浮… Ⅱ . ①金… Ⅲ . ①商业史－中国－民国
Ⅳ . ① F729.6

中国国家版本馆 CIP 数据核字 (2023) 第 230923 号

出　版：团结出版社
　　　　（北京市东城区东皇城根南街 84 号　邮编：100006）
电　话：（010）65228880　65244790（出版社）
　　　　（010）65238766　85113874　65133603（发行部）
　　　　（010）65133603（邮购）
网　址：http://www.tjpress.com
E-mail：zb65244790@vip.163.com
　　　　tjcbsfxb@163.com（发行部邮购）
经　销：全国新华书店
印　装：天津盛辉印刷有限公司

开　本：170mm×240mm　16 开
印　张：19
字　数：237 千字
版　次：2024 年 9 月　第 1 版
印　次：2024 年 9 月　第 1 次印刷

书　号：978-7-5234-0661-8
定　价：56.00 元
　　　　（版权所属，盗版必究）

推荐序：让我们的目光注意到他们

金满楼兄是我在 20 年前游走"天涯论坛"时的朋友，我们那时以文会友，一起成了历史写作的爱好者。20 年来，金满楼兄在晚清及民初历史题材的书写上笔耕不辍，早已成为当代出版界历史作者的中坚。

听闻金兄近来将出版一部近现代中国商界人物的专著，我尤感兴趣，特索要书稿先睹为快，阅后有颇多感慨。今遵金兄之嘱，为该书作序，也说一说我在这方面的一些感想。

我们中国，经过 20 世纪的大变局，走入了改革开放、以经济建设为中心的坦途，历经 40 多年发展，正在以惊人的速度崛起。这在当今的中外舆论中，大概没有异议。

这个崛起，我以为，实际上是一个古老国家正在彻底地脱胎换骨。

以往的中国，不妨说是一株老树，在历经了繁盛之后，变得内里朽烂、枝叶凋零。到了 100 多年前，好几次险些轰然倒塌。

那情景，曾使很多仁人志士痛心疾首。他们奋起，以"天下兴亡，匹夫有责"为终生之志，以近乎狂热的执着，用自己的一腔热血来浇灌这株老树。

苍天不负有志者。他们的热血，终于化作了老树上的蓬勃新芽。可以说，今天一切足以令我们自豪的中国事情，都是志士们热血的结晶。

所以我们不能忘记——是他们用生命，书写了壮阔的 20 世纪中国史。

在那一组巍然高耸的志士群像中，有力图救亡的政治人物，也有以笔墨启蒙唤醒国人的学者、作家。这两类人，声名最为显赫，事迹广为人知。他们的所言所行，在中国现代史上，留下了最夺目的印记。

但是，还有一类人的命运却很不同，他们与革命先驱、文化先驱们有过同样的抱负，做过同样艰苦卓绝的努力，创造出同样辉煌的业绩。可是他们的事业、他们的生命足迹甚至他们的名字，从20世纪下半叶起，渐隐渐消，不大为人所提及。

近些年来，随着人们对国家现代社会转型史的探讨追溯，这一群人身上的尘埃被渐渐拂去，引起了当代一些人的关注。但还很不够——这种有限的关注，与他们曾经的奋斗很不相称。

他们，就是中国现代的民族工商业精英。

他们的"实业建国"之路，是与救亡、启蒙并列的一项伟大事业。他们的努力，同样是社会变革的根本目的和社会革命应有的归宿。即使是现代史上的纷乱中断了他们的奋斗之路，他们为此付出的种种努力也不该被历史遗忘。

我们现今在经济建设中所做的一切，都不过是历史的延续和继承。在经济建设的前行路途中，尤其需要榜样，需要经验，需要有时代担当的风范，需要圣贤般的献身精神。

这一切，在近现代民族工商业人物群体中，都曾经有人做到过！

尤其是20世纪民族实业家的代表人物——卢作孚，更是那个时代中丰碑式的人物，是一代爱国实业家的典型形象。

卢作孚先生是一位在艰难转型期中涌现的非凡斗士，是一位起步于贫民阶层的民族精英，是一位在中国最早提出现代化建设概念的思想者，是一位不避琐屑致力于社会改革和匡正人心的实践家。

卢作孚先生所创办的民生实业公司，是现代中国规模最大的民营航运企业，也是当时最成功的现代集团企业样板。他在重庆北碚进行的渐进式的社会改革试验，是腐败、混乱、落后的大环境下的一个"改革特区"，也是现代中国新型社会的一个雏形。

他以59年的生命所创造的伟大业绩，其意义和影响远远超出了工商界。作为一个新生大国的实业家精英，他的奋斗事迹，他的毕生追求，是我们今天受用不尽的一笔精神遗产。

满楼兄笔下所涉及的一批近代商界人物，大多有与卢作孚先生一样的经历和抱负，他们的成就与付出，同样不可忽视。

在当今，通过了解这样一批人物的事迹，我们最应该思考的，应该是如下的问题：

一个历史悠久而在现代重新崛起的大国，需要一批什么样的企业家？

一个中国当代的企业家，需要有怎样的价值观与荣誉意识？

国家荣誉、民族使命，是不是一个企业家行事的最高原则？

在当代中国，什么是工商业者正确的"成功"标准？

卢作孚有言："个人的成功不是要当经理、总经理，或变成拥有百万、千万的富翁；而是盼望每个人都有工作能力，都能成功所做的事业。许多人都把这个意义弄不清楚，往往败坏事业，成功自己；自己虽说是成功，社会却失败了。"

可以说，他的真知灼见穿越了历史云雾，直接击中了当代许多人的"心魔"。当赚钱成为"主义"的时候，我们应如何去超越？

温故而知新。我觉得，我们今天阅读金满楼兄这本书的必要性就在于：曾经的问题，今天仍然存在；当下的道路，要借鉴昨天是怎样走过来的。

一代人曾经的足迹，可能有着我们今天最需要的一些东西。

以上一点感想，是为序。希望读者读过本书后，思想上能有所裨益。

清秋子

2023 年 10 月 23 日于广州

自序：近代社会与"士"的转移

最近 10 来年，市面上关于"民国大师""民国范"的图书颇为不少。很多人由此慨叹：为什么民国会有那么多"大师"，而现在却没有呢？

实则，这种慨叹可能有些哭错坟头的感觉。也有人说，当下这种"民国大师热"纯由书商炮制，只是作为迎合大众的一个卖点。那么，民国真有那么多"大师"吗？在当时内忧外困的社会环境下，这些所谓的"大师"，真的有什么作为吗？

目前盛行于图书界的"民国大师"，几乎都来自人文学科而罕有自然学科，这本身就是个问题。诚然，在中国古代，尤其在科举制度的加持下，读书人一向被视为"四民之首"，他们自幼浸润于"格物、致知、修身、齐家、治国、平天下"的教诲，担负着规谏帝王、教化万民的重任，其重要性可想而知。

然而，1905 年废除科举后，"仕学合一""学而优则仕"的传统被打断，顿失所依的旧士人因为失去上升空间而被迅速边缘化。民国时期，军阀坐大，无论新旧知识分子都被排斥在政治中心之外。投身无路，报国无门，对那些仍"以天下为己任"的读书人来说，这无疑是巨大的悲哀。

在传统和秩序都被践踏得粉碎的时代，传统的读书人想要寻找新的定位变得非常困难。清末民初的转型时期，很多新型知识分子通过办报或参与公共事务彰显了一定的发言权，但从历史的长镜头看，这些作为大多于事无补，甚至在很多时候起到了适得其反的作用。

不能为官又不事生产，有心教化却有违时务，这种无能、无力、无用感普遍弥漫于这一时代的知识阶层。在此努力而又无望的氛围下，究竟谁是社会的精英、精英的概念应该如何定义，无疑成为当时人不得不思考的一大问题。

早在晚清时期，就曾出现过一种"四民皆士"的观念。如曾国藩所云："西人学求实济，无论为士、为工、为兵，无不入塾读书，共明其理。"这说的虽不是"四民皆士"，但已强调"四民皆学"；郑观应在《盛世危言》中说：西学分"天、地、人"三学："'人学'者以方言文字为纲，而一切政教、刑法、食货、制造、商贾、工技诸艺，皆由人学以推至其极者也。"这是把一切有用之学都放在了同等地位，而不再是"士学"独尊；在《救亡决论》一文中，严复更进一步指出："求才、为学二者，皆必以有用为宗。而有用之效，征之富强；富强之基，本诸格致。"在这篇长文中，严复对当代之"士"提出了严厉的批评，称其为"游手之民""固民之蠹"，"一言以蔽之，曰：无用"。

严复的话有些愤激偏颇，但确实提出了一个重大的命题。在近代社会尤其工业革命以后，传统的"士"及所谓"政教之学"在应对内忧外患时失去效用，因而他认为只有"格致"也就是"自然知识"才是"有用"的。1926年7月，胡适在北大演讲中也说："救国不是摇旗呐喊能够行的，是要多少多少的人投身于学术事业，苦心孤诣，实事求是的去努力才行……日本很小一个国家，现在是世界四大强国之一，这不是偶然来的，是他们一般人都尽量的吸收西洋的科学学术才成功的。你们知道，无论我们要做什么，离开学术是不行的。"

从这个意义上说，近代的"士"已由传统的读书人转为了科学家、实业家群体。这一变化，不仅仅是因为科举被废除，也不仅仅是人文学科重要性下降、自然学科地位上升，其中更为底层而强劲的驱动力来自于时代的潮流，也就是农业社会向工业社会的转型所致。

本质上说，近代中国的落后和挨打其实就是工业社会对农业社会的降维打击。更直接一点说，是军事上的惨败而不是其他。一个国家要发展军事，就不能像北洋水师那样依靠外购，这种做法早晚都是死路一条。因此，要想保家卫国、立于不败之地，军事工业必须独立自主。但话说回来，以近代中国这样薄弱的农业底子，要发展军工又谈何容易。明眼人都知道，军工从来不是独立的存在，它是工业体系的一部分。这样的系统工程，牵涉到教育、科技、体制等方方面面，非数十年、上百年不能完成。

遗憾的是，因为国家内乱、外敌入侵等原因，民国虽然出了一些所谓的"大师"，但真正的"士"却未能养成。即便有一些科学家、实业家，但大多昙花一现或收效甚微，对整体性的国家与民族命运于事无补。直到1949年后，尤其在改革开放40多年的进程中，以科学家、实业家为代表的"士"才真正涌现，中国由农业年代走向工业化、城市化，社会结构发生了本质性的变化，国家实力也得到了飞速的提升，并变得越来越强大。

目 录

一
实业先驱

【1】走出唐家湾：洋务先驱唐廷枢

早在一百多年前，被誉为"中国近代先驱聚居地"的广东唐家湾已是名声在外。据说，当时从美国旧金山寄信，只要封面上写着"中国唐家湾"五个字，这封信就会妥妥地送到唐家人的手中。别的不说，清廷在 1872 年至 1875 年送出的 120 名留美幼童中，唐家湾人就有 13 名，其中就包括民国首任总理唐绍仪、清华首任校长唐国安等人。而在唐家人中，比唐绍仪、唐国安等人出道更早的，是以唐廷枢为代表的上一代人。

一

唐家湾原属广东香山县（后改中山县，现属珠海），因为这里毗邻澳门、香港，近代史上的一些知名买办多产生于此，唐廷枢即为其中之一。

唐廷枢，字建时（初名唐杰），号景星（亦作镜心），1832 年生人。唐廷枢的父亲，据说给香港马礼逊教会学校校长、美国牧师布朗当过听差，唐廷枢及兄长唐廷植由此得以进入这所学校学习，并学得一口流利的英文。16 岁毕业后，唐廷枢在香港某拍卖行当助手。1851 年起，他先在港英政府做了 7 年的翻译，之后又在上海海关当了 3 年的高级翻译。

6 年的学习加上 10 年的翻译生涯，让唐廷枢掌握了一口极为流利的英文。据说，他说起英文来就像一个英国人。而在当时，外贸行业虽然发展迅速，但很多商人乃至很多任职于洋行的买办对英文并不熟悉。在此契机下，唐廷枢决定编写一部实用的英语会话书，这就是 1862 年由广州纬经堂出版的《英语集全》。

《英语集全》是中国第一部汉英词典及英文教科书，全书分天文地理、日常生活、工商业、官制、国防、买办问答共 6 卷，其中收录 6000 多个词汇、短语及简单句子。由于当时买办多为广东人，这本书也是用广东方言写成的。

1861 年，在怡和洋行同乡买办林钦的介绍下，唐廷枢加入该行并代理长江一带的生意。怡和洋行是进入中国最早的洋行之一，因其当时规模最大而被人称为"洋行之王"。进入怡和洋行两年后，唐廷枢正式受雇为洋行总买办。

在此期间，唐廷枢除了为怡和洋行经理库款、收购丝茶、开展航运、扩大洋行业务之外，还为洋行老板投资当铺、经营地产、运销大米与食盐，甚至涉足内地的矿产开采等业务。唐廷枢的重要性，用洋行老板的话来说就是："唐景星现在是站在我们的鞋上。"这就是说，唐廷枢以怡和的立场代理了洋行的一切生意。

唐廷枢

唐廷枢的出色表现，一方面是因为他受过良好的西式教育，英语极为娴熟；另一方面也与他的聪明才智有着密不可分的关系。事实上，唐廷枢是个极为精明的生意人，早在港英政府担任翻译期间，他已经开始了自己的商业活动和资本积累，其中就包括对两家当铺的投资。到上海后，由于棉花贸易行情看涨，他随后又创立了一家修华号棉花行，主要为外国洋行收买棉花，而其客户就包括怡和洋行。

随着人脉关系的不断拓展，唐廷枢的商业活动也随之不断扩大。当时，除了服务于怡和洋行外，唐廷枢也有自己的生意，他先后与人合伙开了 3 家茶庄。而因为收购茶叶的需要，他又陆续投资了 3 家钱庄，以周转资金。与此同时，唐廷枢又与徐润等买办在上海创立了丝业、茶业及洋药局 3 个同业公所，以促进买办业务和自营商业的共同发展。

随着自身经济实力的增强，唐廷枢也开始参加外国在华企业的附股活动。如在进入怡和洋行第五年时，他就附股于谏当保险行。谏当保险行又名"广州保险社"，由怡和洋行与宝顺洋行于1805年共同发起成立，这也是中国的第一家（外资）保险公司。

此外，在怡和洋行属下的华海轮船公司中，唐廷枢也是大股东之一。在该公司的首期股本中，唐廷枢一人独占400股，占公司股本的近1/4。由此，唐廷枢不仅是华海轮船公司的董事成员，而且担任了公司襄理（即副经理）。

事实上，唐廷枢的附股活动并不限于怡和洋行所属企业，譬如1867年成立的公正轮船公司和1868年成立的北清轮船公司，还有美国琼记洋行的苏晏拿打号轮船及马立司洋行、美记洋行的船队，都有唐廷枢的股份。

对唐廷枢在洋行之外的各种商业活动，怡和方面并不反对。因为唐廷枢能为洋行聚拢各行业的人脉与其他商人的资本，可以最大限度地扩大怡和的生意。如怡和老板说："唐景星简直成了怡和获得华商支持的保证。"而对于其他洋行来说，唐廷枢是一个令人生畏的对手，如美国旗昌洋行老板评价唐廷枢："在取得情报和兜揽中国人的生意方面……都能把我们打得一败涂地。"

在服务怡和的10年时间里，唐廷枢也逐渐成为上海滩的华商领袖之一。他的商业成就，就像怡和洋行内部小册子中的评价："唐廷枢是中国第一位现代买办。"这一评价可谓很高了。

然而，身为怡和洋行高层，唐廷枢也未必事事顺心顺意。洋人老板对中国买办仍心存疑虑，而后者的贪污挪用、卷款事件也确实时有发生。在此期间，针对唐廷枢的查账及限制其款项支出的事件，也都曾发生过。

类似的不信任事件，说白了是洋人对华人的某种歧视。如唐廷枢曾说过的一件事：某次他乘坐怡和洋行轮船由沪返港时，途中遇到风浪而耽搁了行程。为避免饮水不继，洋人船主给每位中国旅客一铁壳水（约重0.5千克），饮用、洗面均在内；船上装载的一百多头羊，却满桶水任其饮用。

"人不如羊"的侮辱与刺激，令唐廷枢大为愤恨，他深切地感受到自己再富足、在洋行地位再高，也不过是寄人篱下、为外人做嫁衣裳；国民的地位由其国家的强弱决定，国家贫弱令国民失去了基本的尊严。以此而论，唐廷枢最终离开怡和洋行并投身于李鸿章的诸多洋务事业，大概也是由此触发的吧。

二

1873 年 6 月，唐廷枢辞去怡和洋行总买办的职务后加盟轮船招商局。

轮船招商局成立于 1872 年 8 月，最初由上海本地富商朱其昂受命筹建。尽管手握 20 万石漕粮的专运权，但招商局招募商股并不成功，开局十分不利。在此情况下，唐廷枢与同样为买办商人出身的徐润分别接任为招商局总办、会办。

以唐廷枢与徐润的商业地位及人脉、经验，这次的改组无疑是成功的。当时，除了唐廷枢，招商局还真没有其他更好的总办人选。原因很简单，唐廷枢本身积累了雄厚的资本，而且是华海、公正、北清几家轮船公司的华董，对航运业有着丰富的经验；此外，多年的买办生涯也让他对招商局的主要竞争对手了如指掌，容易占得先机。

上任后，唐廷枢与徐润向李鸿章提出两点：一是将招商局"承运漕粮为主、并兼揽客货"的运营方针改为"揽载为第一义，运漕为第二义"；二是招商局"局务由商任，不便由官任"。换言之，招商局内尽量淡化官办因素而按照"买卖常规"招募股份与日常经营。否则，商人只有出钱的义务，却没有经营的权力，生意赚了还好说，赔了找谁去理论？

对此提议，李鸿章表示同意并将"轮船招商官局"的"官"字撤销。之后，在"商办"方针的指导下，轮船招商局的进展大有起色。为吸引更多的民间投资，唐廷枢带头入股白银 8 万两、徐润附股白银 24 万两，并各自动员亲戚朋友购买招商局股份。在唐、徐两人号召下，各地巨商纷纷加盟，招商局 100 万两白银的招股任务很快完成，"招商"二字，实至名归。

改组后的第二年，招商局净利润高达 8 万两白银，效益十分可观。随后，唐廷枢加快购船步伐，扩大经营。1876 年，招商局拥有轮船 11 艘，成为当时不可小觑的航运业主力。一年后，唐廷枢又抓住机会，并以极大的魄力收购了美国旗昌轮船公司的所有产业（包括船只、码头及仓库等）。在付出白银 222 万两的代价后，招商局船只由 12 艘迅速增至 33 艘，接近中外轮船总吨位的 1/3。

对于招商局的迅速崛起，英商太古、怡和两家竞争对手十分警惕并迅速展开恶性的降价竞争，企图将新生的招商局一举打垮。对此，唐廷枢却不慌不忙，他一方面在公司内部减除冗员，降低成本；另一方面又面向海内外招聘了一批能干的买办及外国技术人员，大大增强了招商局的竞争力。

眼见无法压垮招商局，因降价而损失惨重的太古、怡和两公司不得不在 1878 年与招商局达成妥协，三方签订了齐价合同。之后，1882 年和 1890 年，怡和、

开平矿务局

太古公司又展开恶性竞争，三方又重新签订了两次齐价合同。自此，招商局不但牢牢地立稳了脚跟，而且与太古、怡和呈"三分天下"之势，成为国内航运业中最重要的一方。

对于唐廷枢的出色表现，当时的外商也不得不承认，"中国船队管理有力，指挥精明"，"（唐廷枢）在东方一家第一流的外国公司（怡和洋行）任职时获得了丰富而广阔的经验，他正在运用这一经验去击败这些外国公司"。唐廷枢听后，也不无自豪地说："枢、润不虑资本之未充，亦不虑洋商之放价，惟盼各帮联合，共襄大举，使各口转运之利，尽归中土，……此事固创千古未有之局，亦为万世可行之利。"

招商局的平稳发展与唐廷枢的另一重大举措也有着至关重要的关系，这就是保险招商局。唐廷枢具有多年的航运业务经验，他深知招商局时刻不能脱离保险，但当时中国的保险市场完全由外商掌控，投保条件十分苛刻。1875 年 4 月，招商局"福星"轮在黑水洋（今黄海一带）被怡和"澳顺"轮撞沉。由于没有保险，这一事件造成了近 20 万两白银的损失，接近招商局两成的本金。

在此惨痛教训下，唐廷枢与徐润等人深感"自筹保险"不容迟疑，随后于当年 11 月组建保险招商局，并在此基础上融资扩建仁和保险公司与济和保险公司。由此，招商局船舶的水险、火险及码头、栈房、货物的财产保险均纳入其中。1886 年，仁和、济和两公司合并成立仁济和保险公司，资本金 100 万两白银。

从 1873 年到 1882 年，也就是唐廷枢任招商局总办的 10 年间，招商局年均运输收入近 200 万两白银，其业务不仅遍及国内重要港口，还逐步扩展至横滨、神户、吕宋、新加坡等海外港口。正当招商局发展态势良好之时，1883 年爆发的中法战争在国内引发了一场金融危机，很多商人损失惨重乃至破产，唐廷枢与徐润也因挪用局款而被人揭举。1885 年，李鸿章将唐、徐二人调任天津开平煤矿，由此脱离招商局。

三

早在 1876 年时，唐廷枢即受李鸿章的委派筹办开平煤矿，而开平煤矿从勘察、招股到正式开采，也都是在唐廷枢的亲自主持下进行。尤其 1885 年离开招商局后，唐廷枢开始专管开平煤矿，而后者也成为他经营企业中历时最久、规模最大、成效最显著的一个。

中国煤矿开采自古有之，但因为缺乏现代技术设备，成本高而出煤量低。随着中外贸易的不断扩大和洋务实业的不断发展，不仅洋轮需要大量的燃煤（洋轮自带或在中国口岸高价购煤成本很高），本国机器局与轮船也要消耗大量煤炭。比如北洋水师，其所需之煤系国防性质，不能被外人牵制；招商局船队用煤数量巨大，如全部依赖进口，不免损失国利；此外，招商局从上海运送漕粮到天津后往往空船返航，而开平矿务局产煤后可以运煤到上海销售，正是一举两得的好事。

唐廷枢任内共开凿了两处矿井，一为 1879 年 2 月在英籍矿师白内特主持下开凿的唐山矿（即开平煤矿），1881 年秋正式出煤；一为 1887 年冬开采的林西矿，1889 年开始出煤。在凿井、开拓、掘进、采煤、通风、提升、排水等方面，唐山矿和林西矿均采用西方先进技术，这不仅大大提高了劳动生产率，也极大地推动了中国近代煤炭工业技术的发展。如《益闻录》所盛赞的，开平煤矿"深大而坚牢，出煤之多，速而省工，诚中国第一佳矿也"。

从出煤开始，开平煤矿的煤产量即一路飙升，从 1881 年不足 2000 吨到 1892 年的 25 万吨，产量增长了 100 多倍。19 世纪末，开平煤矿的年产量更是达到 78 万吨，成为整个远东地区数一数二的大煤矿。尤其值得一提的是，在开平煤矿创办之前，华北市场主要被日本煤所垄断，但仅用了 10 年时间，开平煤矿便将日本煤挤出了市场。在收益方面，从 1882 年到 1892 年，开平煤矿年均净利润可达 10 万两白银，是当时国内煤矿中最有成效的。如时人评论的："年来禀请开矿者颇不乏人，独数开平煤矿办有成效。"

随着煤产量的不断提高，运输成了大问题。1881年6月，在英国助理工程师金达指导下，开平工人用卷扬机的旧材料偷偷制造了一台蒸汽机车，而这个被命名为"龙"号的简易火车头，也成了中国铁道业的源头。就在这年，从唐山开往胥各庄长约20里的铁路修建完成。据史料记载，其"运输之力，陡增十倍"。

然而，由于唐山距离清东陵不远，朝中一些清流官员攻击机车行驶"震动东陵，先王神灵不安"，"喷出黑烟，有伤禾稼"，铁路由此被勒令禁驶。次年，在唐廷枢的极力疏通下，一批官员受邀乘坐这一全新的交通工具，唐胥铁路才得以恢复运行。之后，这一铁路又从胥各庄延长到阎庄，并成立了由伍廷芳任总理、唐廷枢任经理的开平铁路公司。在多年的努力下，这一铁路网线向南延伸到大沽、天津并向西筑至北京，东面则展筑至山海关乃至奉天皇姑屯，由此形成连接华北与东北的京奉铁路体系。

铁路之外，唐廷枢还尝试在开平矿务局的基础上建立水泥工业，这就是唐山细绵土厂。随着各洋务企业的陆续开办和各项军事工程的建设，水泥需求量大增。但是，中国不产水泥而全部依赖进口，"每桶价达银洋20元"，这也让唐廷枢看到了极大的商机。

经过充分准备后，占地60亩的唐山细绵土厂于1891年建成投产。不过，由于该厂采用立窑生产，土料系广东香山运进，成本居高不下，最终因亏损严重而在1893年关闭。尽管如此，唐山细绵土厂还是为后来的启新洋灰公司打下了基础并积累了宝贵的经验。1900年，时任开平矿务局总办的周学熙重办该厂，旋因八国联军侵华，细绵土厂被英国人霸占。1906年，周学熙将该厂赎回自办，这就是近代史上著名的启新洋灰公司。

在开平任职期间，唐廷枢在其他工矿方面也做了诸多投资和探索，如1883年与买办李文耀试办热河承平银矿。1887年、1888年与徐润先后勘察平泉铜矿及迁安铁厂。1889年从香港华商何献墀手中接办广东天华银矿等。1891年，他邀约郑观应开办造纸厂。1892年，他又与徐润等人筹办热河建平金矿。文化方面，唐廷枢还曾支持容闳创办《汇报》。

1892 年 10 月 7 日，唐廷枢在天津病逝。事后，《北华捷报》不无遗憾地评价："他的死，对外国人及对中国人一样，都是一个持久的损失。"

据说，唐廷枢公祭当日，参加丧事者近千人，多国驻津领事馆降半旗志哀。其灵枢用轮船运回到老家唐家湾时，和之同行的还有 13 国商务官员的专船。当这支庞大的船队在唐家湾环海"一字排列"时，整个海岸灯火通明。

在进入招商局前，唐廷枢已取得同知头衔，后由同知升为道台，甚至得到"堪备各国使臣"的保举。在其 60 岁生辰之日，唐山矿区 48 名乡绅父老子弟"同送万民牌伞"。据记载，唐廷枢病逝后，招商局称其"家道凋零""子嗣靡依"而特从公积金中拨银 1.5 万两白银，"以示格外体恤"。

【2】徐润：金融危机下的"炒房"失败者

上海有条愚园路，顾名思义，这园是有的，那就是晚清大地产商徐润的私家花园名之"愚园"。今日之路，即得名于此。

徐润生于 1838 年，因为家乡香山县毗邻香港、澳门，这里在鸦片战争结束、开埠通商后即盛产买办，徐润 15 岁时也随叔父徐荣村前往上海学做生意。最开始时，徐润先在英商宝顺洋行（大鸦片贩子颠地开办）当学徒，因其勤奋好学，悟性又高，不久就由帮账升为主账，仅 10 年工夫就做上了洋行副买办（副总）。

1868 年，刚过而立之年的徐润脱离宝顺洋行自立门户，开设一家名为"宝源祥"的茶栈。在之前积累的经验与人脉帮助下，徐润的茶叶生意做得风生水起，他不但在茶叶产区做起了一个茶业网络，而且在上海与唐廷枢等人创办茶业公所，整个上海的茶叶外贸基本都在他们的控制之下。

茶叶是晚清中国的四大出口主打产品之一，譬如 1886 年的历史高峰时期输出量高达 268 万担，这一历史纪录直到 1986 年才被打破，期间横亘 100 年。而在当时的上海，茶叶出口量占全国出口总量的2/3以上，其中宝源祥茶栈又是上海最大的茶叶外贸公司。因此，说徐润是近代中国的"茶王"也并不为过。

如果只是一个成功的买办或富商，那徐润的社会地位也不过如此，历史并不会记下他这样一个商人的名字。不过，在1873年，一个绝佳的机会向他招手了，那就是李鸿章创办的轮船招商局。

1872年，上海本地富商朱其昂受命筹建轮船招商局，但募股并不成功，开局十分不利。在此情况下，与徐润在茶叶贸易上多有合作的唐廷枢，还有徐润本人分别被委任为招商局总办、会办。

徐润

唐、徐两人之所以被选中，一方面是因为两人都是成功的买办富商，另一方面是因为唐廷枢具有丰富的航运经验，没有类似经验的徐润，则可能因为个人资产的丰厚。为了吸引更多的民间投资，唐廷枢带头入股白银8万两、徐润入股白银24万两。在此号召下，各地巨商纷纷加盟，招商局100万两白银的招股任务很快完成。

徐润能有此大手笔，与他在地产上的投资有着莫大的关系。早在1863年，年仅26岁的徐润即在宝顺洋行老板及大班的建议下投资地产，颇有斩获。而随着租界的不断拓展，徐润也敏锐地看到了房地产业的勃勃生机。

19世纪70年代后，上海百业振兴、万商咸集，生意做得红红火火的徐润也加大了对地产的投资，而其投资的窍门就在于：预先洞悉租界的拓展趋向，在具有开发潜质的交通要区或商业区以低价率先买进土地，待到升值后即高价售出，然后再从其他地方购置更多的土地。

在短短10余年间，徐润在南京路、河南路、福州路、四川路等向外拓展的区域买进大量地皮，而其手法和当初如出一辙，即将已有房地产从钱庄及银行作抵押后贷出资金，然后购置新产，再将新产作抵押借贷，以层层抵押的办法获得资金滚动操作。为此，徐润先后自办或合创了上海地丰、宝源祥、业广、广益、先农等房地产公司。

据其自撰《徐愚斋自叙年谱》中记载，徐润在上海所购的地产中，未开发2900余亩，已建房屋320余亩，其中建有洋房50多所、其他类型房屋2000多间，每年可收租银12万余两。至1883年，徐润在房地产上投入的资本超过200万两白银。因此，无论从投资总额还是物业拥有量，徐润都是当时上海的"地产大王"。

此外，徐润还有包括轮船招商局、开平煤矿等公司股票价值约42万两白银，再加上其他典当资本的话，当时徐润总资产大约有320万两白银，这可以说是富甲一方了。要知道，当时清廷的全年财政收入也就7000万两白银而已！

然而，资本的世界里就是如此残酷，爬得越高跌得也越重。1883年，中法战争爆发，由于法国舰队封锁港口，外贸由此遭受重创甚至停滞，一场突如其来的金融危机由此被引爆。在战争的阴影下，市面上银根迅速抽紧，许多上海钱庄票号因收不回贷款而纷纷破产倒闭，就连当时的巨商胡雪岩也由此轰然倒地并最终一蹶不振。

据徐润在《徐愚斋自叙年谱》中的记载，当时传言说整个上海市面的现银不足100万两，更有说只有38万两的。在恐慌情绪蔓延下，原本就价格虚高的上海房地产市场随即由热火朝天跌入冰点，而徐润的地产因为多在法租界周围，估值更是一跌再跌。

正所谓，"屋漏偏逢连夜雨，船破又遇顶头风"，在此危机重重、人心惶惶的形势下，各钱庄和债权人为了保住自己的资产而纷纷前来索债提款，令徐润无从招架而不得不大量贱价出让其持有的资产。事后，就算是见过大世面的徐润也不得不哀叹，这次的大出血让他"受亏至八九十万，岂不痛哉"！

而在这时，徐润为应付危机而挪用招商局公款16万两白银的事也被人揭发，

清末轮船招商总局大楼

此前与之有着利益纠葛的盛宣怀借机发难，他不但将徐润赶出了招商局，而且革去了其二品衔浙江补用道的官职（非实职，即所谓红顶商人的"红顶子"）。

债权人的催逼、嫉妒者的倾轧，天文数字的资产几乎化为乌有，老母和妻子亦相继病故，留下年仅 8 岁和 6 岁的一双儿女。此前，徐润的生涯如烈火烹油，尝尽人间繁华，然而，这次他同样尝到了人情冷暖、世态炎凉。不过，即便在多重打击下，徐润并未像有些人猜测的那样，"非服药，即投河"，而是奋力收拾残局，以图东山再起。

所幸的是，李鸿章对他并没有失去信任。在将上海的多数地产处理完毕后，徐润离沪北上，与同样被排挤出招商局的唐廷枢共同负责开平煤矿的开发。数年后，徐润重新获得候补道并被朝廷"赏戴三眼花翎"，但他再也没能回到令其身价倍增的轮船招商局。

之后，徐润也参与了热河金矿、广东香山天花银矿等实业，但他仍旧关注令其骤起骤落、悲喜交加的房地产市场。中法战争引发的金融危机过去后，各通商口岸的房地产业逐步复苏。鉴于此前的教训，徐润放弃滚动借贷的冒进模式而行本金自负的稳健发展模式，其陆续在天津、滦州、北戴河等地购入一些地皮，由此获得了二三十万两白银的收益。当然，这与他当年的辉煌来说，也不算什么。

房地产就是如此，有人失即有人得。在中法危机中，犹太商人沙逊即觅得商机，其抓住机会大量收购如徐润这种抛出的地产而在上海滩暴得大名，类似的暴富神话一再上演，不过主角已经不再是徐润了。

1909年，徐润在年谱中历数二十多年上海房地产天差地别的新老价格后，其不无怨气地提道："售与盛杏荪（即盛宣怀）二马路（今汉口路）住宅房地3万余两，现开客利西饭馆，闻每年得地租2万余两。期满之后，客利所造之屋，归于业主，利难胜算矣！"

是啊，当年为了归还挪用的局款，徐润不得不大量贱卖自己手头的地产，而查办者趁机低价买入被查办者的抵债房地产待价而沽，这不免有些"趁火打劫"的味道了。可是这又有什么办法呢，资本的社会不就是这么残酷吗？

1911年，也就是辛亥革命爆发的这一年，徐润在沪逝世，终年73岁。

此外值得一提的是，徐润除投资兴办实业外，其在文化方面也做了不少贡献，如创办格致书院、同文书局、仁济医院、中国红十字会及选派幼童赴美留学等，均有徐润的身影，这也是应该被人记住的。

开平煤矿

【3】郑观应：一个不甘做买办的民族商人

近代开埠通商后，国内有一类职业人突然兴起，这就是所谓的"买办阶层"。

"买办"一词，旧译为"康白度"，其源于葡萄牙文 Comprador，原指欧洲人在印度雇佣的当地管家。之后，英国人照抄其词，而旧上海的洋泾浜又把"康白度"音译成"康摆渡"，这倒有些音义契合、一语中的的感觉了。

毕竟，买办不是"外白渡桥"、给你"白渡"的，他们的"摆渡"，是要洋人掏钱给洋钿的。作为"摆渡人"，买办说白了就是帮洋人与中国人做外贸生意的中间商人。这种既懂点外语又懂得中国国情的职业经理人，在当时是绝对的抢手货，而近代最早发家致富的也多为这批人。

早期买办中，郑观应是其中比较成功的一个。郑观应，字正翔，1842 年生于广东香山县。据说，郑观应原名"官应"，大概是想走传统的科举之道求官吧。然而，这条路并没有走通。

郑观应的祖父、父亲都是读书人，后者做了一辈子的塾师，但郑家似乎并没有文运，三代人均未获得任何功名。16 岁那年，已读了多年圣贤书的郑观应前去应童子试（也就是考秀才，科举第一关），结果不出意料地落榜了。老父亲一看，这孩子也不是中举的命，得了，改奔他途吧。

郑观应没有再次科考的机会，便追随叔父郑廷江及族兄郑济东去做买办这份极有前途的职业了。

当时，郑廷江与郑济东都在上海洋行做买办。郑观应来到上海后，先是寄居在任新德洋行买办的叔父郑廷江处，边听差边学英文。一年后，粗通外语的郑观应经人介绍进英商宝顺洋行当实习生（就是学徒）。这时的郑观应十分好学，他白天上班，晚上到英国传教士傅兰雅的英华书馆夜课中持续学习英文和其他各种知识。

郑观应

皇天不负有心人，只要肯学习、能吃苦、又不傻，人总会有出息的。没多久，郑观应就转正并逐步接手洋行的丝楼和轮船揽载事务。然而，正当他打算大展拳脚时，宝顺洋行因为资金链断裂而倒闭了。

不过这倒了也好，积累了 10 年经验与人脉并已经小有资产的郑观应随后开始单干，他先是和朋友合伙做茶栈生意，继而出资公正轮船公司做起了股东。不久，已经捐得郎中五品虚衔的郑观应又做上扬州宝记盐务总理，这在商场、官场都算吃得开了。

1873 年，英资太古洋行成立太古轮船公司，而在同年，轮船招商局也宣告成立。有意思的是，郑观应不但同时参与了这两家公司的招股，而且被聘为太古轮船公司总理并兼管账房、栈房等事务。当年，郑观应才 32 岁，年薪已高达 7000 两白银。如果加上其他高额的办公津贴和各项分红的话，那一年收入过十万两白银也不在话下。用现在的话来说，那是绝对的金领阶层、年少富翁了。

如果仅仅是为外国人卖力，那未免太小看郑观应了。事实上，郑观应此时的商业活动十分活跃，其积极投资国内洋务派兴办的各项实业，除了前文提到的轮船招商局，上海织布局、津沪电报局、开平煤矿等企业中，也都有他的投资或股份。

在此期间，郑观应还积极响应清廷号召，与上海富商经元善、谢家福、严作霖、徐润、盛宣怀等人先后捐出大笔银子赈济山西、河南、陕西等省灾荒。由此，郑观应虽然没有任何功名，但他已由此捐得候补道衔，并与李鸿章等洋务派大员交情日深。

1880 年，郑观应被委任为上海织布局总办，不久又被委派为上海电报局总办，由此成为李鸿章手下的洋务干将。1882 年，在与太古洋行的 5 年合同期满后，郑观应不再续约而接受李鸿章之命出任招商局帮办。之后，为应对太古、怡和两外资轮船公司的削价竞争，郑观应亲自出面交涉并签订齐价合同，这也使得轮船招商局得以继续稳步发展。

然而，就在次年，因中法战争爆发而导致的金融危机席卷上海，一些外贸企业及钱庄纷纷倒闭，就连红极一时的巨商胡雪岩也轰然倒地。这时，上海织布局也发生亏累，官方派出经元善等前来清理局务时，发现总办龚寿图有挪用公款等行为，而龚寿图又将牵扯不清的责任推给了前任郑观应。最终，郑观应不得不缴纳 2 万两白银了结此案。

而在这时，郑观应给老东家太古轮船公司推荐的杨桂轩因经营不善、挪用公司款项等致使公司损失惨重（据说有 10 余万两银子），郑观应因为是杨桂轩的担保人而负有连带责任，结果被太古公司人员扣在香港追索赔款，前后折腾了几个月才得以脱身。

连遭两次打击后，郑观应深感心力交瘁，在写给盛宣怀的信中大发牢骚："这些年来命运坎坷，事多与愿违。在外有上司朋友的谴责，在内有父兄妻子的怨恨，可谓进退维谷，申诉无门。如今我是身败名裂，实不足为人驱使矣！"

事后，正值年富力强的郑观应选择了急流勇退，退出商界，隐居澳门，以读书写作自娱。在此期间，郑观应将他在 1880 年刊印的《易言》加以补充修订，这就是后来的《盛世危言》。在这部书中，郑观应提出了一系列改革建议，其中包括发展工矿业、工商业、交通业、改革关税、向西方学习各种制度与文化等。这一著作，在戊戌变法和清末新政时期均引起了重大关注。当然，这是后话了。

1891 年，郑观应久静思动，后在盛宣怀举荐下出任开平煤矿粤局总办。两年后，郑观应再次被委任为招商局帮办。李鸿章的这次点将，原因也是招商局的老对手太古、怡和再度使出降价倾销手段，郑观应出马后又一次达成三方齐价合同，免得各方自相残杀，得不偿失。

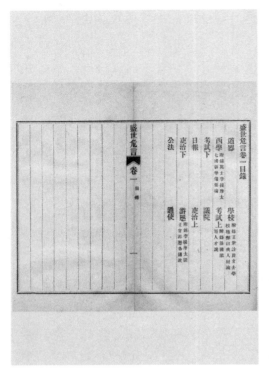

《盛世危言》

1896 年，湖广总督张之洞委任郑观应为汉阳铁厂总办。次年正月，郑观应又兼任粤汉铁路总董。1901 年李鸿章去世后，继任直隶总督兼北洋大臣的袁世凯将轮船招商局和电报局抓入手中，原李派人马如盛宣怀、郑观应等均告出局。

之后，郑观应受广西巡抚王之春的邀请入桂署理左江道。但是，他刚上任不久，即因王之春被革职而连带去职。无奈之下，郑观应只得重返广东。1906 年，郑观应被推举为广东商办粤汉铁路有限公司总办，主持募股集资工作，但不久又因守制而去职。

1909 年，郑观应第三次进入招商局出任董事，并赴商部办理招商局商办注册事宜。次年，在袁世凯被摄政王载沣踢回老家后，重新复出的盛宣怀任命郑观应为招商局会办，并委托其整顿局务。

民国以后，年届 70 的郑观应以年迈多病为由向招商局提出辞呈，但由于其在商界深孚众望，1919 年招商局股东改选董事时，郑观应仍旧当选。不过，晚年的郑观应已经不再负责具体局务而主要以办教育为主，其先后兼任招商局公学住校董事、主任及上海商务中学名誉董事等职。1922 年 5 月，郑观应病逝于上海提篮桥招商公学宿舍。

郑观应别号杞忧生、罗浮偫鹤山人等，与其他买办乃至与他同时期由买办转为民族实业家的如唐廷枢、徐润等人不同的是，郑观应深思明义，其观点体系在《盛世危言》中均有述及，不复赘言。

民国时期，国内形势日坏，郑观应也感到十分悲观失望，他不再从昔日的改良思想中找救世良方而改为求仙问道。如他所声称的："名利二字久已看破，等诸过眼之浮云矣"；今后"凡入世出世之方、治家治国之道，均不敢再谈，当学金人之三缄其口，敬谢亲友，觅地潜修"；"由仙佛法力，慑服乱世魔王，消灭各种火器，务使五大洲生民安居乐业"。

这一点，倒是和"三造共和、五任总理"的段祺瑞有些类似了。或许，郑观应的悲观与转变，也是那个时代的缩影吧。

【4】"买办之王"席正甫：汇丰银行的买办世家

近代史上，随着中外贸易的不断扩大，买办阶层也逐渐扩展到洋商的各个行业，其中就包括银行。在晚清时期，上海滩就有这样一位呼风唤雨的人物，他就是汇丰银行的第二任买办席正甫。

席正甫来自苏州洞庭东山"四大家"（翁、席、刘、严）的席氏家族，不过席正甫于 1838 年出生时，他这一支早已家道中落。1857 年，由于太平军战事开始波及江南，席正甫在哥哥的帮助下带着两个弟弟从家乡来到上海谋生。最初，他在同乡所设的一个小钱庄当学徒。3 年后，已经摸清钱庄套路的席正甫很快开设了属于自己的钱庄。

如果只是钱庄从业者，那席正甫充其量就是个普通的洞庭商人。当时有两个因素改变了他的人生轨迹：首先，江浙富绅因为逃避战乱而带着巨量的财富来到相对安全的上海租界，这为钱庄提供了充足的资金来源；其次，中外贸易的迅速扩大，外国银行也纷纷登陆上海滩，而席正甫走的正是从钱庄到银行的道路。

汇丰银行发行的钞票

理论上说，中国钱庄和外国银行是竞争关系。不过在上海开埠后，两者更像是相辅相成的合作关系。之所以如此，主要是中国商人通常使用钱庄的庄票，洋行要在中国贸易就必须接受庄票，由此也需要买办来处理和钱庄的相关业务。在外国银行进入中国后，他们也同样接受庄票并提供承兑、贴现业务，以帮助洋商尽快回收资金。这样一来，钱庄和外国银行都通过资金渠道深度介入外贸业务，外国银行也因为庄票和中国钱庄发生业务关系。此外，中国钱庄为了获得流动资金，也经常会向外国银行借款，两者关系也就更加密切了。

在旧上海的外国银行中，成立于 1865 年的汇丰银行不是最早的（最早的是1845 年成立的丽如银行），但它是后来者居上，并迅速成为上海滩实力最雄厚的外国银行。当时，外国银行要在中国扩大业务，急需熟悉钱庄业务尤其钱钞票据真假鉴定的熟手，而席正甫正是他们要找的人。值得一提的是，席正甫不但有生意头脑，而且颇有些语言天赋。他在做钱庄生意时，因为经常和广东人来往，由此学会了粤语；在和洋人打交道时，又学了一口洋泾浜英语，日常交流绰绰有余。

1866 年，在新沙逊洋行买办、舅舅沈二园的介绍下，席正甫放下自己的钱庄生意进入汇丰银行出任跑街。汇丰银行的首任买办王槐山也是钱庄出身，但他作风保守，而且不会说英语，他对席正甫的到来十分欢迎。最初，席正甫主要在买办间负责外部交际事务，报告市场情形、探取顾客意向等任务都归他负责。

在汇丰 8 年后，席正甫的机会来了。1874 年，席正甫作为汇丰银行和买办王槐山的代表北上天津与清廷方面谈成"福建、台湾海防借款"，这笔 10 年期的 200 万两白银的借款开创了汇丰银行对华政治贷款的先例，也使席正甫从此得势。当年年底，席正甫接替王槐山成为汇丰银行第二任买办。之后到 1890 年，清廷向汇丰银行借款 17 笔，其中绝大多数都是由席正甫一手经办。

甲午年后，汇丰银行又先后经理了沪宁、广九、沪杭甬、津浦、京奉、湖广等主要铁路干线的贷款，获利十分惊人，而这一切与席正甫的努力是分不开的。在这些业务往来中，席正甫不但受到清朝大员左宗棠、李鸿章等人的赏识，汇丰银行也同样对他优渥有加。某次，汇丰银行某大班在买办担保问题上与席正甫发生冲突，席正甫一气之下自请辞职，汇丰银行总行非但坚决不允，反而将该大班予以撤换。

从 1874 年底至 1904 年，席正甫在汇丰银行的买办位置上一待就是 30 年。在这 30 年的买办生涯中，席正甫不但收获了丰厚的佣金，也广泛投资钱庄、银楼、典当等机构。与此同时，他还在南京路、凤阳路一带购置了众多地产，由此聚敛了大量财富。

作为汇丰银行买办，手握承兑和放款大权的席正甫可谓当时金融圈里最炙手可热的大红人，几乎所有的钱庄都要仰其鼻息，甚至请求他加入股本，或聘用他介绍的人当助手。从这个意义上说，说席正甫是"买办中的买办""买办之王"

也不为过。此外，席正甫非常善于利用自己的商业地位和优势，他不断介绍亲友或熟人进入众多的金融机构，由此编织出一张强大的关系网，席氏家族也由此成为上海滩风云一时的买办世家，并长盛不衰达半个多世纪。据统计，在清末民国时期，外商在上海开设大小银行 30 余家，其中有近半数由席氏家族成员担任买办，这在近代中国可谓首屈一指。

晚清时期的买办群体都热衷于戴"红顶子"，席正甫也不能免俗。他曾捐过二品衔红顶花翎、四品道台等虚衔虚职。不过，和其他买办不同的是，席正甫虽然帮清廷办了不少事，但对政治十分警惕，"跟朝廷总是保持一步之隔"。此外，席正甫为人低调而"近乎隐居"，他很少参加社会活动，以至于外界报道中极少出现他的名字。

汇丰银行

1904 年席正甫去世后，租界当局破例允许席家从外滩到凤阳路沿途路口搭建白布帐篷和坛台进行路祭，同时还派出武装巡捕护送送丧队伍从南京路上通过。这等待遇，在买办中也只有席正甫一人。

席正甫去世后，长子席立功继任汇丰银行买办，席立功又传给儿子席鹿笙。祖孙三代，一做就是 55 年。直至 1929 年，席鹿笙被绑匪枪杀后，席家才失去这一职位。

除长期担任汇丰银行买办外，席氏家族的其他成员出任买办者也同样人数众多。据统计，席家在上海担任外商银行和洋行买办的，祖孙三代（包括女婿）共有 23 人，其中英商银行 6 家（汇丰、麦加利、有利、宝信、中华汇理、德丰），美商银行 3 家（花旗、信济、通运），日商银行两家（住友、横滨正金），还有法（中法工商）、俄（华俄道胜）、意（华义）各 1 家。20 世纪前后，上海滩有影响力的外商银行 30 余家，席家人（包括 3 位席家女婿）做过其中 17 家的买办。

以席正甫同辈兄弟 4 人为例，老大席嘏卿在英国麦加利银行上海分行成立次年就已加入，是该行的元老；老二席正甫一直担任汇丰银行买办，前文已述；老三席缙华先后做过德丰银行、华俄道胜银行的买办；老四席素恒早年被过继给亲戚沈二园而改名沈吉成，而沈二园是新沙逊洋行的第一任买办，沈吉成继承父业后，人称"沙逊老四"。

此外，席家还通过姻亲、同乡、同学等手段相互渗透，你中有我，我中有你，构成了一个更加广泛的商业网络。而且，他们的业务不限于洋行、钱庄，同时也与宋子文、陈果夫等政界要人建立了密切关系，这大概也是席家长期立足于上海金融界的重要原因吧。

【5】叶澄衷：从水上货郎到富可敌省

据说，近代上海开埠通商后，最早闯荡上海滩的宁波人主要靠"三把刀"，一是剪刀、二是菜刀、三是理发刀。这就是说，早年来上海的宁波人主要从事裁缝、厨师和理发三个行当。不过，凡事皆有例外，譬如被誉为沪上"宁波帮"先驱的叶澄衷来说，他靠的可不是"三把刀"，而是一条在苏州河与黄浦江上来回摆渡卖货的小舢板。

一

叶澄衷，字成忠，生于清道光二十年（1840），浙江镇海人（今宁波）。

叶澄衷出生时，正值第一次鸦片战争爆发。在其家乡，与镇海隔海相望的舟山（定海县）即与英夷发生激烈战事。战争结束后，广州、厦门、福州、宁波、上海被划为通商口岸。表面上看，这一切似乎与叶澄衷毫无关系，但作为背后的一股潜流，他的人生却因为这些历史背景的变化而全然改变。

叶澄衷早年丧父，家境贫穷，其9岁才进私塾，但也只读了不到半年的书，后来就到一家豆腐坊去当学徒了。众所周知，以前的学徒生涯极其受苦而难熬，后来他实在受不了店主的气便回到了家中。

14岁那年，一位倪姓乡人愿意带他到上海去学生意，但需致笔送人情和旅费2000文，叶家拿不出这笔钱，最后只好以秋收稻谷作抵，这才得以成行。此后，叶澄衷即随乡人闯荡上海滩，并由此闯出了一番大名堂。

初来上海时，叶澄衷受雇于法租界某杂货铺，还是从学徒开始做起。做满3年后，好不容易可以出师了，但叶澄衷觉得店主经营懒散，前途无望，不久就自动离店。

此后，在乡人的指点与帮助下，叶澄衷干脆自立门户，他每日在黄浦江与苏州河上驾驶一条小舢板，船上备些日用品和食品等，专门贩卖给停泊在江上的外国轮船。因为经常和外国水手打交道，叶澄衷也逐渐学会一些外国话，并在这一过程中结识了一些外国人。从此，他就靠着这些所谓的"洋泾浜英语"在十里洋场上站稳了脚跟。

叶澄衷

没多久，未满 18 岁的水上小货郎叶澄衷突然在上海滩爆得大名，其事迹不但被当时的西文报纸竞相登载，而且在半个世纪后，这事还被写入了《清史稿》中的《孝义传》，其中云："西人有遗革囊路侧者，成忠守伺而还之，酬以金不受，乃为之延誉，多购其物，因渐有积蓄。"

那么，这里说的是什么事呢？原来，当时有个洋行经理雇叶澄衷的舢板摆渡过江，船靠岸后，洋人因有急事而匆匆离去，结果将公文包忘在舢板上了。洋人走后，叶澄衷打开包一看，里面钱款甚巨，而且还有戒指、公文等物品。这当口，叶衷澄只要贪念一闪，或许会立刻驾着舢板掉头就走，从此销声匿迹，坐享七八年的荣华富贵，完全不在话下。

然而，叶澄衷并没有这样做，他选择了等在原处，待先前那位洋人赶回后，即将皮包原物奉还。洋行经理万万没有想到，一个中国苦力竟然如此诚实，这不免让他大为感动。事后，洋经理不仅为叶澄衷介绍生意，而且还在报上为之大大鼓吹了一番。

1862 年，叶澄衷用几年来辛苦赚来的一点积蓄在虹口百老汇路（今大名路）上开了一家"顺记五金洋杂货店"，后者主要为来往的外国船舶和周边的机器厂提供五金配件等。可不要小看了这家五金店，它既是上海滩上华人开出的第一家五金商号，也是叶澄衷一生事业的发迹之始。

随着近代工业的不断发展，五金行业也迅速兴起，上海作为开放的前沿，生意更加好做。在此难得的机会下，叶澄衷将五金店的规模不断扩大，他在十几年的时间里陆续开设了"新顺记""南顺记""北顺记"等分号。之后，叶澄衷花费巨资收购了德国商人开设的"可炽铁号"，由此介入煤铁生意，并先后成为江南制造总局、福州船政局等大企业的供应商。

1873 年，33 岁的叶澄衷做了一笔大生意。当时上海一家钱庄将 4 万两白银押进苏州河北岸一带的上百亩地产，但年终结账清算时，业主无力赎回，钱庄因资金无法周转而陷入困境。这时，钱庄经理向叶澄衷求助，叶开始并未表态而是先到租界工部局咨询，当他得知工部局打算在苏州河上造桥后，随即果断将这片地产购入，并向工部局表示愿资助造桥费用的 1/3。桥建成后，苏州河北岸地价飙升，之前 4 万两白银的投资一下子就变成了 100 万两白银，利润可谓惊人。

二

在上海滩做房地产生意无疑是一种投机，有人赚得盆满钵满，但也有人因此输光家当，并不是时时都有赚大钱的好机会。事实上，真正给叶澄衷带来稳定而丰厚收益的，是与美孚洋行的合作。

1870 年，洛克菲勒在美国创立美孚石油公司。10 年后，美孚洋行开始进军上海，但其主营的煤油生意早有英国亚细亚石油公司和美国德士古石油公司捷足先登。因此，当美孚洋行找到叶澄衷时，后者对此并不乐观。因为当时除租界外，使用煤油灯的用户并不多，而要开拓外地及农村市场的话，网点与渠道的建设耗时费力，不仅成本很高，收益也难有保证。

经过反复的谈判，叶澄衷向美孚洋行提出了 3 个条件：一是获得美孚煤油的独家经销权，二是佣金提高到 25%（其他公司为 20%），三是提货后 3 个月才结算货款。

在与美孚洋行达成协议后，叶澄衷的生意也越做越大。其中，最重要的是协议的第三条，叶澄衷充分利用这 3 个月的结算时间差，使其不仅在资金周转上游刃有余，而且"用洋钱生钱"，这些短期资金不断被投放到钱庄或实业中而无须支付分文拆息，因此叶家财富与日俱增。

据统计，从 19 世纪 80 年代至 90 年代，叶澄衷每年在煤油经销方面的赢利高达 10 万两白银。尽管后来美孚洋行与叶澄衷在业务上发生矛盾而终止了代销合同，但顺记号经营煤油的业务从未中断，叶澄衷仍旧是历年不变的"煤油董事"。

在多年的煤油经销中，叶澄衷十分讲究销售技巧。从一开始，他就建议美孚重新生产一种体态小、燃油少、光度也可以差一点的灯，因为这比较符合中国人的心态。后来，美孚公司听从叶澄衷的建议，他们不但把灯改小，盛煤油的油箱也改成一听约 30 斤的小包装。而且，这种油箱使用完以后，简单对剖一剪为二的话，就是一个很好的垃圾簸箕。因此，很多农民都觉得，用美孚煤油既点了洋灯，又让房间亮堂了许多；价钱不贵，还多了两个垃圾簸箕，这不是一举两得吗？

叶澄衷想出的另一个销售妙招是买油送灯，也就是说，客户买一箱油的话，他就附送一个灯。其中，值得一说的是灯上的玻璃灯罩，煤油灯如果没有这个东西，燃烧后的光会损失很多，而玻璃灯罩非常脆薄，稍不留神就会碰坏。因此，叶澄衷又推出一项优惠，那就是碎的玻璃灯罩还在的话，可以免费置换一个新的玻璃灯罩。

当时，为了尽快打入并占领中国市场，美孚洋行采用了很多廉价倾销的方式，而叶澄衷的顺记号及各地分支机构也因经销美孚煤油而创造了一种无成本的广告效应。这对叶澄衷的其他事业来说，无疑是大有好处的。

除了五金和煤油外，叶澄衷也善于抓住各种机会，实行多种经营。1883 年，趁着上海各棉花行陷于困境的时机，叶澄衷以低廉的价格收购了 10 余艘原用于运棉的沙船。在此基础上，他又将沙船队陆续扩充至 100 余艘并频繁往来于沿海和长江航线，用于运送煤油、煤、铁等货物。由于运输体系完备，不但美孚煤油的销量骤增，其航运业务也大发利市，年盈利竟达数万两银子。

近代以来，随着外国资本不断涌入中国，叶澄衷也开始投资实业。1890 年，叶澄衷创办燮昌火柴公司，这也是当时上海最大的民族火柴公司。在与洋商的激烈竞争中，燮昌非但没有被挤垮，反而越战越勇，销量占到上海市场的 1/3 以上。之后，叶澄衷又在汉口、苏州开办分厂，公司日产火柴 40 余万盒，行销大半个中国。

1894 年，叶澄衷投资白银十万两在上海开办"纶华缫丝厂"。该厂鼎盛之时，共有缫丝车 800 架，雇工近千人。每年收茧季节，纶华缫丝厂往往要调用上百万两白银的资金，这在当时的各缫丝厂中，可谓独占鳌头。

尤其重要的是，叶澄衷对金融业涉足颇深，其先后在上海、镇海、杭州、芜湖、湖州等地开办大庆元票号与升大、衍庆、大庆等钱庄，后又与他人合股开办余大、瑞大、承大、志大等钱庄。这些票号、钱庄的资本虽然只有数万两白银，但放账往往数十万乃至百万两白银，远远超过其资本。最鼎盛之时，叶澄衷经营的钱庄多达上百家，"镇海叶家"也因此成为江浙一带声名显赫的九大钱庄家族之一。此外，叶澄衷还曾独资创设三元保险公司，并且是近代中国首家银行即中国通商银行的 9 名董事之一。

此外，叶澄衷对地产也有大量投资，其创办"树德地产公司"时，在上海一地即置有地产 400 余亩。由于对上海的发展十分有信心，叶澄衷此后陆续购入了大量地产，而地价的持续上涨，也使得叶澄衷富上加富。至 19 世纪末，叶澄衷所拥有的资本约合 800 万两白银，这在当时的中国堪称巨富了。

三

叶澄衷以贸易起家，继而办实业、做金融，他身上有两种性格，一是"敢为天下先"，二是"谨慎从事"的经商之道，两者的完美结合最终让这位出身贫穷的少年一跃成为早期"宁波帮"的首富。

据后来研究者的评价，"叶澄衷首先在五金行业，他是第一个领袖人物，他的规模也很大，所以他定下的规矩就是五金行业的规矩。他是同业领袖，所以他确定了许多规矩，今后的五金行业基本上都遵照行规在行使"。譬如当时的同业拆借，叶澄衷的"顺记"从来都是自家低价拆借给别家，而从不向别家拆借，这一做法让同行们心服口服。

特别值得一提的是，叶澄衷对外做生意时不卑不亢，不失国格、人格。如

《叶公澄衷荣衰录》中说的："海上通商以来，中国商人能抗衡外国者，首推宁波，而其间又以胡君雪岩、叶君澄衷为之领袖。二君皆毫无凭借只身崛起。"

　　1884 年中法战争时，江南制造总局与福州船政局为备战而同时向叶澄衷订购了煤炭。接到订单后，叶澄衷先安排本商号的煤炭立刻运往福州船政局；此外，他又不惜赔本买下另一船煤供应江南制造总局。如此之举，当时让外人很是费解。有人说，叶澄衷每次做的都是赚钱的生意，为何这次明知亏本，还要一意孤行呢？对此，叶澄衷回答说："该赔本的时候，就应该赔本。赔，是为了将来更好地发展，更加赚钱。"

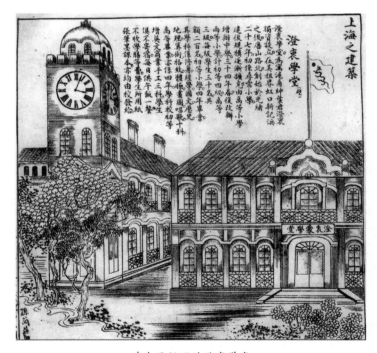

清末画报里的澄衷学堂

　　和其他富商所不同的是，叶澄衷发家致富后仍热心于社会公益，其在家乡设立了树德堂、忠孝堂、牛痘局、救火会等，其间抚恤孤寡，急人所急，深得人望，当时即有乡谚称："依澄衷，不忧穷。"此外，叶澄衷还在上海设立了怀德堂、崇义会、广益堂等机构，为各种公益慈善事业作出了巨大贡献。1888 年，因带头捐出巨款赈济浙江灾荒，清廷传谕嘉奖叶澄衷并赐给"乐善好施""勇于为善"两块匾额。

叶澄衷虽然读书不多，但对教育十分热心，其曾表示，"兴天下之利，莫大于兴学"。为此，他早年曾筹办顺记商务学堂，为本行业培养人才。1875 年，叶澄衷又在上海创办叶记商务学馆，地址设在上海外滩金陵东路一条弄堂内。

在其 60 大寿时，叶澄衷作出一个决定：在上海虹口张家湾捐地 30 亩并捐资10 万两白银创办一所新学堂。为此，叶澄衷表示："余以幼孤，旅寓申江，自伤老大无成，有类夜行秉烛；今为童蒙，特开讲舍，所望髫年志学，一般努力惜分阴。"这所新学堂，就是后来知名的澄衷学堂，也是上海第一所由中国人创办的新式学校。

1900 年 5 月，新学校开始破土动工。但遗憾的是，还没等到学校开办，叶澄衷即于当年 10 月因病去世。去世前，叶澄衷遗命对学校事须有久远规划。之后，叶澄衷的长子叶贻鉴两次续捐共计 10 万两白银，学校规划与建设日趋完善。1901年正月，新校落成，其中正舍 30 幢，旁舍 15 幢，风雨操场一块，校门砌以大理石雕刻的门额，定名为"澄衷蒙学堂"。

澄衷学堂成立后，同乡翰林蔡元培曾应邀担任过校长。在之后数十年中，澄衷学堂共培养学子 4 万余人，其中不乏胡适、竺可桢、倪征燠等近代名人。

此外，叶澄衷还在家乡创办义学，这就是后来的中兴学堂（初名叶氏义庄）。其中，如邵逸夫、包玉书、包玉刚、赵安中、包玉星、楼志章等近代知名实业家都是在这里接受的启蒙教育。

1921 年 4 月，澄衷学堂校友为叶澄衷集资铸像。据说，设计铜像时没有特别注意细节而做成穿织锦绸缎长袍了，叶家子孙见后立即指出，叶澄衷一生简朴，从来都是穿普通的布长衫而没有穿过织锦绸缎。如其孙女叶吉谋所说："我爷爷终身穿老布衫到头。……爷爷常说：'穿老布衫袄是不忘祖宗'。"

据其后人所说，叶澄衷外出办事或访友，一向是步行而从不乘车马。后来，他已经是上海滩的大老板了，当时有合作的洋商提出送他车马以便出行，但被他婉言谢绝；洋商送他 5 套西装，他也都是转送身边幕友，其传统简朴可知。

【6】朱葆三：十里洋场上的"革命经济师"

与"宁波帮"先驱叶澄衷一样，朱葆三来上海滩闯世界时也只有 14 岁。一只旧竹箱和一床破棉被，就是他当时的仅有之物。

朱葆三生于 1848 年，浙江定海县人，他比叶澄衷小 8 岁，与后者为地道的老乡（镇海与定海同属宁波）。巧的是，朱葆三也是做五金生意起家，他最初在"协记"吃食五金店里当学徒，因聪颖好学、办事麻利，不久就升任"协记"总账房及经理之职。"协记"店主去世后，朱葆三用仅有的一点积蓄开设了自己的五金店，店名"慎裕"，取"吃剩有余""谨慎有裕"之意。

在朱葆三的经营下，"慎裕"生意做得红红火火，平日里总是顾客盈门，这引起了"五金大王"叶澄衷的注意。在叶的点拨下，朱葆三将"慎裕"迁到闹市区四马路（今福州路），规模与名气随之攀升，朱葆三也由一个名不见经传的小商人跻身为商界新贵。

朱葆三做生意最重信义，讲究和气生财，其待人接物不卑不亢，一生敬奉的信条是"一笔生意交一个朋友"，由此交际广泛、人脉亨通。在朱葆三遇到的诸多"贵人"中，同乡叶澄衷将他带上了正路，而真正让他暴富的，是一个名叫袁树勋的人。

袁树勋，湖南湘潭人，1891 年后署理上海知县。袁树勋只比朱葆三只大一岁，他在上海任职 4 年，与朱葆三有些生意上的往来，后来虽调任外地，但朱葆三仍与之保持密切的联系，逢年过节多有馈赠。正所谓"人算不如天算"，袁树勋后来又调任上海道台（1901 年），而且奉朝廷之命料理庚子赔款事宜。

按清廷与列强的约定，各通商口岸将关税中的赔款部分交给上海道台暂行管

朱葆三

理，之后由上海海关统一赔付。由于上海道台衙门没有专门的理财机构，这些钱只能交由上海各大钱庄托管。那么，这笔大生意，谁能接到手呢？

袁树勋第一个想到的就是朱葆三。之后，朱葆三将手下最得力的总账房顾晴川（即民国外交家顾维钧之父）推荐到道台衙门，负责这笔款项的管理。简而言之，这笔生意其实是朱葆三多年的人际关系投资所致。之后，如何经营这笔巨款，其中又大有学问。因为这笔钱在交付之前存在一定的时间差，如拆放到钱庄里生息，其上缴的利息以官利计算，但拆借给钱庄的利息是官利的数倍，这中间的差额就很有些名堂可言了。

由此，掌握了这笔巨款管理权的朱葆三也很快成为上海各钱庄竞相巴结的红人，而位于福州路上的"慎裕"号二楼会客室里人来人往，高朋满座，本地的钱庄经理每天清晨都要来等候这位"财神爷"拆放头寸，"借鸡生蛋"的朱葆三也就成了上海金融界的要角。

随着影响力的不断扩大，朱葆三后来相继参与创办了浙江兴业银行与四明商业储蓄银行，在中华银行、江南银行等7家银行也都有股份。另外，朱葆三还投资兴办了轮船公司、保险公司乃至纺织公司等，俨然成为上海滩的大实业家。为此，很多知名企业也都纷纷借重他的名义，如刘鸿生创办的水泥公司曾聘请他出任董事长、南洋兄弟烟草公司请他出任发起人等，朱葆三一时忙得不亦乐乎。

尽管在官商两界顺风得水，但朱葆三与革命党同样保持了良好的关系，并为他们的活动提供了场所与资金。武昌起义爆发后，清廷大势已去，朱葆三、李平书等商界领袖决定投入革命阵营，其领导的商团武装在上海革命中发挥了重要作用。

辛亥革命前后的非常时期，沪上商业凋敝，金融动荡。由于形势尚未分明，革命党的北伐诸军均取道上海前往南京集结，由此带来的军费开支极为庞大："大至一师一旅之经营、小至一宿一餐之供给，莫不于沪军是责。"随着战事的进展，革命政府的开销越来越大，于是陈其美打起了道库存款的主意。

当时，上海道台刘燕翼已经逃走，道库存款还在位于租界的钱庄里，但陈其美派人前去提钱时，钱庄仗着租界当局的保护拒不付款，因为刘燕翼在逃走前将存折交给比利时领事保管，而钱庄不见道台印鉴及存折，自然不能坏了行规。盛怒之下，陈其美将钱庄业名流朱五楼软禁在湖州会馆并放出话来，不让提钱绝不放人。

关键时刻，还是朱葆三站了出来，他以个人信用为担保，请租界内的 12 家钱庄在公款中拨出 10 万两银子给沪军都督府救急。钱庄老板们虽然对陈其美将信将疑，但出于对朱葆三的信任，这场危机最终安然化解。此后，上海便多了一句谚语："道台一颗印，不及朱葆三一封信！"

或许是因为朱葆三在商界的强大号召力，陈其美随后请他出任沪军都督府财政总长，而朱葆三上任第一天，即募集到 200 多万两白银，解了陈其美的燃眉之急。清帝退位后，朱葆三辞去财政总长之位，尽管他在位仅数月，但对革命政府渡过财政难关起到了关键作用。

在之后的"二次革命"中，朱葆三也站在了革命党的一边。不过，在五四运动期间，由其担任会长的上海总商会公开发电支持北京政府并反对上海工商学界的"三罢"爱国行动，朱葆三由此受到舆论的严厉谴责。经此风波后，朱葆三辞去了会长职位而投身于慈善公益事业，声誉得以挽回。

朱葆三于 1926 年病故后，法租界当局为表彰其在市政建设及社会公益上的贡献而将某马路命名为"朱葆三路"（今溪口路），这也是以中国人名字命名的第一条租界马路。

二　政商两界

【7】官商两道周学熙：一个高干子弟的华丽转身

曾有人说，曹禺先生的四幕话剧《雷雨》很可能是根据清末民初著名的周学熙家族为故事背景创作的，因为剧中主人公姓周，居所为天津"周公馆"，从事的又是煤矿实业，处处与周学熙家族吻合。对此说法，曹禺在多年后的一篇短文中"澄清"说："周家是个大家庭，和我家有来往，但与事件毫无关系。我只不过是借用了一下他们在英租界一幢很大的古老的房子的形象。"由此或可看出，《雷雨》的剧情未必与周学熙家族有关，但故事背景及场景的确受到周氏家族的影响。

一

周学熙生于 1866 年，安徽东至人，其父周馥自李鸿章建立淮军始即辅佐幕中，一向为后者倚重。作为晚清淮系的重要成员，周馥也随着李鸿章的步步高升而水涨船高，他先后出任过天津海关道、天津道等要职。

以功名论，周馥只是秀才出身，他多年积累的资历主要在事功。不过，周家下一代就不同了。在光绪十八年（1892）的会试中，周家长子周徵之、次子周味西双双中榜，后者还被选为庶吉士，进入翰林院深造；次年，周学熙也在顺天乡试中考中第十八名举人。一时间，周家可谓科运大开，门楣鼎盛。

按这趋势，周学熙应像父兄一样步入官场，按部就班，逐次升迁，但甲午战争改变了他的命运。在当年战事中，李鸿章指派周馥负责前敌营务处，刚从朝鲜回国的袁世凯也被指派前往协助，这大概是周、袁两家发生关系的机运之始。

袁世凯是晚清政坛上的后起之秀，其年龄、资历等各方面都远不如周馥，但从之后的小站练兵开始，由于其握有一支亲手练成的新军武装，其地位的提升犹如腾云驾雾，不过三四年的时间即当上了山东巡抚。在此期间，周学熙进入开平矿务局并先后出任会办、总办，但由于此后科场不顺，于是在1901年投入袁世凯门下办理山东大学堂。

周学熙

次年，袁世凯在李鸿章去世后接任直隶总督兼北洋大臣，原为直隶布政使的周馥则继为山东巡抚。与甲午年相比，周、袁二人的地位之高下已是今非昔比。按惯例，正在山东任职的周学熙在其父调任山东后理应回避，于是他也就顺势跟着袁世凯前往天津发展。

由于庚子年战乱及八国联军大肆掠夺金银的缘故，京津一带经济凋敝，银根收紧而私钱泛滥，市面上一片萧条。为此，袁世凯决定从整顿金融入手，开办银圆局铸造新式铜圆与银圆，以增大货币供应量的方式来尽快恢复昔日的经济秩序与繁荣。之后，周学熙被委派为北洋银圆局总办，承担造币任务。

受任后，周学熙在原天津机器局东局（原局已毁于战火）的基础上筹建造币厂。在勘察与准备的过程中，周学熙一边搜求机器，一边招募工匠，同时又亲自参与铜圆式样的设计。在其不懈努力下，造币厂仅用不到3个月的时间，厂房机器即一律告成。两个月后，新铜圆开铸，每日可出33万枚；之后又设新厂，两处日产出铜圆近百万枚。

作为最新的制式金属货币，北洋银圆局新铸造的铜圆式样精美，便于携带，其进入流通领域后受到商民们的极大欢迎，此举不但满足了市场的需要，北洋银圆局也借此获得了巨大的利润（即所谓铸币税）。之后，北洋银圆局铸造的铜圆不仅流通于直隶，户部也奏请将之荟放京俸，之后又奉命协济山东。于是乎，北洋铜圆在京津、山东一带畅通无阻矣。

铜圆虽好，但只能用于金额较小的交易。遇到金额较大的交易时，除银票之外，市场上一般使用银锭或散碎银两。但由于重量成色的不明确，银锭及散碎银两使用起来并不方便。1903年春，周学熙率工商实业考察团访问日本，其中重点在购买造币机器并学习银圆铸造。回国后，北洋银圆局开始试铸制式银圆，其新银圆与国际通行的如墨西哥银圆、日本银圆等一样，重量都为库平银七钱二分，由于美观方便，便于流通，同样受到了市场的欢迎。

对于周学熙在铸币方面的工作成效，袁世凯很是满意，而这也成为他一生事业的发轫之始。1905年，周学熙受命署理天津道，这也是其父周馥当年担任过的官职。也就在这一年，北洋银圆局所办造币厂改隶户部并扩建为总厂，以整齐币制、树立典范，使各省有所遵循。转换时期，周学熙仍管理厂务，直到一年后，户部造币总厂走上正轨才得以辞任。

鉴于周学熙的能力与才干，袁世凯随后又将更重要的金融任务交给了他。就在试铸铜圆的同时，周学熙受命会办淮军银钱局，这在淮系可是个要紧职位。1906年，周学熙补授直隶通永道（未到任）而兼督办天津官银号。上任后，周学熙拟订一份新的章程，改变了过去官银号专为官方服务的宗旨而将营业范围扩大至民间。当时的官银号，不仅经营管理北洋各局的官款，其附设的博济储蓄银号同时以各种方式积极招揽社会存款，吸收游资，俨然近代银行之雏形。

在周学熙的苦心经营下，天津官银号不仅积累了大量的资金，而且大大活跃了市面金融的周转流通，成为振兴天津工商的一大关键。正如周本人所言，"金融机关之与实业发展，实大有密切之关系。盖必先有健全之金融，而后有奋兴之实业。此全在主持营运者善于利用及维护之而已"。作为例证，当时有影响力的几家企业，如北洋劝业铁工厂、启新洋灰公司、滦州矿务公司及京师自来水公司等，其主要资金大多来自天津官银号的贷款。

二

周学熙在北洋风光无限之时，其父周馥也由山东巡抚相继升任为两江总督、两广总督，可谓官运亨通。论功名，周学熙不过是个举人，并不如他的两个兄长，但说起功业与名气，却非后者所能比拟。其父周馥也是一样，可见出人头地于官场，也未必非得经科考中进士一途。若细推敲，则周学熙父子两人的成功经验只有一个，那就是：跟对了人。

正如李鸿章对周馥的信任奖掖，袁世凯对周学熙也是格外嘉许。1909 年初，袁世凯被摄政王载沣一脚踢回河南老家后，已休致在家的周馥及在京任职的周学熙不惧风险，父子两人（袁世凯第八子袁克轸娶周馥之女周瑞珠）前往彰德盘桓10 日，与袁世凯相谈甚欢。如此殷殷情意，袁世凯自是心有所感。

1912 年清帝退位、袁世凯就任临时大总统后，周学熙于当年 7 月被任命为财政总长。由于清廷在覆亡前即实行赤字财政，加之辛亥年后各省都督划地为政，军费膨胀，中央财政收入一时剧减，财政几乎陷入了崩溃的境地。为此，周学熙上任后的最迫切任务是与六国银行团举行谈判，以继续完成前任财政总长熊希龄所遗留的借款重任。

经过半年多的反复谈判及多起风波后，周学熙与国务总理赵秉钧、外交总长陆征祥于 1913 年 4 月 27 日凌晨与英、法、德、俄、日五国银行团（美国以"借款涉嫌干涉中国内政"为由退出）议定了大借款的各项具体条款。根据这份协定，五国银行团向北洋政府借款 2500 万英镑，但扣掉佣金、之前垫款及各省借款等之后，袁世凯政府实际上拿到手的尚不足 1000 万英镑（约合 1 亿银圆），而到期归还的本息则高达 6785 万英镑，其条件甚至比庚子赔款还要苛刻。此外，借款须以中国盐税、海关税及直隶、山东、河南、江苏四省所指定的中央政府税项作为担保，银行团同时还享有各种优先权、监督权、审核权、用人权等，其保证手续可谓极其苛刻，列强也由此得以插手中国盐政。

值得一提的是，"善后大借款"签订前夕正是"宋教仁遇刺案"的风潮时期，袁世凯凭着多年的政治经验，早已料到要同革命党人摊牌，因此他需要筹措足够的资金来打仗。所谓"善后大借款"，实质上是给袁世凯预留了一笔战争经费。是以，大借款协议签订后，黄兴、李烈钧、胡汉民等人纷纷发电斥责袁世凯违法借款，藐视立法机关，一时呈问罪汹汹之势。

作为大借款的主要操办人，周学熙在这次风潮中受到了舆论及革命党人的猛烈攻击。为此，周学熙在回复黄兴等人的电文中甚至说出"惟有肉袒面缚、敬候斧钺"的愤激之语。当然，也有地方都督对周学熙表示了支持，如江苏都督程德全致电劝其不要因为一时的毁誉而"转为万世之罪人"，安徽都督柏文蔚也在电文中表示，借款条件虽然苛刻，但"忍痛一时，尚可死中求活"云云。话虽如此，周学熙在巨大的压力下仍于借款签字不久即辞去财政总长一职。

1915 年 3 月，退出政坛近两年的周学熙被袁世凯再次请出担任财政总长。这次，周学熙面临的压力就小多了，因为此时北洋政府的财政状况有所好转，而袁世凯对他依旧信任有加。一时间，周学熙手握整个北洋政府的财政、金融大权，成了真正的"财神爷"。

第一次就任财政总长时，周学熙曾在《财政方针说明书》中提出了财政税收方面的一揽子改革方案，意图从根本上解决中国的财政问题并建立新的财税体系。在这份洋洋数万言的施政纲领中，周学熙明确提出划分国家税和地方税，并具体厘定了各税种的归属；此外，周学熙又提出，民国政府应当创办中央银行，发行纸币，以统一全国金融市场。另外，国家应该大力鼓励实业，并尝试推行国家社会主义。

在首任财政总长的职位上，周学熙的主要精力被大借款一事所牵扯，后来又因为大借款之事而辞职，因而其勾画的财政蓝图并没有机会得到推行。等到第二次就任财政总长后，尽管各方面条件与环境都有所改善，但袁世凯不久又卷入了称帝复辟的逆流，周学熙思虑已久的一系列制度设计与创想仍旧没有机会实现。等到 1916 年袁世凯称帝败亡后，周学熙的计划也就彻底泡汤了，周本人就此告别官场，再未参与政治了。

三

周学熙得以闻名于世，其主要功绩不在官场而在实业。说起实业，则要从

1903 年的那次访日说起。在参观了日本的各大船厂、钢铁厂、造币厂、铜矿、银行等之后，周学熙认为，日本在明治维新后迅速崛起强盛，其要诀不外乎三点，即练兵、兴学、制造。由此，中国若想走向富强，也必须从军事、教育、经济三方面效法日本所走的道路。

回国后，周学熙被委派为直隶工艺总局总办。之后的北洋实业，很大程度上即以此为起点。总的说来，直隶工艺总局的业务种类繁多，其中有实业的、有教育的，也有促进实业发展的博览会、商会等，如实习工场、劝业铁工厂、种植园、高等工业学堂等。在袁世凯推行"直隶新政"的过程中，周学熙在实业方面交出了一份优秀的答卷。

当然，周学熙在实业方面的成就还不止于示范作用，而是身体力行，办理了近代史上几家知名的企业，如启新洋灰公司、滦州矿务公司、华新纺织公司等。启新水泥公司原名"启新洋灰厂"，其创办于 1906 年。周学熙接手后锐意经营，其将陈旧落后的机器相继淘汰更新，水泥年产量也由 18 万桶迅速跃增为 24 万桶。在此基础上，周学熙看准了市场对水泥的急度需求，随后又不断扩大生产规模，其在 10 余年间增设了 3 个新厂并收购了竞争对手湖北水泥厂。到 20 世纪 20 年代，启新洋灰公司的水泥一度垄断了中国市场，北京图书馆、辅仁大学、燕京大学、大陆银行、上海邮政总局等知名建筑，都是用启新水泥建造的。

在袁世凯的大力支持下，周学熙又于 1907 年成立滦州矿务公司，以图从英国人霸占的开平矿务公司中收回利权。原来，开平矿务局督办张翼在庚子年时受英国墨林公司的诱骗，开平矿务局以"合作代理"的名义落入了英国人之手并改名为开平矿务公司。周学熙上任后，即在开平矿区四周遍布矿井，其中既用新法，也用土法，开平矿区几乎被滦州公司的煤矿所包围。之后，开滦煤矿又与开平矿务大打价格战，最终迫使英商答应中方以 178 万英镑的价格赎回开平矿务公司。

但令人遗憾的是，由于辛亥年的变故，开滦煤矿与开平矿务最终合并成为中英开滦矿务有限公司，股权对等平分，利润则中四英六，管理权仍被英方把持。对此结果，周学熙极度失望而拒绝出任新公司督办，如其日记中写道："吾拂虎须，冒万难，创办滦矿，几濒绝境，始意谓，将以滦收开，今仅成联合营业之局，非吾愿也。"此后 30 多年中，开滦煤矿始终被英资公司控制，一直到 1948 年底才被国家收回。

1908 年，周学熙受袁世凯（已上调为军机大臣）的推荐开办京师自来水公司。据其本人在年谱中的记载，公司创办之初，各方都认为此举必能获利，因而认股者颇为踊跃。经过 22 个月的精心筹划和施工，京师自来水工程于 1910 年 2 月全部竣工。但是，由于自来水公司系公用事业性质及其他各种原因，公司建成后却连年营业不佳，这也是周学熙所办实业中少有的一例。

1915 年，周学熙在准备淡出政坛时创办了天津华新纺织公司。当时由于欧战正酣，国内纺织厂大多生意兴隆，盈利倍增。华新开办之后，发展迅速，仅 1919年一年就获利高达 140 万元，而其总资本也不过 200 万元。在获得了丰厚的盈余

启新水泥公司内部

积累后，华新公司又在青岛、唐山、卫辉等地开办分厂，势头一度压过了风头正劲的日本纱厂。此后，周学熙又相继开办了启新磁厂、耀华玻璃公司等，其间各有成败盈亏。

创办各种实业的同时，周学熙又于1919年联名发起中国实业银行，以为实业提供资金支持。中国实业银行开业后，其总行设于天津，分行设于上海、北京、济南等处，并附设永宁保险公司。1926年，周学熙另行创办华新银行，资本金100万元，其主要业务是为华新纺织的四个厂调剂资金。

由于年龄渐长而旗下实业渐多，周学熙于1924年建议成立实业总汇处，以统筹管理滦州煤矿、启新洋灰公司、华新纺织四厂及其儿子周叔迦管理的普育机器制造公司等。不过，实业总汇处的运作并不成功，周学熙任职一年后感到有心无力，最后只能称病辞职。总汇处结束后，各实业股东另组实业协会，公推周学熙任会长。两年后，实业协会又改组为实业学会，周学熙自知无可作为，加之身体多病，于是就此引退。

从1898年参与管理开平矿务局开始，周学熙在之后近30年间参与或亲自创办了包括金融、煤矿、纺织等20多个近代知名企业，其资本总额一度高达4000多万元，这在当时无疑是个令人咋舌的数字。由此，这个以周学熙为代表的新兴实业资本集团，也在中国近代实业史上留下了厚重的一笔。

晚年退居期间，周学熙自编了一部年谱，其中首句为："余生平以恃余荫享安逸、无益于世为可耻。"以事实论，周学熙确有资格说这句话。只是，周学熙办实业的经历也不平坦，正如其晚年在一首诗中所表达的："少日一心三不朽，毕生十事九成空。"而这，恐怕也是清末民初那代实业家的缩影了。相比而言，周学熙已是其中的佼佼者。

【8】"面粉大王"孙多森：从世家子弟到实干兴家

清末高官家族中，从官场转实业的为数不多，转型成功者更少，安徽寿州的孙氏家族做得却很是不错，他们由面粉起家，之后又开办银行，一度做得有声有色。

寿州孙家起于孙家鼐，他是咸丰九年（1859）己未科的状元出身，先后担任过工、户、吏各部尚书，又做过同治、光绪的帝师，最高做到文渊阁大学士。孙家鼐位高权重自不待说，他的同辈兄弟也很了得，又出了三进士、一举人，并先后做到侍郎、尚书之类的高官。因此，孙家祠堂又有"一门三进士，五子四登科"的对联。按说，这样满门煊赫、族大枝繁的官宦门第应在官场上大展宏图或在学问上多所建树，但在第三代孙多森兄弟的努力下，孙家在实业界走出了另一番新天地。

孙家的转型，或许与孙多森的母亲（湖广总督李瀚章之女，即洋务派主导人物李鸿章侄女）有关，后者曾多次教导孙多鑫、孙多森兄弟："当今欧风东渐，欲求子弟不坠家声、重振家业，必须攻习洋文，以求洞晓世界大势。否则，断难与人争名于朝，争利于市……"

孙多森兄弟的父亲孙传樾（孙家鼐为其五叔）曾任江苏记名道、南京洋务局总办，一生积下不少资财。父亲去世后，孙氏兄弟在李太夫人的指点下向姑夫何维键（著名盐商、扬州何园主人）借盐票办理盐务，由此步入商场。在挖得"人生的第一桶金"后，

孙多森

孙氏兄弟转赴上海，并于 1897 年创办阜丰面粉厂，这也是国内首家民族机器面粉厂。

中国一向为小麦生产大国，但加工技术十分落后，其中多为磨坊手工生产，耗时量少，质量也较低。直至 19 世纪中后期，外商在国内设立机器加工厂，机制面粉销量猛增，利润可观。在此影响下，国内一些商人也创办了 10 余家机器磨坊，不过规模较小，产量也低，影响不大。看到这一商机后，孙氏兄弟也颇为心动。他们先派人到天津、上海等地调查，后在上海英商增裕面粉厂试验加工了一批小麦，由此感到本轻利厚，于是决定投入巨资，要在上海滩大干一场。

阜丰面粉厂首批资本金 30 万两白银，孙氏兄弟先在莫干山路购地 80 亩，这里是苏州河畔，水陆交通十分便利。接着，他们以 2.2 万美元购置了一套美国制粉设备（其中钢磨 16 台），并仿照美国机房图样建造厂房。一切准备就绪后，阜丰面粉厂于 1900 年正式开业，孙多森、孙多鑫分别任正、副经理。

阜丰面粉厂的面粉商标为"自行车"牌，也就是上海人常说的"老车牌"。正式投产后，当年即日产面粉 2500 包，是增裕面粉厂的 3 倍。由于阜丰厂将进口小麦与国产小麦混合磨制，生产的面粉更适合中国人口味，而且质量上乘，价格便宜。为了争取中小客户、扩大影响力，阜丰厂将一部分面粉改装成几斤重的小包装，并派人向各地饮食店、点心店大力推广，由此成功打开局面，销售量直线上升。

1904 年，阜丰厂因面粉供不应求而扩建厂房、增置机器，次年日产量增至 7000 余包，获利甚丰。之后，孙氏兄弟又在黑龙江、河南、山东、江苏等地创办分厂。10 余年间，阜丰厂每年赢利均在白银 10 万两左右，孙氏兄弟也成了国内名副其实的"面粉大王"。

孙氏兄弟的商业成就引起了周学熙的注意（孙称周为姻丈），后者当时正辅佐直隶总督兼北洋大臣袁世凯主办实业。在其引荐下，孙氏兄弟先后进入北洋实业界，并协助周学熙一起经办了启新洋灰公司、滦州矿务局、北京自来水公司、山东通盖精盐厂等企业，成为实业派官僚周学熙的左膀右臂（孙多鑫后于 1906 年英年早逝）。

民国元年，周学熙出任财政总长，随后委派孙多森筹办中国银行（原大清银行）。中国银行原只有营业、文书、发行3个局，孙多森上任后，将3个局扩大为国库、出纳、营业、发行、证券、计算、检查、文书共8个局，分行由3处增至19处，银行规模与经营范围大为扩大。为减少工作差错、防止内部人营私舞弊，孙多森大胆聘用了两位外国专家担任稽核员和司账员，直接对其本人负责，这也是后来银行总稽核的雏形。

正当孙多森打算在银行界大展拳脚时，国内政治风云突变。1913年宋教仁遇刺后，国民党大愤并欲起兵讨袁，袁世凯随即下令罢免国民党籍的3个都督（广东胡汉民、江西李烈钧、安徽柏文蔚）。之后，袁世凯以"皖人治皖"的名义派孙多森出任新的安徽都督。尽管前途凶险，孙多森仍轻车简从，赴安庆接任。

巧合的是，原安徽都督柏文蔚不仅同为安徽寿县人，而且曾在孙家担任过家

阜丰面粉厂旧址

中孚银行票券

塾教师。碍于情面，柏文蔚与孙多森勉强完成交接。但是，其他革命党人对此大
为不服，孙多森上任不到一周，安庆即发生兵变。之后，新军旅长胡万泰率兵攻
入都督府捕获孙多森及随从，并扬言要将他们处死。好在柏文蔚及时出面调解，
称"孙之来皖"系"上命差遣，概不由己"，且孙"并无实力，杀之无足轻重"，
孙多森这才幸免于难。

经此一劫后，孙多森再不愿过问政事，此后一心一意地办实业。1912 年，孙
多森在袁世凯的支持下曾短暂地经办过中国银行，之后他对银行业兴趣不减，而
他创办众多企业时也常遇到资金短缺的困扰。由此，孙多森萌生了自己办银行的
念头，这就是后来的中孚银行。

民初银行业正处于起步阶段，放款少、利息高，而且范围窄，远不能适应社
会经济的发展需要。为了让家族企业"活络"起来，孙多森于 1915 年成立通惠实
业股份有限公司，这也是中孚银行的母公司。

1916 年，中孚银行开门营业，总行设在天津，另在上海等处开设分行。中孚

银行为股份制商业银行，初定资本 100 万元，后增至 200 万元。除通惠实业公司出资 60 万元外，其他股东多为孙家、周家（周学熙）的亲戚及北洋政府中人。

中孚银行开办初期，主要为孙家各地面粉厂的资金调度服务。如上海阜丰面粉厂由上海分行负责，河南新乡通丰面粉厂由北京分行负责，山东济丰面粉厂由天津总行负责等。不幸的是，中孚银行成立不久，孙多森即与协理聂其炜发生矛盾，后者愤而退出。而在 1919 年 8 月，孙多森因患糖尿病去世。在此情况下，一些股东企图公推启新洋灰公司总经理李士鉴接管中孚银行。

孙多森长子孙震方得知这一消息后，他与胞叔孙多钰紧急商议后，立即拍电报催请聂其炜到天津主持行务。等李士鉴等人到行后，却发现聂其炜已到行视事，只得怏怏而归。经过这次风波后，孙家人陆续将其他股东持有的股份买回，中孚银行也就成了孙家的家族银行，主要为阜丰面粉厂等家族企业调度资金。之后，原系铁路工程出身的孙多钰接过了管理孙家产业的重任，他先后继任为中孚银行总经理兼通惠公司总裁。

1925 年，中孚银行爆发了一场严重危机，当时上海分行经理孙元方（孙多森侄子）与副经理谢芝庭因为做外汇投机失败而亏累近 200 万元之巨。孙多钰得知后紧急赶往上海，并召集各房负责人协商挽救办法。在孙氏家族的共同支持下，中孚上海分行虽然勉强渡过难关，但也是元气大伤。

虽然有阜丰面粉厂等大型工业做后盾，但中孚银行之后又陆续发生了几起投机失败和盗窃舞弊事件，孙家事业开始日渐滑坡。抗战爆发后，中孚银行在沦陷区继续营业，后在 1946 年 2 月被国民政府财政部勒令停业。经多方疏通，中孚银行虽被批准复业，但此时已是强弩之末，最终于 1952 年底加入公私合营而画上句号。

【9】海上闻人"阿德哥"：游走于政商两界的虞洽卿

沪语情景喜剧《老娘舅》中有个"阿德哥"，在上海可谓家喻户晓。一百年前，同样有一个"阿德哥"堪称家喻户晓，他就是在上海滩被称为"赤脚财神"的宁波商人虞洽卿。在当时的上海，有两条马路是用中国人的名字命名的，一条是法租界的朱葆三路，另一条是公共租界中的虞洽卿路。所不同的是，朱葆三路只是一条小马路（今溪口路），而虞洽卿路不得了，其横跨当时上海最繁华的中心地带，也就是现在人民广场旁边的西藏路。

一

虞洽卿名和德，字洽卿（以字行），浙江宁波镇海县龙山乡人（今属慈溪县）。其生于清同治六年（1867），因为家境贫困，后于15岁时由同族虞鹏九带到上海去做学徒。正所谓，成事在人、富贵在天，这一去他竟然闯出了一片大天地。

在虞洽卿成为沪上闻人后，上海滩也流传着一个"赤脚财神"的故事，其中讲了一段关于他初来上海时发生的囧事：当时，和虞洽卿一起去上海学生意的有两个人，虞原本希望去钱庄，另一个人则准备进望平街上的瑞康颜料号。然而，那天介绍人先把他们带到瑞康。因为下雨，虞洽卿舍不得穿母亲给他做的新鞋，于是就把鞋子脱下，一路赤脚进店。滑稽的是，由于地太滑，虞洽卿一进门就摔了个四脚朝天，活脱脱一幅"元宝"像。出此洋相后，介绍人虞鹏九正要斥责他，瑞康老板奚润如却连忙将虞洽卿挽起，并指名要他做瑞康的学徒。

这究竟是怎么回事呢？原来，奚老板在前一天晚上梦见一位长面阔嘴的"赤脚财神"进门，而虞洽卿正好和梦中的财神爷有些相像；而且，虞洽卿进门跌跤的样子又像"活元宝"，正是做生意的好兆头。于是，奚老板便认为虞洽卿就是那个应梦的人，当即就把他留下了。

有意思的是，虞洽卿在世时，当有人对他谈起这个"赤脚财神"的传说时，他既不肯定，也绝不否认，只是一笑了之。或许，这一说法有相当大的真实性吧！

传说归传说，业绩归业绩。还别说，在虞洽卿进店后，瑞康颜料号的生意还真是越做越红火，当年就赚了两万两银子。这下，全店上下皆大欢喜，都说奚老板应梦了，虞洽卿真是个"赤脚财神"。年底时，奚老板给学徒发"鞋袜钱"（年终奖），别人都是 12 元，唯独虞洽卿却特别增加到 40 元之多。

学徒期满后，天资聪颖、办事灵活的虞洽卿很快在颜料行崭露头角。为此，当时还有一家名为舒三泰颜料号的店来挖墙脚，瑞康老板为了留住虞洽卿，不但大幅提高了他的待遇，而且让了两股股份给他。虞洽卿也确实争气，他白天做店务，晚上进夜校学英文，不久后就能和外国人直接交流。尤其难得的是，虞洽卿年纪虽轻，但识断能力很强，用上海话来说，就是做生意的门槛极精。譬如某次，一家洋行的一批听装颜料因船运途中被海浪泼湿而发锈，正打算低价拍卖。虞洽卿仔细察看后，认定听装外表虽锈但不影响颜料质量，于是建议瑞康独家买进，后来果然大赚了一笔。

数年后，羽翼渐丰的虞洽卿脱离瑞康进入德商鲁麟洋行担任跑楼（销售），因为业绩显著，不久即被提升为买办。1902 年后，虞洽卿转任华俄道胜银行买办，不久又转任荷兰银行上海分行买办，一跃成为上海滩的商界名流。

在此期间，领着洋行高薪和丰厚佣金的虞洽卿也没闲着，他在积累了一定的资产后自己兼做房地产（如投资买进闸北升顺里）及进出口生意。而担任荷兰银行上海买办后，虞洽卿利用该行远期汇票调剂头寸先后创设道惠银号并参与发起了四明银行。此后，虞洽卿所办的三北航运公司，也主要依赖荷兰银行及四明银行为之周转。

二

虞洽卿做生意门槛精，但如果认为他只是个会赚钱的商人，那就太低估他了。事实上，虞洽卿很有政治头脑，他既热心于社会事务，同时也在官场上游刃有余。

1901 年，虞洽卿由两江总督刘坤一委派前往日本观操。或因为奉派赴日需要官衔，虞洽卿大约在此时费银万两捐了一个江苏候补道，此举在当时的商人中可是不多见的。1903 年 11 月，因为日俄交恶的原因，两江总督魏光焘委任虞洽卿在上海打探东北三省事宜。

虞洽卿

1905 年，因在顺直赈捐中出力，虞洽卿由直隶总督兼北洋大臣奏保加赏二品衔，同年 3 月 12 日由吏部带领引见光绪皇帝并奉旨分发。同样在这一年，虞洽卿被委任为江苏铜圆局驻沪分销，此职务的职责除了负责监督铜圆市场外，还包括为省方采购军事器械等事宜。

清末时期，虞洽卿与各级官员如上海道袁树勋、瑞澂、蔡乃煌乃至两江总督刘坤一、周馥、魏光焘及江苏巡抚陈夔龙等均关系良好，可谓人脉亨通。除了官场上的交游外，虞洽卿的名声更多是来自社会事务，其中尤以几次调停事件而令其声名鹊起。

譬如在 1898 年，上海法租界当局以建医院为由强占四明公所并拆毁冢地围场，由此激起了在沪宁波人的公愤。四明公所是宁波人在上海所建的殡馆及义冢地，以此为本乡人提供丧葬服务。早在 1874 年，法租界当局即因强拆四明公所而与在沪甬人发生激烈冲突，以致法军开枪打死 7 人，一些外人住所也被愤怒的民众捣毁。事后，经清廷官员的交涉，自知理亏的法方承认四明公所永归宁波董事经管，凡公所范围内永不得筑路、开沟、造房、种植及有损殡葬等行为，这一纠纷已经妥善解决。

然而，在 20 年后，法租界当局又企图强占冢地。消息传开后，宁波人的商店首先罢市，继而各行各业包括在法租界内公私机关里服务的全体宁波人均罢工以示抗议。闹到最后，就连在外国人家中当女佣的、当厨子的、当奶妈的等从业人员，也都加入了罢工行列。

当时，宁波商人中的头面人物如严筱舫、叶澄衷等人也都行动起来，其反复与法租界当局对话，试图事态转圜；而在另一边，虞洽卿、沈洪赉等人则鼓动下层坚持罢工、罢市。在法国人不肯让步的情况下，虞洽卿表示："只需工商两界做我后盾，不怕法国人蛮横到底！"在越来越多的下层民众参与罢工后，法租界内乱成一团，外国人的生活都成了问题。

在此情况下，一些外国人也都纷纷出面交涉，法租界当局只好让步息议，在沪宁波同乡取得了斗争的胜利。事后，虞洽卿总结说："四明公所皆短打朋友，忠厚多义。这不是运气，乃是民气压倒洋气。"经此一役，虞洽卿不但在宁波同乡中赢得了一定声誉，而且在整个上海滩也开始小有名气。是年，虞洽卿刚满31岁。

其后，在1904年的"周生友事件"中，虞洽卿开始扮演在沪宁波人与外人交涉的主角。当时，俄国水兵亚其夫与黄包车夫因车资发生争执，路过看热闹的旅沪宁波人周生友被亚其夫用斧头砍中，结果不治身亡。事后，上海掀起排俄风潮并引发外交争端，宁波同乡团体也被卷入其中。在这一事件中，虞洽卿与朱葆三等人一同出面，并在外国当局、清廷官方及本乡人中间充当调解人的角色，而其地位也得到了中外官场的认同并令事件得以平息。

次年，某粤人官眷黎黄氏自原籍四川乘长江轮船途经上海。以当时广东人的习俗而言，婢女越多就越显得主人家世显赫，而这个黎黄氏一下带了十多个婢女招摇过市，巡捕房侦探怀疑她是在贩卖人口，于是将其扣押，并押送到会审公堂审问。当天承审的副会审官金巩伯了解粤人蓄婢风俗，审问后判令将黎黄氏暂寄女押所再作调查。陪审官、英副领事德为门却怀疑金巩伯包庇，非要将黎黄氏送女牢囚禁。两人由此发生争执，甚至在庭上大打出手。这时，英籍捕头也跑过来一起殴打金巩伯，结果引起旁听席上中国人的公愤，后者群起护卫金巩伯并愤而追打捕头。

事件发生后，不但全沪骚动，而且引发了民众围打巡捕的风潮，秩序空前混乱。而在这时，英租界当局竟下令拘捕市民，一时被捕者达五六百人。由于当时清廷五大臣出洋考察要途经上海，上海道台袁树勋急忙选定朱葆三、周金箴、施子英、虞洽卿四人为代表前往工部局调停。然而，调停数次仍无结果，其他大佬感到灰心丧气，最后只剩虞洽卿一人依旧极力奔走。

事后，英租界当局最终退让，滋事的主审官和捕头被撤职惩戒并公开致歉，黎黄氏及所有关押华人均被释放。条件商定后，由上海道台袁树勋、会审公堂正会审官关炯之及商界代表虞洽卿 3 人亲自前往南京路劝令各商店开市，场面甚是壮观。事件完结后，长期被欺压的中国人在租界内感到扬眉吐气，虞洽卿也在上海滩声望渐隆，几近妇孺皆知。

"黎黄氏事件"中，由于巡捕罢岗，由各国洋行外籍职员组成的"万国商团"代为维持租界治安。虞洽卿等人认为，"万国商团"应当有中国人的参与，于是与华比银行买办胡寄梅、花旗银行买办袁恒之等发起组织了华商体操会，后成为万国商团中的"中华队"。

1906 年，虞洽卿在赴日考察商务后，先后发起成立四明银行及宁绍商轮公司。1907 年，刚满 40 岁的虞洽卿当选为上海商会议董，其所得票数排名第五，仅次于李云书、朱葆三等商界老宿。1909 年，虞洽卿向两江总督兼南洋大臣端方建议举办"南洋劝业会"，陈列全国各省的土特产、工业、手工业制品，"以资提倡实业，联络观摩"。这一提议得到端方的赞同并亲任会长，虞洽卿任副会长。次年四月，南洋劝业会在南京鼓楼开幕，会期 3 个月，观众达 20 多万人次。

三

作为同乡，虞洽卿与蒋介石的关系无疑是近代史上一个绕不开的话题。而从时间脉络看，其最早与蒋介石打交道应该在辛亥时期。当时，沪军都督陈其美成立沪军第五团，团长由蒋介石担任，而其成立的经费即由虞洽卿在上海商团筹措。

此外，在辛亥革命时期，据说陈其美曾向虞洽卿求助经费，虞曾相助 8000元。上海光复后，虞又受陈其美的委托前往苏州游说江苏巡抚程德全易帜起义，但后者以无钱发饷、易帜后难以维系军心为由加以推脱。在虞表示愿意筹款后，程德全提出 100 万元的要求。之后，虞洽卿凑足 100 万元（南洋劝业会垫款 36 万元，商界借款 64 万元），程德全这才宣布江苏独立。据说，虞洽卿还到南京劝降两江总督张人骏，而江浙联军攻打攻南京时，虞曾亲自押运弹药（其实是食品）至天堡城下。事后，虞洽卿被陈其美委任为上海都督府顾问、外交次长、北段民政长等职。

民国成立后，人心思定，虞洽卿和其他商人一样转向了袁世凯一边，其与革命党的关系日益淡薄。1913 年"二次革命"时，据说虞洽卿因为电阻浙江都督朱瑞反袁而受到革命党的炸弹威胁。直到袁世凯称帝败亡后，虞洽卿才再次修补与革命党的关系。

1920 年 2 月，虞洽卿、闻兰亭、李云书等人与张静江等国民党人在上海创办证券物品交易所，虞洽卿被选举为理事长。当时，国民党人参与筹设这个交易所是打算用营业所得支付东南一带的活动经费。因此，在交易所成立后，蒋介石、陈果夫及张静江等人均在其中参与投机。

1923 年，蒋介石等人投机失败，只得离开上海前往广东继续革命。临行前，蒋介石找到虞洽卿要求给予资助，虞说："你们这些人搞垮了交易所，现在还要捣乱。"所以他开始不肯给钱，直到后来，在青帮大头子黄金荣介入后，双方经过谈判，虞洽卿答应给蒋介石 6 万元，但必须是离开上海那天才给（怕他们拿了钱再捣乱）。由此，张静江、蒋介石这些人鼓捣交易所的这笔烂账就此一笔勾销。

1925 年 2 月，段祺瑞成为北洋政府临时执政后，孙宝琦被任命为淞沪商埠督办，虞洽卿被任命为会办。而就在他应邀去京出席善后会议时，上海发生"五卅"惨案。事后，虞洽卿奉命以淞沪会办及上海总商会会长身份返回上海与英方进行交涉。最初，虞洽卿打算用此前"大事化小、小事化了"的调停策略，但这次他忽略了民众高涨的反帝情绪，以致他上街劝说开业时，不但遭到罢工民众的严拒，而且连他的衣服也被撕破了。

6 月 5 日，上海各界成立工商学联合会，以统一指挥罢工、罢课、罢市斗争，以虞洽卿为代表的总商会竟拒不参加。两天后，因为受到炸弹警告，虞洽卿这才改变态度与英国方面强硬交涉。"五卅"惨案后，英方为缓和与华人的矛盾而允许在工部局加入华董3人（后增至5人），贝淞生、袁履登、赵晋卿当选为第一届华董。次年，因贝、赵有外埠职务不能应选，改由徐新六与虞洽卿出任华董。

1927年后，以蒋介石为总司令的北伐军席卷东南，原北洋的旧势力被一扫而空。这时，上海工人斗争情绪高涨，这引起了资本阶层的极大恐慌。之后，上海商业联合会推虞洽卿、王晓籁等29人为代表前往南昌拜谒蒋介石。得知他们的来意后，蒋介石明确表示："此次革命成功，商界暗中助力，大非浅鲜，此后仍以协助为期。至劳资问题，在南昌时已议有办法。所有保商惠工各种条例，不日当可颁布，绝不使上海方面有武汉态度。"

得此保证后，江浙财团在四一二反革命政变前后为蒋介石提供近700万元的经费。而蒋介石在南京建立政权后，国民党方面先后三次发行"江海关二五附税库券"，共计7000万元，这些公债均由江浙财团认购，这也为蒋介石政权提供了重要的经济支撑。

此外，在这次所谓"清党"的行动中，虞洽卿与黄金荣等密切配合蒋介石，立下了"汗马功劳"。10年后（也就是1937年4月12日），国民党上海市党部在黄家花园举行"清党10周年纪念会"，虞洽卿还与黄金荣、杨虎、张啸林、杜月笙一起被列为"五功臣"。

为此，蒋介石曾特地赠送虞洽卿一帧全身戎装的大幅相片，上书"洽卿先生正存，蒋中正赠"的题字。此时的虞洽卿，不但是蒋介石控制上海的重要助手，同时也是上海工商界与南京新政权联系的重要通道。

对于政治，虞洽卿认为：商人不问政治，无以把握商业之船的航向；但倘若陷得太深，则会被时政所害。从这个角度来说，虞洽卿与蒋介石交往的目的只是为了维护江浙财团的利益和个人经商的便利，而不是为了谋求一官半职。在整个南京政府时期，虞洽卿唯一接受的正式职务便是由蒋介石亲自圈定的中央银行监事。此外，虞洽卿只是热衷于充当调停者，并未依仗蒋介石的权势而欺压同道。

1945 年 4 月 26 日，虞洽卿在重庆因病去世，终年 79 岁。追悼会上，蒋介石派人送来大花圈并亲书"虞洽卿先生千古"7 个大字。1946 年 11 月，虞洽卿灵柩由三北轮埠公司专轮"瑞泰号"运回上海，并在四明公所举行了规模盛大的公祭仪式。事后，其灵柩被运回故乡伏龙山安葬。

【10】大富之家：海上房产大亨周湘云

上海南京西路上有条不起眼的小岔路名青海路，从路口广电大厦西侧走进去，只需两分钟就能看到一座闹中取静、环境优雅的花园别墅。一般人不知道的是，这里原是上海滩屈指可数的大富翁、房产巨亨周湘云的住宅。在周围高楼的掩映下，昔日的周家花园（今岳阳医院门诊部）虽然在高度上有些不起眼，但在幽静狭隘、车流稀少的青海路上，这座占地 2680 平方米、大树浓荫蔽日的花园住宅仍显得十分的另类而富贵。

一

周家花园建于 1935 年，虽然只有四层楼高，但其造价高达 40 万元法币，这在当时可谓一笔巨款。用周湘云的儿子周昌善的话来说就是，"人家一座华懋饭店，造价也不过 40 万"！

试想，华懋饭店由犹太富商沙逊投资建造，是昔日上海滩的顶级饭店（今锦江饭店北楼），周家花园不过一处私宅，何以造价如此之高？

这事说来也不奇怪，因为周家花园中西合璧，它不但是传统的江南园林设计，而且内部设施十分新潮甚至大大超前，是一座完全意义上的现代式花园住宅。举例而言，当时除外滩的银行大厦和洋行大楼外，一般楼房极少安装电梯，但周家花园主宅安装了最先进而时髦的电梯。至于楼内的各种设备也大多进口，如法国大吊灯、意大利地板、比利时彩色玻璃，等等；最令人称奇的是，非但楼中的马桶是最新潮的抽水马桶，就连走廊里的痰盂，居然也是抽水痰盂。如此一来，区区一幢四层楼房，大小不过 52 间房，造价如此高昂，这在当时堪称奢华至极。

除了花园洋房令人艳羡之外，当时上海滩还有一个关于"一号车牌"的传闻。据说，当时上海最早拥有汽车的虽然不是周湘云，但公共租界工部局颁发的第一块车牌，却非周湘云莫属，他持有这块车牌长达 40 年之久。

当然，传闻只说对了一半，上海滩的第一号车牌确实是周家所有，不过并不是周湘云的，而是其弟周纯卿的。和兄长的传统作风所不同的是，周纯卿是一个会吃、会喝、会玩、会享受的新派人物。作为"含着金汤匙出生"的"小开"，周纯卿特别喜欢洋玩意儿，什么汽车、跑马样样都会，而且样样都精。

别的不说，周纯卿在南京西路 806 号（原静安区少年宫）也有座花园别墅，里面有前后花园、网球场，还有一个可以停放一二十辆轿车的大停车场。至于花园别墅的主楼，则是一幢五开间的大花园洋房，楼内大客厅、小客厅、大餐厅、小餐厅、跳舞厅、更衣室、弹子房，一应俱全，十分现代、豪奢与洋气。

周湘云与周纯卿是周家第二代，其中又以老大周湘云为主。后者继承父业后，谨慎守成，步步为营，而 20 世纪二三十年代正好是上海城市建设最为兴盛的时期，一时人口激增，房地产暴涨，周家产业也由此水涨船高，从民国初年的 1000 万元骤增到抗战初期的 5000 万元，到周湘云 1943 年去世时，周家资产飙升到 8000 万元，位列公共租界工部局华人纳税大户第五名，一时有"上海地产大王"之誉。

周家有钱是毋庸置疑的，实际上，周家究竟拥有多少房地产、多少其他产业，恐怕连周家人自己都搞不清。总而言之，在旧上海的里弄中，诸如延安东路与江西中路转角的吉庆里、天潼路的宝庆里、牛庄路的福庆里、湖北路的吉庆坊、山海关路的和庆里、新闸路上的肇庆里、河南北路的富庆里、厦门路的衍庆里、茂名北路的德庆里、云南南路的余庆里等，但凡带有一个"庆"字的，都是周家的产业。此等规模与气魄，富可敌国不敢说，敌省敌市大概旗鼓相当。

二

俗话说得好，天上不会掉馅饼。要说起周家的发迹，还得从周湘云的上一辈说起。

据说，周家先祖曾是名医，但也谈不上什么大富大贵之家，到了近代后更是早已没落。上海开埠通商后，因为生计所迫，周湘云父辈兄弟三人（老大子龄字咏春，老二子镕字文涛，老三子莲字莲塘）跟着同乡乘"鸭蛋船"从宁波来到上海谋生。

关于这个"鸭蛋船"，还颇有些说头。有人说，周湘云父辈乘坐的是运载鸭蛋的小船，所以叫"鸭蛋船"；另外一种说法是，当时周家兄弟没钱坐不起大船，所以只能选择乘坐廉价的、舱小如鸭蛋的小船来到上海。当然，周家三兄弟究竟坐的什么船来上海无关宏旨，不过他们吃鸭蛋的故事倒是流传颇广，十分励志。据说，周家兄弟初来上海时，生活非常艰苦，当时市面上一个铜板可以买五个咸鸭蛋，但三兄弟一顿饭连一个咸鸭蛋都舍不得吃完，常常是一个咸鸭蛋要对付两顿饭。如此做派，不说是精打细算，也着实是能吃得苦了。

三个穷兄弟，闯荡上海滩。所谓"穷则思变"，周家三兄弟硬是凭着吃苦耐劳和精明能干精神，不久便在上海滩立稳了脚跟。几年过去后，兄弟三人都陆续成为洋行买办或自己经商，由此在这块冒险家的乐土上开拓出一片属于自己的天地。

不久，因为生意拓展的缘故，周家老大周咏春从上海改赴汉口，他先是在德商禅臣洋行里做买办，之后自己开办商行，因为其实力雄厚、声誉卓著，后来他还先后担任过汉口商会会长和宁波同乡会会长等职。

周家老二周文涛人很聪明，他到上海后没几天，就跟人家学来一点"洋泾浜"英语，之后现学现卖，即独自一人跑到外滩一带同中外商人做起了"挑打"生意。

所谓"挑打"，说白了就是利用各种货币如银圆、铜板之间的利差做小额货币兑换，他硬是从一个肩挑着零星银圆及大把铜板的货郎，摇身一变成了沪上响当当的钱庄老板。之后，周文涛更是再接再厉，成了外滩一带棋盘街（今河南中路、广东路）上的知名华商，并陆陆续续开办了30余家商铺。

周家三兄弟中，周湘云的父亲周莲堂最为本分，却是三兄弟中做得最出色的。周莲堂到上海后，先是跟着二哥学了一些简单的英语，后来经人介绍，他到英商老沙逊洋行做上了"跑楼"（即楼盘推销员）。由于他为人勤恳、办事麻利，所以很受洋客户的信任与欢迎。

不久，有个法国传教士看周莲堂为人诚实可靠，于是就经常请他帮忙办点私事，而周莲堂也都尽心尽力，为之奔走。之后，这位传教士又介绍他到法国教会敬修堂里做事，由此接触了大量的外国人。就这样，在租界外国人的圈子里都知道周莲堂能办事、会办事，因为语言与习惯的隔阂，很多人都愿意请周莲堂为他

民国时期的上海里弄建筑

们代办一些事务。数年后，洋人圈里有关土地买卖、宅第建造、改建旧屋之类的事全被周莲堂给揽了下来，于是他就乘机拉起了一支建筑队，做起了包工头并办起了自己的地产公司"莲塘记"。

据说，若干年后，最初赏识他的那个法国传教士在回国前将自己名下的地产送给了周莲堂（也可能是低价转让），这就是现在新闸路、成都路口的和庆里、燕庆里及肇庆里三处里弄的前身。不久，"莲塘记"又与老沙逊洋行合作，获得了大量外商的业务，公司事业蒸蒸日上。这么一来，那些钱庄老板也轧出了"苗头"，他们认为周莲堂的生意前途无量，于是纷纷主动找上门来提供资金方面的借贷往来，而有了金融方面的支持，周莲堂的地产生意更是如虎添翼，直上青云了。

清末到民国的二三十年间是上海房地产发展的黄金时期，周莲堂选对了行业、抓住了机会，由此越做越大。早年在老沙逊洋行任职时，周莲堂就看准了南京路的发展前景，他用自己所赚之钱陆续买进若干旧房基地并逐年扩大，成为上海滩小有名气的华人地产商。之后，随着南京路附近地价的渐次升高，周莲堂在南京路附近福州路、广东路、湖北路一带的资产也就水涨船高，等到1890年周莲堂因病去世时，"莲塘记"已在租界的黄金地段拥有了十几处整块的里弄房地产，生意好到"闭着眼睛都可以赚钞票"。

三

周莲堂去世时，其长子周湘云年仅13岁、次子周纯卿11岁，两子均未成年。为了让三弟的事业能够继续发展下去，周家老大周咏春还特地从汉口回到上海帮忙操持了几年，以免外人趁机欺负周家孤儿寡母，私吞周家产业。

这期间，有一个人物不得不提，那就是周莲堂的遗孀、人称"水太夫人"的水春兰。在丈夫去世后，水春兰虽然是妇道人家，但并不缺乏胆识，毅然出来掌管家业。幸运的是，这位"水太夫人"也确属不凡，她不仅继承了丈夫留下的事业，而且把两个儿子都培养成了生意场上的好手。由此，当时上海滩盛传地产界有三位厉害的老太太，那就是哈同夫人罗迦陵、程谨轩夫人及这位"水太夫人"

了。如此，等到其长子周湘云接管家业时，周家资产已高达 500 万银圆，在宁波旅沪商人中已是凤毛麟角，富甲一方了。

周湘云的运气也确实是好。民国年间，上海租界人口大增，随着各种战事的不断爆发，上海成为相对安全的避难岛，包括官僚、遗老、富户、难民等各色人等纷纷涌进租界，由此地产价格也不断上涨。据工部局的估价，1920 年租界内平均地价为每亩银 10476 两，较 1916 年的 8819 两上涨一成多。到 1933 年时，工部局重估地价为银 33877 两，比 1930 年又涨了三成。而占尽先机的是，周家拥有的地皮或房产大多集中在南京路、延安路、华山路、江西路、河南中路、新闸路及跑马厅等黄金地带，由此坐拥万金，自然不在话下了。

和世界各大城市的地产商一样，周湘云的经营手段说来也并不复杂，其通常是在城市尚未充分发展之时，先以低价收购市区边缘的农田和荒地；等到市区扩展、道路延伸后，再将之前收购的地皮高价抛出或开发房产后出租或出售。如此循环往复，周家聚敛了大量财富，周湘云也成为上海滩响当当的"地产大王"。

不仅是周湘云，其弟周纯卿同样是经营上的一把好手。民国年间，周纯卿抓住一次宝贵的时机完成了一个大笔买卖，那就是用 500 万银圆买下南京东路、西藏路上拐角的一大块土地，这一地块东起云南路，西至西藏路，北抵南京路，西达九江路，真是寸土寸金的风水宝地。最为重要的是，这块地就在当时公共租界的最核心位置跑马厅（现人民广场）旁边，可谓占尽了天时、地利，无论何年何月，都是不断增值的黄金地段。

也正因为如此，在周家重金买进这一地块后，一位香港富商想以 800 万银圆的价格买下，但被周家拒绝；之后，这位富商又提出参股共同开发，但周家仍旧不答应。无奈之下，这位富商只好另出高价买下其对面的一块地皮建了大新公司（现中百一店）。不久，这块地涨到一千万元，而周家仍旧紧握不放。据说，周家之所以留着这块地不卖，其主要原因是周纯卿喜欢跑马，而这块地正好临近跑马厅，他要在这里建高楼，这样赚钱与跑马两不误。之后，周家在这里建造了高档里弄住宅大庆里，其中即有一栋比其他楼都要高，据说就是为了方便周纯卿看跑马比赛！

和周纯卿的洋派作风相比，老大周湘云就要传统保守多了。其中值得一提的是，周湘云热衷捐官，"官瘾"颇大。光绪末年，他曾用 4 万两银子捐了个上海道台的官衔，虽然只是候补，但每逢正式场合，周湘云都穿着正儿八经的四品官服，很是引人注目。据说，上海地产界的另一大佬哈同也是个官迷，可他是个外国人，不能买官，只好屡屡借用周湘云的那套蓝顶花翎朝服，一时传为笑谈。辛亥年后，清朝被推翻，那套官服才退出交际场，成了周湘云的私人收藏品。

周湘云不仅捐官，而且有"遗老"之风。清廷覆亡后，光绪之崇陵的绿化工程因为缺钱而陷入困境，周湘云听说后慷慨解囊，捐了一大笔钱报效逊清皇室。正因为有此"义举"，民国遗老圈对他青睐有加，而这也对他的另一项事业即文物收藏帮助颇大。别的不说，目前上海博物馆的镇馆之物中，就有两件曾是周湘云的藏品：一件是怀素的《苦笋帖》，另一件是米友仁的《潇湘图》，都是国宝级艺术文物。在当年的上海滩，有钱并搞收藏的富豪并不止周湘云一个，但有品位的收藏家凤毛麟角——如果说有，周湘云算一个。

值得一提的是，尽管在收藏上大笔大笔花钱，但周湘云日常生活很朴素，几十年如一日，始终是宁波人节俭持家的老作风。平日里，他一身布衣布褂，脚上布底鞋，其太太施彤昭也是如此，平时连肥皂头也舍不得扔。据说，周家过日子也极寻常，在没有客人来的时候，家里吃的都是咸菜、黄泥螺、臭豆腐、臭冬瓜之类的宁波土菜，不知道的人，哪能看出这是上海滩的大富豪之家呢？

【11】富不过二代："地产大王"程霖生全盘皆输

上海滩一向被称为"冒险家的乐园"，金融实业圈更是如此。不管是房产、黄金抑或股票，能让人一夜暴富，也能使人一朝破产。如在 1910 年"橡皮股票风潮"中，开钱庄的洞庭东山严氏家族全军覆没；在 1929 年后的经济大危机中，办银行的谈荔孙投资房地产巨亏；而被称为"地产大王"的程霖生，更是在这次风潮中因炒黄金而一败涂地。

一

被称为旧上海"地产大王"的程霖生是典型的"富二代"，关于他的财富与头衔，还得从其父程谨轩说起。

程谨轩又名程谨斋，安徽歙县人，其早年因出天花而脸上多有麻点，被人们称为"程麻皮"。据说，程谨轩当年是跟随李鸿章的淮军坐兵舰来到上海的，不过他并非作战的士兵而是作为后勤人员的挑夫来到了十里洋场。之后，程谨轩离开军队独自谋生，他曾给人帮工做过杂活，也曾在十六铺码头当过苦力。在一次偶然的机会下，程谨轩凭借自己的木工手艺进入某建筑队。由于头脑精明，办事公道，程谨轩在数年后转为包工头，并进而当上了沙逊洋行的买办。

关于程谨轩的发迹，昔日上海滩有这样一则故事广为流传：早年在码头扛活时，程谨轩曾在无意之中捡到一个包，包里有大量现钞和汇票。得此意外之财后，换了别人早就拎包溜之大吉了，但为人厚道的程谨轩并未将之占据为己有，而是一直在原地等待失主，最终将失物完璧归赵。正所谓"好人有好报"，这位失主乃是礼和洋行经理，程谨轩也由此得其提携并改行进入建筑业。

"捡包"传闻听起来有些邪乎，不过下面这件事倒是真实体现了程谨轩的果敢与能力。当时，程谨轩手下的两名工匠在某处建筑工地上被倒下的墙砸伤。经反复查验后，程谨轩认定这是英方黏土供应商提供伪劣产品所致，于是他带着受害工匠的诊断书及黏土样品直奔英国领事馆与供应商理论，结果硬是打赢了这场洋官司并获得相应赔偿。事后，程谨轩在建筑圈内名声大震，并逐渐成为地产界呼风唤雨的人物。

当然，程谨轩的发迹与沙逊洋行有着更直接的关系。光绪年间，犹太富商沙逊看准了上海房地产的发展潜力，但由于他对上海的风土人情并不熟悉，因而希望能找到几个可靠能干的中方合作伙伴。几经比较后，拥有丰富行业经验和广泛

程霖生

人脉的程谨轩被收入沙逊门下。此后，程谨轩投身沙逊洋行从事房地产建造与买卖，生意做得顺风顺水。在为老板赚足大笔银子的同时，程谨轩也为之后的单飞打下了坚实的基础。

清末民初是上海房地产发展的黄金时期。在此期间，城市在发展，人口在不断增多，房价、地价也随之不断走高。据工部局的估价，租界内地价在 1845 年开埠时每亩仅值 20 两银子，1875 年涨至每亩 1459 两，1890 年攀升到每亩 3871 两，1903 年涨至 4603 两，到 1907 年更是达到 9606 两，较最初翻了数百倍不止。

开埠之初，上海的房地产业务大多由从事贸易的洋行如沙逊、怡和、仁记等兼营，另外一些则是凭借租界管理上的特权，每逢有市政建设的计划出台，这些洋行往往闻风而动、抢先圈地，由此聚敛了惊人的财富。经多年的摸爬滚打后，程谨轩同样练就了极为精准的眼力，论起"买卖地皮"，他也不逊色于之前的洋老板。

当时，程谨轩看准了上海地价普遍上升的趋势，他认为：上海的城市发展系以南京东路外滩为起点，尔后逐步向西延伸，但此时西藏南路以东的地价已经居高不下，自己没有这么多的资金也就没有机会进行投资；而西藏路以西的地块虽然暂时乏人开发，但随着上海城市的发展，其必将像东区的地价一样步步走高。如此，程谨轩毫不犹豫地将历年赚到的所有钱投入西区地产，并将新购的地产再押款、再购置，几经买进卖出后，其初始资金翻了几十倍。

等到清末民初时，程谨轩俨然已成上海滩的华商巨富，人称"沙（沙逊）哈（哈同）之下，一人而已"。一战期间，程家更是坐拥上海"两条龙"：一是从河南路抛球场至西藏路；二是从新世界至卡德路及石门二路一带，整整两条街都是程家财产。除此之外，程谨轩还在静安寺一带拥有大量地产并有其他投资。程家每月收取的租金就高达 10 余万两白银。

颇具喜感的是，当时上海滩传说有个"金刚钻老太太"，其旗袍上镶满了钻石，而这指的不是别人，正是程谨轩的妻子。时代就是如此，在上海滩这个"冒险家的乐园"里，程谨轩奇迹般地完成了由穷小子到地产大亨的华丽转身。

二

程谨轩因病去世后，其长子聋哑，不问世事，据说后来因洗澡煤气中毒而无法呼救致死。如此，程谨轩遗下的千万家产也就全由次子程霖生打理。最初 10 余年，程霖生继承父业，生意做得顺风顺水。

程霖生的生意做得好，很大程度上也是因为租界内地皮价格不断攀升、水涨船高所致。据工部局的统计，1920 年租界内平均地价为每亩银 10476 两，1931 年更是冲至 26909 两。到 1933 年时，租界内平均地价上升为每亩银 33877 两，比 1920 年又涨了三成。

值得一提的是，1931 年上海房地产交易量创下历史新高，全年总额达 1.83 亿银圆。也就在这一年，老一代的上海"地产大王"哈同去世，而程霖生家族的资产则因为地价上涨的原因，其估值一度攀升到 6000 万两白银。由此，程霖生一跃成为上海滩上屈指可数、富可敌国的巨商，人称上海滩上新一代的"地产大王"。

程霖生自小生活富足，生意场上也没受过什么挫折，其继承父业后，也曾想要有一番建树，以将父亲传下来的家业发扬光大。但是，也正因为过得太顺、缺少挫折，程霖生在经营一段时间后，自恃万贯家财而多方出击，四面开花。他不仅在房产上继续投资，其他实业如开设根泰和合粉厂生产味精、投资大新公司（上海四大百货公司之一）、创办永大金号、衡吉钱庄等，甚至在古董收藏方面，程霖生也都有广泛涉足。

说起古董收藏，程霖生确实颇有斩获，但也闹出不少笑话。在其最鼎盛之时，程霖生不惜重金收藏了 150 多件古彝器，同时还藏有大量石涛及八大山人等名家作品。为此，程霖生还专门印有《新安程氏收藏古金铜器影印册》并辑有五卷《石涛题画录》加以炫耀。由于程霖生在鉴赏方面未必是个行家，各路古董商人及捐客见有利可图，于是如过江之鲫一样奔走于程府。在众人的百般奉承下，程霖生也是来者不拒，导致其收藏品中夹杂了大量赝品。

当时有个笑话，说程霖生最爱石涛之画，为收集真迹而不惜巨金，某次他得知某处有一幅石涛山水真迹，于是让一顾姓书画捐客前往搜求。此时，正好张大千来沪，顾某便怂恿其仿制一幅以行蒙骗。张大千因为手头短绌，于是画了一幅足以乱真的作品交差。令人发噱的是，程霖生为炫耀其收藏之富而随后请张大千来家做客，席间还特地出示了那幅刚刚得手的石涛"精品"。张大千不见则罢，见后差点没忍住笑出声来，因为那幅所谓"精品"就是他的"杰作"！

程霖生好附庸风雅，同时也好招待四方宾客，时有"沪上孟尝君"之称。当时，有很多名人如陶行知、朱庆澜等都曾因为各种原因而在程府住过一段时间。上海一·二八事变期间，程霖生对义勇军多有捐助，后来还与东北军抗日将领朱子桥交往甚密，并对流落上海的东北抗战人士多有资助。在非常时期，程霖生也曾暗中支持过革命事业，并花钱营救过柯庆施和陈延年。作为同乡，陈独秀本人也曾在程公馆避难过。

作为歙县旅沪同乡会会长，程霖生父子对老家歙县做过颇多慈善事业，如捐银修复渔梁坝、凤凰桥，出资修建杭徽公路并独资栽植公路两旁树木，捐资出版民国《歙县志》，捐赠发电机开办屯溪电灯公司等。每年夏令时，程家都要从上海运送大批"申公济众水"到老家分赠乡人治病。沪上肇嘉浜河道上的谨记桥，也是程霖生捐资修造的。另外，程霖生支持陶行知办教育，其赞助南京晓庄师范，在淮安新安小学推行贫民教育和农村教育也为人所熟知。为此，陶行知甚至直称程霖生就是他的"后台老板"。

作为程家长孙，程谨轩的另一个继承人程贻泽当时也有"小孟尝君"之称。不过，后者的兴趣不在商业，也不在文物收藏，而在于体育与社交。程贻泽本人身体很好，各种项目都能上手，其中尤其酷爱足球。当时，他不仅自己踢球，而且还亲自组织了一支颇具知名度的足球队（初名三育队，后改名优游体育队）。在 1926 年 11 月 7 日上海第三届中华足球联赛决赛中，程贻泽所率之队和"球王"李惠堂的东华队两强对决，轰动一时。1929 年 1 月，程贻泽还自费带队前往日本比赛，并取得二胜二负成绩而归。

足球之外，程贻泽同时组织了篮球队、网球队等。为了广交体育界人士，程贻泽在泰兴路 360 号住宅内配有舞池、篮球房、弹子房和游泳池等，屋前大院则是一片足球训练场。此外，他又在南京西路、石门二路口投资建成一座名为"德义大楼"的旅馆式公寓。在其安排下，德义大楼经常保留一部分空房以供那些远道而来的外地客队球员住用。但凡程贻泽组织的体育活动，诸如球员的吃喝、住宿、工资津贴及一应费用均由其全程负责，可谓一掷千金，一时食客如云。

三

在如今上海南京西路与常德路的交界处，有一座规模颇大的花园住宅，其间绿树深庭，鸟语花香，这就是昔日程霖生家的豪宅。和其他别墅所不同的是，程宅门楼以"凹"字形开口形成宽敞的门前广场，门楼又设计成独特的两层"过街楼"形式面向南京西路。这一宅第占地数十亩，内有由游廊连接的数十间大小洋房及花园，大门外还安放了一对极为醒目的雄伟石狮，可谓既中又西，令人印象深刻。

说起程宅门外的一对狮子，还有这样一段传说：当时风水先生建议程霖生在大门口安放一对石狮子用来镇宅，而说来也巧，程霖生在回安徽老家路上求宿于某山民家中，当晚他做了一个奇梦，梦中有一对威风凛凛的金毛狮子从山上飞奔而下。程醒后即向山民打听，原来后山上还真有一块貌似狮子的巨大青石。于是，这块巨石被运回上海并雕成了程宅门外的一对狮子，被程霖生视为镇宅之宝。

和多数商人一样，程霖生不仅笃信风水，而且贪恋迷信。当时，某阴阳师为他相宅，说他的新宅"地脉悠长"，是大富之象；某星相术士则告诉他，"流年"大利，必将暴富。在新宅落成不久，程霖生开始转战金融市场，做起了黄金投机。

当时，上海的黄金交易量仅次于伦敦和纽约，居世界第三位、远东第一位。按规则，做标金交易通常以 100 两黄金起算，每笔交易交割，炒家均需付给一定数量的佣金。在炒金过程中，若炒家亏损，需要补进资金；若不补进，则要从押金底数中扣除；押金不够扣时，前期投入的资金全部没收。

20 世纪 20 年代末，正是上海黄金市场涨落极大之际，当时由此暴富者有之，崩盘破产而跳黄浦江的也为数不少。在巨大的刺激和利益诱惑之下，自恃千万家财的程霖生大胆冲入做起了投机生意。初战告捷后，程霖生更是对风水之说笃信不疑，之后买空卖空，盈亏动辄以数十甚至百万银圆，几乎相当于当时一家中型银行的资产。

但凡投机与赌博，总有失手的时候；而赌徒的心理，往往是越输就越想翻本，当输红眼后，很多人干脆不顾一切，失败也就更为彻底。陷入投机生意的程霖生也是如此，巨亏之时，一度扬言要操纵整个上海黄金市场的他不得不拿出大量房产进行抵押借款，而钱庄借不到钱时，他就把房产抵押给要求更严苛的外籍银行，以图翻本。孰料 1929 年经济大危机后，黄金市场一落千丈，程霖生的投机生意完全失败。随着经济大危机的蔓延，地产价格也是飞流直下，这让一度雄霸上海滩的程家更为雪上加霜。

最要命的是，在经济危机的影响下，程霖生手上的地皮与房产一时无法脱手，由此导致资金链断裂。由于无法获得新的资金补充，曾经风光一时的程霖生不得不宣告破产，而其投资的衡余、衡昌、泰昌、鼎元、成丰、吉昌 6 家钱庄也因资金周转失灵而倒闭。到最后进行债权清理时，程霖生欠债超过 2000 万两白银，而此时程家拥有的资产 1000 余万两白银已资不抵债，程氏家族两代人累积的千万家产随即灰飞烟灭，程家的财富神话就此破灭。

程霖生的破产，一方面是其醉心于赌博式的投机造成，另一方面也是世界经济大环境所致。但不管怎么说，昔日这位不吝千金的大老板最终也不得不黯然泪别其富丽奢华的豪宅了。程霖生破产后，其收藏的古玩字画等大多变卖，其中有用于偿付债务的，也有出卖以充生活所需的。而到这时，程霖生才发现，过去的很多所谓"名画"，其实都是赝品！

此后，程霖生蜗居在德义大楼一套小单元内，家徒四壁时常酗酒，后病故于1943 年。至于程家长孙程贻泽，在这场突如其来的财富剧变中，他更像是个冤大头，因为他虽与叔叔程霖生分宅而居，但因为程家并未分割遗产，结果"小孟尝君"也同样落得净身出户的下场。

往日里，程贻泽只要有钱可花，就从不过问家产盈歉。而破产之后，程贻泽也只好蜗居于北京西路的祖屋顶层。好在他还有一位红颜知己，那就是当年红遍上海滩的"黑猫夜总会"舞女唐八妹，后者虽说出身风尘，却是有情有义。在程家破产、众叛亲离之时，唐八妹一直对程贻泽不离不弃。

搞地产的程霖生炒黄金失败，搞银行的谈荔孙炒房地产失败。作为对比，和程家同时发迹的周湘云家族则在这场经济大危机中全身而退。与程家不同的是，周家宅第被设计成了大船模样，这或许是想告诫子孙：小心驶得万年船，创业难，守业更难！至于程宅门口的那对狮子，其依旧沉默，它们并没有给程霖生带来好运。

【12】极俭与豪奢：炒金富豪周扶九的两面人生

明清时期，江西商人一度活跃于长江流域，各地会馆林立，时有"无赣不成市"之谚。由此，主要由赣商组成的"江右帮"也曾与晋商、徽商三足鼎立，排在中国"十大商帮"前列。1840 年鸦片战争后，随着"五口通商"新格局的形成及赣江商道的迅速衰落，江西商人也日渐式微。当然，凡事皆有特例，当时声名显赫、身家媲美于"红顶商人"胡雪岩的赣商周扶九，就是其中之一。

一

说起周扶九的发迹，历来有不同的说法。

周扶九原名周鹗，寓意是来日"鹗鹏展翅"，其于道光二十一年（1831）生于江西吉安县高塘乡某普通农家。周自幼丧父，母亲靠为人缝补、浆洗衣物勉强支持他读了几年私塾，后因家贫未能参与科考。

16 岁那年，周扶九拿着母亲给的 200 文铜钱作盘缠去湖南湘潭投靠远房亲戚周永孚。一路上，周扶九晓行夜宿，饥餐渴饮，硬是靠两只脚从江西走到了湖南。等到达湘潭后，身边还剩下 80 文，周扶九将之全部奉交周永孚，后者见后，觉得周扶九这孩子孺子可教，于是便将他介绍给当地一家绸布号当学徒。

当时，这家绸布号规模还不算小，因为除绸布生意外，它还兼做存款和汇兑，业务遍及云贵及东南各省。在此期间，周扶九因为聪明伶俐、办事麻利而深受店主赏识，其学徒期未满即被派出洽谈采购等业务，甚至委以催账、收款等重任。

按当时清廷的规定，湖南、湖北、江西、安徽四省（所谓"四岸"）百姓的食盐均由两淮供应，因而四省盐商大多聚集于两淮盐运使所在地扬州。按惯例，扬州盐商将官盐运至湖南销售后，得款即汇回扬州，因而绸布庄与扬州盐商有业务往来。在店主的赏识与点拨下，周扶九也很快学会了相应的交际与理财。

然而，正当周扶九要在生意场上要大展拳脚时，太平军席卷湖南，之后又沿长江东下，势力遍及江、浙、皖、赣等省。时逢战乱，劫后余生的绸布店店主急令伙计赴各地追讨欠款，其特别交代，即便对方实在没钱，用实物折抵也行。总而言之一句话，尽快回笼资金，降低战乱带来的风险。

1853 年，周扶久奉店主之命去扬州收回旧账。当时，有一木材商人没有现银而提出用盐票做抵，周扶九不敢擅自做主，他写信回长沙向店主说明情况。由于当时兵荒马乱，盐票价值也是一落千丈，于是店主回信申明，不准收进盐票而必须付给现银。由于事情无法办妥，周扶九再次请示，店主回信仍坚持只要现银。而在这时，扬州盐票已经开始上涨，周扶九当机立断，将盐票留下而设法另借现银回长沙交账。之后，他也干脆不回湖南，而在扬州做起了盐生意。

明清时期，盐票也称盐引，即盐商向盐运署缴纳盐税后的凭证，凭此证可以买入相应官盐到指定区域销售。因为食盐是垄断专卖性质，盐票发行也有定额，

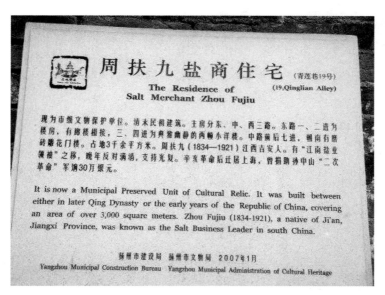

周扶九旧居保护铭牌

利之所在，行情也有涨有落。如在平时，官盐销售有保障，一张盐票就是一笔财富，但时逢乱世，销售体系全部打乱，持有盐票而不能变现的风险也就大大增加了。

正所谓万事皆有命，富贵险中求。在周扶九看来，战乱只是一时，盐业生意仍大有可为。于是，他靠着这次收进的盐票赚到了人生的"第一桶金"，之后又趁机低价不断吸纳，由此摇身一变，成了一位地地道道的扬州盐商。

当然，类似这种"穷小子翻身"的故事也有人不信，如沪上名家曹聚仁在其文章《地皮大王周扶九》中对周扶九的发迹却是另一番记载：

周家在吉安乃系大族，不过周扶九一房到晚清时已经败落。及长，周扶九受无赖无端欺压而愤然外出，其听说自己嫂子的亲兄弟萧三爷在杭州为官，于是便前往投靠。据说，萧三爷此时官至藩台（相当于省长），其将周扶九安排在盐政部门，主要做填发盐票的工作。有了萧三爷做后台，周扶九在耳濡目染盐业生意后也到扬州做起了盐商，由此成为巨富。

从逻辑上说，曹聚仁说的"官商结合"故事似乎更有说服力，而曹也表示，其与周扶九的后代接触颇多，由此对周家事了解一二。不过，这个神秘的"萧三爷"其实是同为大盐商的萧云浦，萧是江西泰和人，与周扶九是老乡固然不假，但他并未做过官，更不要说到藩台这个级别。从年龄上看，萧云浦很可能是周扶九成为盐商的带路人，也可以说是后者的"贵人"。此后，萧云浦与周扶九也在生意上相互合作帮衬，这在当时的同乡圈子里也不算罕见。

不管是哪种发迹版本，周扶九在同治、光绪年间成为扬州大盐商终究是事实。据统计，周扶九先后在扬州、汉口、南昌等地开办裕通和、裕康等多家盐号。为了获取更多利润，周扶九直接介入了盐场生产，其每引（400斤盐）的利润可高达5至6两白银。据统计，当时两淮盐场年销盐约180万引，而作为当时的扬州八大总盐商之一，周扶九在大丰草堰场盐场（两淮最大的盐场）中占了15%的份额，其每年利润至少120万两白银。

此外，他又在行盐地兼开钱号，如湘潭裕通源、常德裕孚、吉安裕长厚等钱号。此外，周扶九还经营当铺、纱号、米厂甚至轮船公司等实业。由此，在光绪中期时，周扶九的财产之多，即便与"红顶商人"胡雪岩相比，恐怕也并不逊色。

二

清朝末年，由于盐场产量下降，周扶九又将目光投向了垦殖业，其联合盐商刘梯青及实业家张謇一起组建了大丰盐垦有限公司，而周是公司最大的股东。

辛亥年后，由于局势动荡，周扶九离开扬州，举家迁往上海。之后，其将大量资金投入房地产并在南京路一带买下了大量地皮，等到地价上涨，周扶九很是发了一笔横财。

此外，周扶九也积极参与其他实业，如与张謇合资创办了当时国内最大的南通纱厂，还有参与投资兴建南昌至九江的南浔铁路等。同为江西老表的"辫帅"张勋复辟失败后，周扶九也曾与之合作创办九江华丰纱厂。

到上海后，周扶九虽已是花甲之年，但仍老当益壮，雄风不减当年。令人诧异的是，他居然以极大的精力参与了上海的黄金买卖。

众所周知，黄金交易风险极大，不过一旦投机成功，获利也极大。如一战期间，由于北洋政府对德宣战，金价大跌，很多商人为此倾家荡产。这时，实力雄厚的周扶九却反其道而行之，其调动大批资金分批低价买进，待价而沽。1 年后，一战结束，金价飙涨了 3 倍，周扶九大发其财，并成为上海金融市场的黄金巨头。

商海弄潮，英雄不问出处。到 20 世纪 20 年代初，周扶九最终与犹太富商哈同、"地皮大王"程霖生并立为当时上海的三大富豪。

然而，身家数千万的周扶九，这位大富豪的生活却吝啬到了令人喷饭的地步。据说，其在扬州时，早餐只吃炒盐豆下稀饭，而为买到最便宜的盐豆，周扶九买遍了扬州城，终于发现一家炒豆店分量最多，于是他就命人专门去这家店买盐豆。

类似的故事还不止一例，如周扶九喜欢去一家面馆吃面，中间总叫人添够双份的量，但他又只肯付一份的钱。老板见状，与之理论，周扶九却强词夺理。无奈之下，面馆老板只好告到其太太那儿，后者叫他不要声张，只管给他吃，年终时按双倍付钱。

从某种程度上说，周扶九的节俭有时简直就像是在自虐。譬如其在扬州做盐商时，有时晚上外出应酬，只要有一点月光，周扶九是绝对舍不得打灯笼的。据说某天晚上，周扶九打个灯笼回家，后面一顶四人大轿呼啸而来，旁边还有两人打着灯笼在前面照路。周扶九见后，立刻吹灭了自己的灯笼而跟着借光走路。孰料，走着走着，周扶九发现这轿子走的路线和自己一样，最后竟然抬到自家门口。周扶九心想，难道有大官前来拜访？于是赶紧迎上前去，但让他气不打一处来的是，从轿子里出来的不是别人，正是自己的儿子！

原来，他的儿子刚从长三堂子吃花酒回来，此刻还没醒酒呢。大怒之余，周扶九扬起手中的灯笼棍要打，孰料他儿子借着酒劲一点也不害怕，反而笑嘻嘻凑上前来："你打，你打啊！我身上的衣服，可是十几两银子买回来的！打坏了，你舍得吗？"

听他这么一说，周扶九虽然气得浑身发抖，但棍子不知不觉落了下来。

在扬州，类似于周扶九这种好占小便宜、极吝啬的小故事还有很多，凡此种种，常令扬州人引为笑谈。据说，扬州至今仍流传这样一句歇后语："江西周扶九赚钱——不用！"

搬到上海并见识了十里洋场的繁华后，周扶九守财奴的毛病却依旧不改。譬如外出办事，周扶九从不坐车而总是走路，别人看他年纪也大了，劝他买辆汽车，出入方便些，周扶九却大摇其头："南京路其平如砥，家中地板都没有这么平整。这么平的路不走，不是白白糟蹋了吗？"

有一次，周扶九去看女儿，终于发狠心叫了一辆黄包车，车夫问了地址后说好 4 角钱。谁知到了地方后，周扶九觉得路并不远而只肯付 2 角，车夫当然不让，于是两人当街大吵起来。这时，周家女儿听到外面吵闹，知道是自己父亲又因为钱的事与人起了争执，只好叫人偷偷拿了一块银圆给了车夫了事。

让人无语的是，周扶九身资千万，但每次去看女儿，手里带的东西从不会超过一块银圆，无非是一两包花生米或兰花豆之类。所幸都是自己家人，早已习惯，也就见怪不怪了。

三

有钱归有钱，毕竟岁月不饶人。随着年龄的不断增长，周扶九精力也日渐不济，其有了钱就存入各大银行，但究竟存了多少钱，他自己也不清楚了。为此，其儿孙们经常背着周扶九将这些钱偷偷抵押借出，并在外面肆意挥霍。等周扶九去世时，其后人向银行支付的借款利息就有 100 多万银圆，此前借出的钱款更是高达 1500 万银圆。

据说，周扶九晚年在自己卧室夹墙内放了一个小木匣，每当夜深人静时，他就偷偷将赚到的金条放入匣中。孰料，其儿孙们却趁其不在将金条偷偷取出一两根，而周扶九浑然无知，仍旧照放不误。这虽说只是笑谈，但也折射了周家即将衰亡的命运吧！

1921 年，年逾九旬的周扶九病死于上海。最具讽刺的是，周扶九生前以极度吝啬而闻名，可在他死后，葬礼却奢华得令人咋舌。据时人龚屏在《西江旧闻录》中的记述：

周扶九出殡之日，抬棺所用的龙头杠架等均从京城租运而来，据说是抬过光绪皇帝和慈禧太后的原物。更为声势浩大的是，抬棺共用扛夫 124 名，全是身强力壮、久经训练的蒙古族扛棺队，并统一着前清服装。

送殡队伍中，有乘轿百余顶、乘车 500 余辆、步行者 4000 余人。另外，还有请来的学生 2000 人，一律黑布制服，手执蓝白花束；军队 3 个连，警察 3 个中队，负责沿途护送。队伍中间，有中国及西洋乐队各七队，和尚、尼姑、道士各 108 名，后者全部着袈裟道袍，穿戴整齐。据目测，整个送殡队伍有 3 里之长，队列中引魂幡、素车、白马、素灯等不计其数，沿途散发的白纸花签及燃放的鞭炮更有 8 辆卡车专门装运。

更出奇的是，因出殡队伍要经过南京路，路上所有商铺、机关学校、工厂作坊等一律关门，车辆骄马、贩夫走卒、买卖游人乃至警察巡捕也一律禁止通行。当然，这样做并非没有代价，据说周家当天为"买断"南京路而花了 6 万两白银，以补偿南京路上所有商家及相关机构的营业利润与开销损失。

当天的南京路，可谓风格大变。每隔数百米，即设祭台一座，用以杀猪宰羊，是为"路祭"；用于导前的"金童玉女"共计 100 对，挽幛挽联、白鹤魂幡、大小花篮、各种纸扎等共计 3000 余件；路上专供的名贵茶酒、干鲜水果、米麦斋饭、三牲祭品数十台，民间吹打、礼生仪仗、彩旗彩屏、香案烛台等一应俱全。

是日，前来送葬的机构、团体、军警、侨民、外商、大中学生、工商界、各同业公会、银行、同乡会馆、亲戚家族、同行故旧、生前好友、周氏企业人员等不下万人，整条南京路上人山人海。

当然，送葬人多也和周家的阔绰大方有相当大的关系。当时，只要来悼念的，无论亲疏，周家均酒饭招待，日夜不断；凡送挽幛挽联或焚香烧纸、在灵前拜祭的，周家一律回赠景德镇精细餐具一套、烟酒及灰白绸布若干，同时还给随祭车夫脚夫每人两块银圆。

至于与周家有业务交往并在街头摆香案或持素表示祭奠的，周家一律回赠丝绸并素饼四盒。即便两旁看热闹的，周家也会沿途发给每人白毛巾一条或素饼一盒。

待送至十六铺码头后，周家雇定一艘专轮将灵柩运至九江，然后经火车转至南昌，最后动用大批用白布扎成孝舟的帆船，由小火轮拖运到达老家吉安。一路上，送葬队伍浩浩荡荡，每到一处都要举行路祭。最终，在老家隆重祭奠后，这才郑重下葬，入土为安。

据统计，周家这次办丧事共用去 39 万银圆（折合黄金 500 两），其规模之大、耗资之巨，大概也仅次于光绪与慈禧，诚可谓民国初年的一大"盛况"。

然而，周扶九虽然风光一世、赚钱无数，但其儿孙大多不争气，无力将其事业发扬光大。

终其一生，周扶九共一妻二妾，生六子一女，其中前三子早夭。后三子中，四子周征阁曾捐班河南候补道，但未上任；五子周锡藩做过七品京官，其醉心于官场，并为打通关节而耗银上百万两，但随着清廷的垮台，这笔投资也打了水漂；六子周黻卿虽是大学毕业，但其继承父业后远不能与周扶九相比，之后又因儿子被人绑票而忧郁成疾，英年早逝。

最终，周家子孙大多得过且过，坐吃山空，周家也由此逐步衰败。所谓"富不过三代"，诚然如此。

三　銀行大家

【13】宋汉章：三次说"不"的银行大佬

话说 1912 年 3 月 29 日，《民立报》上突然发表了一份抗议函，其中严厉质问沪军都督陈其美：中国银行经理宋汉章"被贵都督以请酒为名诱至小万柳堂，遽被军士多名拥捕而去"，此举意欲何为，务请立刻放人，否则国民不安、国信何在？让人感到纳闷的是，《民立报》是革命党人自办的报纸，这里的抗议对象又是当时炙手可热的沪军都督陈其美，这其中究竟有何隐情呢？

一

据宋汉章事后的自述，他在应邀前往极司非而路（今万航渡路）小万柳堂赴宴时，未及入席，即有"十二名佩戴手枪的士兵用船将我带到南市第十团军营，扣押在那里"。

极司非而路属于租界越界筑路地段，当时并不在沪军都督府的管辖之下。事前，处事小心的宋汉章虽有戒心，但令他没想到的是，小万柳堂的后门正对苏州河，陈其美早已派了一艘机动艇候在河边，等宋汉章一出现，预先埋伏的士兵就冲进来将其抓走。

受到《民立报》的质问后，陈其美回应称：有人告发宋汉章在革命军光复上海之际捏造假账、私吞巨款，又以租界为掩护，屡传不到，不得已才出此下策。

然而，据宋汉章的自述，在其被扣押后，并没有人问所谓"假账、私吞巨款"之事，而是讯问"大清银行存款余额和清政府的资金"，后者才是陈其美的真正用意。

那么，宋汉章何许人也，他为何会惹上这场无妄之灾呢？这事说来话长。

宋汉章原名宋鲁，生于 1872 年，其父宋世槐曾在福建办盐务，后协助实业家经元善创办上海电报局。因此人脉，宋汉章在中西书院毕业后也进了上海电报局。

1898年戊戌变法失败后，因传闻慈禧太后打算废黜光绪皇帝，经元善约集千人签名反对而遭到通缉，其中宋鲁亦名列其间。事后，随同经元善前往港澳避祸的宋鲁更名宋汉章，并由经元善资助返回上海，重到海关任职。

回沪不久，宋汉章进入中国通商银行当起了"跑楼先生"，主要负责中方经理与洋大班的联络及催收账款等事宜。在"跑楼"的过程中，勤于学习的宋汉章逐渐通晓了现代银行管理及旧式钱庄的经营，他这一"跑"，竟然跑出了一个近代知名的银行家。

机遇只垂青于那些有准备的人。1907年，宋汉章前往香港催收一笔呆账时，途中邂逅户部要员陈陶遗。经其介绍，宋汉章北上任北京储蓄银行经理。3年后，宋汉章被度支部调任大清银行上海分行经理，事业再上一个新台阶。

辛亥革命后，大清银行改组为中国银行，宋汉章仍任上海分行经理。而在此时，被财政问题弄得焦头烂额的沪军都督陈其美也盯上了中国银行这块大肥肉，其认为大清银行是前清的国家银行，官股应予没收。

然而，宋汉章却抗辩称：中国银行也有大量商股在内，个人不能做主；而一旦拆分，信用无法保证，整个银行将土崩瓦解，商民损失将不可估量。宋汉章的坚决抵制令陈其美火冒三丈，这才是本次绑架事件的真正原因与背景。

宋汉章被绑架的消息传出后，立刻在银行界引起了强烈的反响。就在其被绑架当天，中国银行理监事会分别致电孙中山、袁世凯及南京临时政府司法总长伍廷芳，要求各方电饬陈其美并立即释放宋汉章。次日，袁世凯致电陈其美，责其"应按律由法司正式传谕，未便以兵队诱拿"，要求"迅饬查明释放"，但陈其美置若罔闻。

之后，中国银行监督吴鼎昌上书伍廷芳，并要求其以司法部名义"迅咨沪军都督"，由中国银行出面保释宋汉章。伍廷芳接信后即连续致函陈其美，要求将宋汉章释放，其对宋的各项指控应由司法解决。

压力之下，陈其美一面指责宋汉章"将公款改为私款，使民军无从究诘"，

宋汉章

另一方面又企图以沪军都督府支持的上海中华银行作为"开办中央银行之基"。然而，上海中华银行原为同盟会会员沈缦云开办的上海信成银行，但后者在辛亥时期因多次为沪军都督府垫款而遭到客户挤兑，最终宣告倒闭。由此，缺乏信用和基础的中华银行最后也就不了了之。

从本质上说，信用是银行的最大资本，作为银行家的宋汉章对此感受最深，这也是他敢于与权贵对抗的勇气所在。最终，在社会各界的声援特别是司法总长伍廷芳、财政总长陈锦涛的干预下，被关押近 20 天的宋汉章取保获释，陈其美的计谋最终落空。

从这个意义上说，宋汉章是以自己的态度和行动表明：金融业虽然与政治密不可分，但银行并不等于政府的"账房"，亦不能完全听命于政府的旨意。这一现代精神，也是日后新式银行家的基本信条。

1912 年 8 月，中国银行北京总行正式开业，宋汉章被委任为上海分行副经理，并于次年 11 月升为分行经理，由此成为民国银行界闻人。

二

1916 年，宋汉章因抗拒北洋政府的"停兑令"而再次轰动一时，这次的对手则成了大总统袁世凯与总理段祺瑞。

原来，在清廷覆亡之后，中国银行与交通银行的款项不断被北京政府挪用，继而发生挤兑风潮，袁世凯遂于 1916 年 5 月 12 日通令全国中、交两行暂停兑现付现并禁止提取现款，两行现金准备一律封存，由此酿成近代金融史上的"京钞风潮"。在此风潮中，不仅中、交两行岌岌可危，整个中国银行业都有被毁于一旦的危险。

与在沪中行股东秘密商议后，宋汉章与副经理张嘉璈决定不执行北洋政府的"停兑令"。之后，中国银行上海分行对外发布通告：上海分行所有钞票仍照旧章办理，一律照常兑现；所有到期存款，一律照付现金。期间，上海分行还刊登广告："本行照常营业，上海钞票一律收兑。近闻各小钱庄折价贴水，使吾商民无故吃亏，望各持票人于本行营业时间径至本行兑现，勿自惊扰。惟捕房以人数拥挤，恐乱秩序，派警弹压，致来行兑现诸君行动不能自由，至为抱歉，惟祈鉴原。"由于上海分行的态度坦然镇定，倒也能起到稳定人心的作用。

从 5 月 12 日开始，预料之中的挤兑风潮果然出现了，大批客户涌到三马路（今汉口路）上的中国银行上海分行，一时间人山人海。为了安定人心，银行在原本不上班的星期六下午和星期日照常开门，储户可以随时前来兑现。在此消息之下，挤兑人数由前一日的数千人迅速下降为四五百人。星期日那天，挤兑人数更是减至百余人，风潮基本平息。

事实上，经过连续 3 天的兑付后，中国银行上海分行准备的库存现银也已所剩不多。为防不测，宋汉章还亲自前往汇丰等银行协商抵押透支，后者经研究讨论后答允透支 200 万元。后来，由于兑现风潮顺利平息，此款实际并未动用。

在当时的形势下，宋汉章这样做不但有经济风险，同时还有政治风险乃至人身安全方面的危险。因为北京政府正式发布的"停兑令"中规定："各省地方，应由各将军、都统、巡按使，凡有该两行分设机关，地方官务即酌拨军警监视该两行，不准私自违令兑现、付现；并严行弹压，禁止滋扰。"

实际上，宋汉章对此也并非毫无担心，当时某营业专员就回忆说："宋汉章、张公权（即张嘉璈）和我们日夜开会，商量应对办法，大家知道袁世凯的暗探密布在各处，这次抗令兑现，是把性命提在手里，随时可以发生危险。"也有人说，当时国会议员黄群由里弄迁往法租界避险后，"宋汉章也慄慄畏惧"。

可惜的是，袁世凯的惩人术尚未殃及宋汉章，他自己就一命呜呼了。事后，坊间有一首"竹枝词"立刻传布四方，曰："中国银行宋汉章，不听袁令抗中央；力将钞票通常兑，博得人间信用彰！"

在举国关注之下，中国银行上海分行最终顶住了汹涌的挤兑风潮，经受住了严峻的考验。而本次抗拒"停兑令"的胜利，不仅大大提高了中国银行在国内外的信誉，宋汉章等人也得到了舆论的一致好评。

风潮平息后，上海《新闻报》即发表评论说："上海中国银行抗拒停兑之后，前日兑出43万元，昨日兑出15万元，两日以来，舆论翕然，然非资力雄厚兼有胆识者，何能若是！此后持有上海中国银行钞票者，均可少安毋躁矣。"

本地外媒《字林西报》也称赞说："沪埠赖有此举，而不堪设想之惊慌或暴动得以转为无事，此等举动，乃足以当胆识非常，热心爱国之称誉。……该行行长宋汉章氏胆识俱优，当衮衮诸公神经错乱、不惜以国利民富快其一掷之时，独能以应变之才，挽祸机于仓卒也。"

此后，宋汉章仍长期主持中国银行上海分行。1918年上海银行公会成立时，宋汉章成为首任会长。

三

宋汉章第三次说"不"的对象是蒋介石，不过这次险些给自己惹来了杀身之祸。

1927年3月，北伐军攻下上海后，蒋介石为稳固自己的新政权而不断向各方伸手借款。最初，其向上海商业联合会筹款，并要求中国银行先行垫借100万元，宋汉章未能照办。

5月2日，蒋介石方面开会讨论筹款时，中国银行代表再次表示困难。这下算是把蒋介石给惹火了，其气势汹汹地致电宋汉章："闻贵行上年以大款接济军阀（指奉系张作霖），反抗本军，至今尚有助逆之谋。……若不如数筹缴，不惟妨碍革命进行，且不足以表示赞成北伐与讨共大事。"不仅如此，蒋介石还给宋汉章下了最后通牒："军需孔亟，请竭力设法预购二五库券一千万元，限本月5日前解交。"

在武人的威胁下，宋汉章回电据理力争，称中国银行北京总行方面业务与沪行并无瓜葛，而此前沪行已为北伐军垫款若干，如今索要 1000 万元，实在超出本行能力。数日后，蒋介石再次致电宋汉章，其中改称："贵行在汉竟给共产政府（宁汉对立下的武汉政府）以 1800 万元之报效，使其尚敢负隅一方。""此次沪上借款，……贵行竟表示反对，始终作梗。……务请于 23 日前补足 1000 万元"。

另一方面，蒋介石则气急败坏地指令后勤筹款专员俞飞鹏："宋汉章前允 400 万元，不知何故又为其拖延，此等商人毫无信义可言，何必客气！今复去电令其补足 1000 万元，限 23 日以前缴兄收。"之后，蒋介石又致电时任江苏兼上海财政委员会主任委员的陈光甫："宋汉章延宕缴款，如照法律言，谓其阻碍革命，有意附逆亦可，请从严交涉，万勿以私忘公。"此举表明，蒋介石这次不达目的，是绝不会罢手的。

事后，宋汉章复电蒋介石表明武汉分行"非属沪行管辖"，通汉之事与沪行无关；而为了避免过分触怒武人，其又表示，"现正由宁浙两行筹商续垫 200 万元"，以暂时稳住蒋介石。

与此同时，宋汉章又写信给钱新之、陈光甫、俞飞鹏等人，其中如实说明困难，称："宁浙两行再垫 200 万元已超出千万元之数，在政府虽属杯水车薪，在银行已属筋疲力尽。……如坚欲急垫，必将动用准备金。""若总司令不予见谅，必令增垫，风声所传，设谣言一播，纷纷挤兑，汉章个人原不足惜，恐银行从此倾覆，金融亦将不可收拾"。

由于考虑到动用准备金、一损俱损的严重后果，本是银行家的陈光甫经过深思熟虑后致函蒋介石，其中劝蒋慎重处置："若逼中行以准备金提垫将酿成挤兑风潮、金融恐慌。""操之过急，金融发生问题，今后将筹垫无门"，"必遭别国对华反感"。

在点明后果后，蒋介石也不便再行催迫，其复函陈光甫称："中行事，鄙意当不使吾兄独为其难。"由此，这场风波暂时平息。

然而，在武人当政的年代里，银行家的钱袋子毕竟敌不过枪杆子。不久，包括中国银行上海分行在内的江浙财团与江苏兼上海财政委员会达成协议，同意发

中国银行钞票

行"江海关二五附税库券"3000万元作抵，由上海银钱业、上海商联会、江浙两省绅富和两淮盐商分摊认购，后又以关税附加作抵，续发库券4000万元，仍按原比例分别认购。如此一来，蒋介石才算是满意而归了。

宋汉章本为银行家，他恪守银行的业务规章，强调规范经营，其对动辄索款的强权予以抗拒，主要还是为银行的信誉与发展着想。经此番磨难后，宋汉章心灰意懒，不得已向总行提出辞职。不久，香港中行经理贝祖诒接任上海分行经理，宋汉章改任沪行总经理，名为高升，实为虚职。

等到蒋介石政权稳固后，中国银行也开始变味。1935年3月，中国银行接受增加1500万元官股，同时财政部指派宋子文为中国银行董事长，宋汉章虽保留常务董事、总经理等职，但实际上已是大权旁落，他当时所能执掌的，只有他任董事长的中国保险公司。

四

抗战爆发后，银行成了政府提款机，保险业务也几乎停摆。而抗战胜利后，"四大家族"对金融业的控制与压榨有增无减，宋汉章年事已高，除短暂出任中国银行董事长外，几乎无所作为。抗战结束后，由于社会各界对"四大家族"垄断与腐败的强烈批评，孔祥熙被免去之前担任的所有职务，其中就包括中国银行董事长一职。

1948年4月16日，蒋介石请宋汉章重新出山，接替孔祥熙在中国银行的职务。然而，宋汉章此时已近八旬，他对国民党的作为深感失望而不愿为人再做嫁衣，其表示：中国银行此次董事会改选，最好是"概不更动，以资驾轻就熟"；至于自己，"在行服务已达二十余年，并在宋、孔两董事长任内，两次勉任总经理，共计十余载。自维朽栎庸才，已感不胜艰巨，何能再为升擢，致误行务"。

但是，由于宋汉章与中国银行的长久关系，蒋介石一时也找不到更好的人选，所以坚持由其出任中国银行董事长。最终宋汉章固辞不成，只好表示接受。1948年5月，财政部宣布：由宋汉章出任中国银行董事长，总经理则由孔、宋两家关系密切的席德懋兼代。宋汉章就任中国银行董事长后，因年高体弱，实际并不管事。

国民党败退台湾后，新一届中国银行董事会在京召开。会上，宋汉章仍被选为常务董事之一（任期至1954年）。不过，此时宋汉章并不在国内，他于1949年底转往巴西定居，1963年因思乡心切、加上亲友的要求，这才回到香港。到港后，宋汉章仍以中国银行董事身份住在中国银行香港分行楼上（其董事席位一直保留至逝世）。当时，其幼子宋抗宁及儿媳何香媛也到香港照顾其生活。

宋汉章除在中国银行任职40余年外，还担任过上海银行公会会长、上海总商会会长等职，除拿薪水外，其从未滥用银行公款。而他多年担任华洋义赈会会长并在任中保公司董事长近 20 年的时间里，也从未领取过分文报酬。

作为个人，宋汉章的一生廉洁俭朴，作为大银行家，他穿的皮鞋尖都磨花了；而且他从来没有置过私人物业，一辈子住的是银行提供的住宅。

据说，某日中行工友去他家送文件时，远远看见一个人用一根筷子串了几根油条从外面走过来。走近一看，原来这个人就是宋汉章，这个大银行家竟然自己去买早餐。事实上，宋汉章家中并非是没有佣人，但一些简便小事，他都尽量不麻烦他人。

令人难以置信的是，宋汉章从南美回香港定居时，其租住的是北角两房一厅没有冷气的住宅（当时空调在香港也不算什么特别奢华之物）。众所周知，香港气候闷热，有时候热得吃不消，老爷子就到楼下一家理发店吹冷气。也有人说，宋汉章常去中国银行的营业厅吹冷气，因为衣着朴素，银行人员竟没人认出他是中国银行的元老。

后来，香港中行邀请其搬入行内的高干宿舍，但被其婉拒，理由是无功不受禄。他表示："我现在已不是中行的人了，没有理由再享受中行的福利。"事实上，老一辈民国银行家清廉者也不在少数，如同为中国银行高层的张嘉璈，其晚年在美国时，连房子都买不起，后来还是旧同仁集资为其买房。

1968 年 12 月，宋汉章在香港去世，享年 96 岁。据说，这样一位大银行家去世时，身后遗产仅 10 万美元。

【14】壮志难酬张嘉璈：从中国银行到中央银行

民国时期，上海拥有众多金融机构，包括钱庄、银行、保险等，林林总总不下数百家，一时有"金融之都"的称号。然而，金融从业者虽多，但本地出身的银行家却很少，执掌中国银行 20 余年的张嘉璈算是个例外。

一

张嘉璈，字公权，光绪十五年（1889）生人。张家原籍宝山，后世居真如镇，原本只是普通人家。后来，张嘉璈祖父张铭甫中了举人，并在四川做了10余年的县令，期间政绩颇佳。张铭甫退官后，张家搬至嘉定县城居住，成为当地大族。张嘉璈的父亲张祖泽（字润之），以行医济世，家资颇为富饶。

张嘉璈祖父博学多才，"尤邃于宋儒义理之学"。在此影响下，张家对教育十分重视，家中设有私塾，以供子弟就学。十分难得的是，张家兄妹12人（八男四女），其中大半成为近代名人，如学者张君劢、实业家张幼仪、新月派诗人张禹九等，都具有相当的知名度。

张嘉璈

排行第四的张嘉璈，表现也非常优异。早年时期，张嘉璈在私塾接受传统教育，后于1901年入读上海广方言馆学习法文。1905年，张嘉璈考入京师高等实业学堂，后在唐文治的推荐下，于次年赴日本庆应大学攻读货币银行和政治经济学，师从日本银行学权威堀江归一。当时，其二兄张君劢也在日本早稻田大学留学，并成为梁启超的铁杆追随者。

1909年，因为家中变故，张嘉璈提前一年回国。之后，他先在《国民公报》担任编辑，不久又改任邮传部《交通官报》总编辑。1911年8月，张嘉璈辞职离京，后于上海光复前回到上海。在此非常时期，张嘉璈对政治颇为热衷，他先后参与国民协进会和民主党的筹建，后又应浙江都督朱瑞的邀请出任秘书，并作为都督代表往来于京沪杭三地。1913年7月，在民主党、共和党、统一党合并为进步党时，张嘉璈出任党组部主任。

进步党表明以副总统黎元洪为理事长，但实际以梁启超为灵魂。好景不长的是，"二次革命"失败后，梁启超的进步党势力也同样被打击。1914年，张嘉璈返回上海，后在梁启超的弟子、中国银行总裁汤觉顿举荐下出任上海分行副经理。从此，张嘉璈开启了他的金融生涯。

中国银行的前身是清廷于 1908 年设立的户部银行，它既是中国第一家国家银行，也是清末规模最大的一家银行。辛亥革命后，中国银行改组为官商合办，与交通银行同时代理国库，具有中央银行的一定职能。其中，又以北京总行、上海分行为最重要的两处。

据后任中国银行总裁的冯耿光回忆，最开始时，上海分行经理宋汉章对张嘉璈并无好感，甚至称张为"政客"："（张嘉璈）未进中行前，曾在浙江省议会和北京参议院做过秘书，很为王家襄所信任。他到中行来，大概是通过进步党的关系。他那时年纪很轻，但一般朋友、同事都认为他是政客，有时大家谈得很热闹，他一来到，谈锋马上冷淡下来。1916 年中、交停兑时，张在上海分行任副经理，曾与经理宋汉章共同筹划，抗拒北洋政府停兑命令，照常兑现，在对外宣传联络方面，做了许多工作，但两人相处始终不甚融洽。宋也是经常用'政客'两个字来形容张的举动。有一个时期'政客'两个字几乎成为张的绰号。"

不过，冯耿光也认为："平心而论，张对于银行业务经营比较内行，和上海金融界蒋抑卮、李馥荪、陈光甫等素有联络，因此在股东会等方面具有一部分力量。他自到行以后，苦心规划行务，贡献很大。宋汉章的话，也只是一面之词而已。"

二

宋汉章对张嘉璈虽然颇有看法，但如冯耿光所说，在 1916 年抵制北洋政府的"停兑令"中，宋汉章、张嘉璈两人却是团结一致，并肩作战。

民国初年，由于国内政令不够统一，外债、赔款又极为沉重，北洋政府财政一向匮乏。为了应对困难局面，袁世凯多次指令中国银行、交通银行提供垫款，中国银行、交通银行为此不得不大量印发钞票。但是，这种饮鸩止渴之举不但让中国银行、交通银行钞票大幅贬值，同时也动摇了中国银行、交通银行的信誉与基础。

1916 年，因为袁世凯称帝及护国战争的爆发，北洋政府财政无法应付，时为总统府秘书长、交通银行总办的梁士诒向袁世凯提议，将中国银行、交通银行合并，以集中现金，统一财权。消息传出后，很多中、交票持有者纷纷前往京津一带的银行要求兑现，一时恐慌情绪蔓延，金融市场一片混乱。为防止银圆库存快速耗尽，北洋政府于 1916 年 5 月 12 日下令中、交行停止兑现，止付存款。

在中国银行系统中，各省分行一直以上海分行为马首是瞻。张嘉璈和宋汉章接到命令后，认为事态严重，因为信用就是银行的生命，如果遵令止兑，"则中国之银行将从此信用扫地，永无恢复之望。且中国整个金融组织亦将无由脱离外商银行之桎梏"；而中国银行上海分行所存现金准备等，能够应付数日兑现付存之需，"即使不敷兑现与提取，尚有其他资产可以抵押变现，提供兑现付存准备。纵令竭其所有而仍属不敷，亦必能邀民众谅解，明了经理人员维持信用，负责到底之苦心"。经过慎重地研究和与同行深入交流后，宋汉章、张嘉璈决定拒绝执行"停兑令"。

5 月 12 日当天，交通银行遵令停止钞票兑现，中国银行上海分行则照旧营业，来者不拒。尽管事前做了精心准备，但现场情况仍危险万状，十分吓人。张嘉璈在日记中记下了当时的场面："余自寓所到行（汉口路三号），距址三条马路，人已挤满，勉强挤到门口，则挤兑者争先恐后，撞门攀窗，几乎不顾生死。乃手中所持者，不过一元钱或五元纸币数张，或二三百元存单一纸。"让银行头疼的是，第一天如此，第二天还是如此，第三天是星期六，按例只开半天，但为了应付兑现，银行提前登报告示，照常营业。没想到的是，这一告示居然起了奇效，当天前来兑现的人数反而骤减。第四天是星期日，银行再次登报宣布照常兑现，结果当天只来了 100 多人，一场大风波竟在无形中化解。

外看杯水微澜，内则暗藏玄机。为了应对这场大风波，宋汉章、张嘉璈实际上用尽了心机。比如，储户前来兑现时，银行人员有意多敲几次现洋以示验证真假，而叮叮当当的银圆敲击声，一方面可以缓解储户焦急等待的心理；另一方面也减缓了兑现的速度，让库存银圆不至于快速耗尽。当时，尽管上海分行有 200 万现银准备，但仍与其他同行签订 200 万元的透支协议以防意外（后未动用）。

此外，为避免被政府撤职或逮捕而导致抗停兑功亏一篑，宋、张两人还采取了"自我诉讼"的方式来延宕政府法令（诉讼未判决期间，当局不能逮捕现任经理、副经理）。

风暴过去后，交行信誉大跌，中国银行上海分行的声誉骤然提高，宋汉章、张嘉璈也由此一战成名，受到了民众的交相称赞。事后，中外报章也都纷纷报道，称他们是"有胆识、有谋略的银行家"，是"不屈从北洋政府的勇士"。很多客户也纷纷将钱存入中行，银行资金状况较之前更为宽裕。

1917 年梁启超当上财政总长后，冯耿光升任中行总裁，王克敏、张嘉璈为副总裁，实际主持业务。最初，张嘉璈有些犹豫而去电谢绝："性情不宜应付政治……总裁时时更动，副总裁势必随同进退，若不能久于其位，何能有所成就？"

张嘉璈的担心并非没有缘由。按 1913 年财政部公布的"民二则例"，中国银行为股份有限公司，资本额为 6000 万元，官股、商股各半，正、副总裁由财政部报请政府任命。然而，民初政局动荡不安，财政总长也像走马灯一样不停换人，由此导致中行正、副总裁在 5 年内（1912—1916 年）多达 12 人，其中任职时间最短 4 个月，最长也不过 1 年。

这时，在张嘉璈的牵线搭桥下，其日本老师堀江归一被聘请为财政部及中国银行顾问，后者来华讲演 22 次，其中大意是："欲恢复兑现，非先停止增发钞票不可；欲停止增发，非停止垫款不可。然停止垫款，则不可不变更组织，使保持银行之独立，不随政治为转移。"之后，财政部修订中行则例时采取了堀江归一的建议，中行正、副总裁由政府从董事中选任，董事则由股东大会选举。如此一来，财政总长虽有更换，但中行正、副总裁不再随之进退。

冯耿光曾回忆说："我和王、张两人结交有先后，彼此性格能力也各不相同，但有一个共同的看法，即都想把中行办好，必须维持它的相对独立性，尽量扩大商股权益，削弱官股力量，以免受到政局变动的影响。北洋政府财政部因为需款应用，经常将该部持有的中行股票抵借款项，我们就怂恿他们陆续让售给商业银行，到北伐前夕，官股为数极少，只剩 5 万元了。"扩大商股、削弱官股的具体办法，主要是向民间资本招股，如张嘉璈就多次南下向江浙财团及各大银行、交易所、申新、宝成纱厂等大企业募集股份近 600 万元。而在北洋政府财政困难时，官股被陆续出售，最终降到可有可无的地步。

三

对于银行而言，保持独立性和稳定性固然非常重要，但在当时的动荡年代，绝非易事。1926 年北伐军兴后，国内局势突变。为保住中行的地位，冯耿光、张嘉璈把"宝"押在蒋介石身上，蒋对此当然求之不得，而且胃口越来越大，借款从最开始的 100 万元到 500 万元，甚至提出要借 1000 万元（而当时中行股份才 3000 万元），催款书如雪片一般飞来，令江浙财团的那些银行家们感到头皮发麻。

据冯耿光回忆，张嘉璈和黄郛、陈其采、钱新之等人原本是很熟的朋友，但在应付国民党的需求时也并不顺利，"蒋介石打电报给宋汉章，非要借 1000 万元不可，措辞异常强硬，虽经再三疏通，最后还是分期照借了。二五库券第一次发行总额就有 3000 万元，沪行担任的数目也不少。宋汉章因为不善于应付，坚决要求辞职，遂由总处决定把宋提升为沪区行总经理，后由董事会推为常务董事，所遗沪行经理职务，由贝淞孙接任"。

贝淞孙即贝祖诒，他之前是中行广州分行经理，早在北伐之初就为蒋介石提供过 50 万元借款。北伐军打到江西时，中行又送去 30 万元现款。对于蒋介石的压迫和催逼，最初抱有希望的张嘉璈也感到情况不妙，他在日记中写道："军人不明财政，而处处干涉财政，前途悲观在此。"后经张静江、陈光甫（被蒋介石委任为江苏兼上海财政委员会主任，专司为北伐筹措军饷）的调解，事情才有所转圜。这时，正逢张嘉璈母亲去世，蒋介石没打招呼就亲自前去吊唁，他向张母灵位行礼后，又对张嘉璈给予北伐的帮助表示谢意，这也让后者为之情面难却。最终，在各家银行中，中国银行承购的数额最多，占江浙财团的八成。

张嘉璈

蒋介石建立政权后，张嘉璈对国民党还心存幻想，希望模仿日本横滨正金银行的办法，将中行办成具有国际地位的汇兑银行。然而，财政部部长宋子文有意将中国银行改组为中央银行，这与张嘉璈的理念大相径庭，两人发生龃龉。鉴于南京政权羽翼未丰，仍需江浙财团尤其中国银行的鼎力支持，蒋介石虽然心有不满，但也只好尊重张嘉璈的建议：成立新的中央银行，中国银行改组为政府特许的国际兑换银行并保留票券发行权。1928 年 10 月，南京政府公布新的中国银行条例，其改组方案是：加入官股 500 万元，计占股份总数 1/5，由财政部加派官股董事 3 人、监事 1 人，原任商股董事监事全部改选。事后，张嘉璈被选为常务董事并担任总经理（即原总裁），坐上了中行头把交椅。

中国银行成为特许国际汇兑银行后，张嘉璈立即前往欧美、日本考察银行制度，以设置海外机构、筹集外汇资金，这也为中行外汇业务发展奠定了基础，并使国际汇兑成为中行主要业务之一。与此同时，张嘉璈也改进了各项内部管理制度，包括会计、人事等，中行业务也由此更加专业化、精细化。在之后五六年中，中国银行的存款、放款、发行及外汇都远在中央银行之上。

然而，为了控制整个金融命脉，蒋介石政权于 1935 年 3 月再次改组中行，宋子文被指定为董事长，张嘉璈调为中央银行副总裁，改任宋汉章为总经理；股本总额增为 4000 万元，官股由 500 万元增至 2000 万元（以政府新发行的金融公债抵充），官股、商股各占一半。在此情况下，中国银行也等于落入了"四大家族"之手。

对于这次的变局，张嘉璈事前竟一无所闻。事后，他极为愤怒，拒绝就任新职。鉴于张嘉璈的社会影响力，蒋介石只能再行笼络，改任他为铁道部部长。眼看胳膊扭不过大腿，张嘉璈也只能伤感地说："天下无不散的筵席，手裁的美丽花枝，何必常放在自己室内……所惋惜者，自民国成立后，希望以中行之力，辅助政府建立一完善之中央准备银行……此志未遂，斯为憾事。""在行 23 年，几乎年年在奋斗中过生活……所幸为国家已树立两大财政金融工具之信用：一为公债，二为纸币。为金融界已建立一近代化之金融组织，为中国银行已奠定坚固不拔之基础。眼看国难近在眉睫，何可因小愤而害大局。"

1938 年初，国民政府将铁道部与交通部合并，张嘉璈继续出任交通部部长。在任期间，张嘉璈积极推动铁路事业发展，包括修筑新赣路南昌至萍乡段、湘黔路株洲到贵阳线、湘桂路衡阳至桂林段及滇缅铁路等。其间，还修筑公路近 5000 公里。抗战爆发后，铁路运送部队 2270 万人次、军需品 435 万吨，为抗战做出了重大贡献。

上任之初，张嘉璈曾拟订铁路发展五年计划，拟以发行公债、引进外资等办法完成 5000 公里的筑路任务。但因为抗战爆发，计划没能全部落实。随着战局的不断恶化，张嘉璈在任上无能为力、无事可做，后以身体不佳为由，于 1943 年辞去交通部部长之职。同年 9 月，张嘉璈赴美考察，以研究战后中国的经济复兴计划。

四

抗战胜利后，张嘉璈被蒋介石委任为东北行营经济委员会主任委员，与东北行营主任熊式辉共同前往东北接收。但与苏联谈判过程中，成绩寥寥，铩羽而归。1947 年 3 月，原中央银行总裁贝祖诒因卷入黄金风潮案而被撤职查办，改由张嘉璈接任。在之后一年多的时间里，因为蒋介石坚持打内战，国民党政府滥发公债、法币，财政信誉扫地，通胀病入膏肓。在这种局面下，即便张嘉璈有心收拾残局，也是回天乏术。最终，张嘉璈于 1948 年 4 月底辞去中央银行总裁一职。不久，国民党政府推出金圆券改革，由此引发滔天洪水。

1949 年初，在国民党政权大厦将倾之际，代总统李宗仁试图说服张嘉璈重新出山担任财政部部长，但后者对此"既无兴趣，亦无勇气"，表示今后只想从事研究工作，永别政治。当年 4 月，张嘉璈离开上海前往香港，一年半后到澳大利亚，最后定居美国。

去澳大利亚之前，张嘉璈给澳洲国立大学校长、经济学者柯朴兰写信，希望在大学做些研究工作，并拟定了两个研究方向：一为中国通货膨胀，二为中苏东北交涉。1953 年后，张嘉璈赴美国任教，后在斯坦福大学胡佛研究所从事经济研究，著有《中国铁道建设》《通货膨胀的曲折线——1939 至 1950 年中国的经验》等书。在后一本书中，张嘉璈以亲历者视角，从货币经济和财政收支的专业角度剖析了国民党政权崩溃的原因，至今仍具镜鉴价值。

张嘉璈的前半生，由政界入财界，再由财界入政界，以政治秘书起家，以银行家立业，最终以部长、总裁告终，其经历虽属不凡，但在当时的政治环境下，一生理想终究未能实现，志向再高也难伸展。难能可贵的是，张嘉璈与金钱打了半辈子交道，但君子爱财，取之有道，既无贪腐之名，也无劣迹之实。

据说，当时还有个笑话，说某次立法会上，有人提出向宋子文、孔祥熙、张嘉璈这些金融高官征借 10 亿美元，以解决政府财政困难问题。张嘉璈得讯后十分愤怒，他立即致函行政院院长何应钦："请派人彻查我之财产，如私产超过中国银行退职金数目以外，甘愿贡献国家。"原来，张嘉璈在中行离职时仅得退职金16万元，且当时还负债6万元。实则，孔家、宋家富甲天下固然人所皆知，但拉张嘉璈陪绑未免有些太侮辱人了。

张嘉璈离国后，曾托朋友将他在上海的藏书全部变卖，以缓解个人经济困难。在美国教书时，张嘉璈想在学校附近买一套房子居住，但因手头拮据，不得已向同在美国的老同事贝祖诒求助。贝祖诒心知张嘉璈从不向朋友开口借钱，于是和陈光甫、李铭、项康元、吴昆生等人凑了个"会"，约定每人拿出1000美元，凑出11000美元帮张嘉璈渡过难关。

张嘉璈的后半生主要是学者生涯，清苦、安静，但同样尽责、敬业。他对自己经历和母国命运的反思，同样值得后人去研究、借鉴。1979年10月15日，张嘉璈在美国加州辞世，终年90岁。其临终嘱咐，愿"附葬先茔"，再回故里。

【15】周作民登天有术：从穷书生到大银行家

民国银行界中，除中国、中央、农民、交通"四大行"外，又有"南三行""北四行"之说。1937年淞沪抗战中的"四行仓库"，即后者（大陆银行、盐业银行、中南银行和金城银行）的联合仓库。"北四行"中，金城银行的资本主要来自倪嗣冲等地方军阀，不过其发展壮大与民国银行奇才周作民有着直接的关系。在1917年金城银行成立之时，尽管他本人投资有限，银行董事会也没有他的席位，但周作民凭借其能力与才干而被委任为银行总经理，一干就是30余年。

一

据说，周作民从老家江苏淮安乘船来上海时，身边只有一只包裹。同行的还有两人，一个是后来的大陆银行老板谈荔孙，另一个是民国诗人王辛笛的父亲王慕庄。谈荔孙家境富裕，单独包了一条船，周、王两人家穷，只好一同搭乘。

周作民

周作民生于 1884 年。认真来说，他原本不叫"作民"而名"维新"，只因后来戊戌变法失败，周父恐触时忌而将之改名。周作民的父亲周佩香系举人出身但从未入仕，平日以开馆授学为生，日子过得很是清贫。为了省钱，周作民自幼随父读书，一度还做过富人家的书童。16 岁那年，周作民转入无锡谈氏主办的东文学堂并拜在名士罗振玉门下，因其聪颖好学，颇得罗氏赏识。

罗振玉赴广东公学任教后，仍函召周作民往粤就学，但周家实在拿不出这笔路费，赴粤之事一再延宕。直到次年秋天，周作民获得一位同乡的资助才得以成行。到广东后，罗振玉为他付了学费，但生活费仍须自己去赚取，周作民只能靠夜间帮人抄写材料、打点零工维持生活。

苦读数年后，周作民最终于 1906 年以优异的成绩考取广东官费赴日留学，后入日本京都第三高等学校（即京都帝大前身）学习。两年半后，广东官费因故停发，失去资助的周作民只得无奈辍学回国。

值得注意的是，周作民在日本期间，正是中国留日学生群情激愤、反清活动极为活跃之时，但周本人当时是极规矩、极勤奋的好学生，他几乎没有受到这种革命情绪的感染而将自己的全部精力用在了功课上。表面上看，求学期间的周作民似乎对政治十分冷漠，毫无兴趣。不过，从其后来的作为来看，周作民非但不冷漠，反而对政治、对权力有着非同寻常的敏感，其不但深知权力的厉害，也懂得如何接近并充分利用权力。

从日本回国后，周作民为谋生而先在南京法政学堂找到一份翻译的工作，月薪仅 24 元。在其业余时间里，周作民仍勤奋好学，并对经济之学颇有心得。辛亥革命后，周作民受邀担任南京临时政府财政部库藏司科长。临时政府北迁后，周作民随同北上并在财政部中谋得佥事一职，后又升为库藏司司长。

1915 年周学熙出任财政总长后，因个人成见的缘故，试图留任的周作民在遭遇失败后不得不离开财政部，此后再未踏入仕途。没多久，周作民在交通银行总经理梁士诒的邀请下出任该行总行稽核科科长并兼任国库课主任，由此开始了他的银行生涯。

二

由于缺乏背景，周作民最初在银行界并不顺利。直到后来，交通银行在芜湖设立分行受阻，周作民这才抓住机会崭露头角，一举打开局面。

原来，当时梁士诒想在芜湖设立分行，以发展皖南的茶叶贷款与押汇业务，但在安徽督军倪嗣冲的阻力下，计划一直未能推进。为此，梁士诒让周作民带上两万大洋作为活动费，前往安徽设法破局。

倪嗣冲原是跟随袁世凯练兵的北洋旧人，其作风一向蛮横霸道，难打交道。周作民与之见面后，决定采取迂回对策，在会谈中并不直接谈及分行设立之事，而是提出交通银行贷款给安徽发展茶叶事业，以帮助皖省政府增加税收。周作民的这番说辞很合倪嗣冲的胃口，当晚倪氏便设宴盛情款待。宴罢，宾主双方又搓起了休闲麻雀戏，周作民第一晚即输了5000大洋，并当场用支票结清。

之后，周作民又与倪嗣冲周旋了20余日，双方相谈甚欢。由于其出手阔绰，加之对金融、财政、实业等方面的见解独到，倪嗣冲对周作民印象极佳。直到离开安徽前夕，周作民才向倪嗣冲提及交通银行希望在芜湖设立分行事宜，并表示自己可常驻安徽，就近办理茶叶贷款和汇押业务。倪嗣冲听后慨然允诺："只要你本人来，凡事都好商量。"于是，交通银行设立分行之事遂得以圆满解决。毫不夸张地说，周作民这次的公关之行宛如一部戏剧，其间收放自如，分寸拿捏准确，令人叹为观止。

赢得倪嗣冲的信任后，周作民在安徽的经营如鱼得水，业务开展极为顺利。两年后（1917年5月），在周作民的奔走组织下，一家新银行在天津成立，这就是后来赫赫有名的"北四行"之一——金城银行。

金城银行取"金城汤池、永久坚固"之意，注册资本200万元，实收50万元，其中倪嗣冲 17 万元、安徽巨商王郅隆 10 万元，余为其他军阀投资。尽管周作民本人投资有限，董事会中也无其席位，但凭借其能力与才干，他仍被委任为银行总经理，一干就是 30 余年（1937 年后被选为董事长兼总经理）。

在诸多北洋实力人物的扶持与周作民的精心经营下，金城银行发展迅猛，3 年后即在华北与中国、交通、盐业三银行并驾齐驱。1934 年和 1936 年，金城银行存款分别达 1.4 亿元和 1.8 亿元，一度超越行业翘楚、陈光甫主持的上海商业储蓄银行而居全国私营银行之首。至 1937 年，金城银行在全国各地设有分行或办事处 65 处，存款超过 2 亿元，员工也在最初 39 名的基础上翻了几十倍。

三

曾有人这样评价周作民："《史记·货殖列传》对前古货殖成功的人，也称许他们的智慧、策略、勇敢、耐苦，不是人人能做得到的。这在周作民身上，也可体现出一些来。周作民做事用人是有些魄力的，对他所经营的银行，是起早睡晚、全力以赴的，使 50 万元资本的小银行，成为国内有数的商业银行。"

周作民一向认为，做银行一定要派头大、有气魄，要让人觉得银行有底气，这样他们存钱才放心。因此，金城银行在北京、天津、上海等地自建的银行大楼都气势恢宏，非常讲究。如邻近外滩的上海分行，马路对面就是工部局，地段寸土寸金，其大楼外墙、楼梯等都是大理石铺砌，就算与汇丰银行相比也毫不逊色。

与上海商业储蓄银行实行"平民化"经营手法所不同的是，周作民走的是上层路线，以笼络大客户为中心。在这一方面，周作民颇多技巧。每次大客户来，周作民都在总经理室亲自接待，一来便于他们提存，二来也是为了搞好关系，因为大客户往往豪门联姻，抓住一个大客户，即意味着将带来更多的生意。

另外，周作民还有个绝招，那就是经常招待大客户宴饮、打牌。为此，他请了家乡最好的厨师、最好的兑酒师来为客人服务。当时的上流社会都知道，金城银行的酒宴是口味最纯正的淮扬菜，以保证客人尽兴而来，满意而归。由于肯下本钱，很多军阀官员、名流显贵都成了金城银行的长期固定存户。

在客户接待方面，周作民对基层行员的服务礼貌要求甚严，即便是盛夏时节，行员们也必须穿上整洁的长衫，以体面地接待顾客。不过，对于某些大权在握、路子宽广的高级人员，周作民往往迁就放纵，任其自由发挥。

据某行内人士回忆，当时金城银行上海总行就有20多辆私人汽车，"都是依靠银行出钱，换一个人做总经理，看到这许多坐汽车的开支，一天都受不了。他大体是有饭大家吃。几个最高级的吃用最好，其余职员吃用中等（只缺汽车、洋房），一般都能过得去，因此能号召2000多人糊里糊涂替他出尽气力"。

相比而言，金城银行的人事风格是比较粗放的。行内的一些高级职员，生

金城银行旧址（现为交通银行）

活腐化、挥霍公款不说，有的甚至拖欠行内钱款。但是，只要这些人能拉到客户尤其是大客户，周作民往往睁一只眼闭一只眼，一些说不清道不明的款项，经他大笔一挥，往往作为呆账一笔勾销。因此，当时也有人说，"周作民手下有'吃、喝、嫖、赌、玩古董'五种人才，针对要敷衍逢迎的人物的爱好，他就用擅长那一方面的人才投其所好，以拉拢关系"。

当然，金城银行也曾实行过招考制度，但这种考试在选拔人才上作用不大，因为周作民最注重的是新进员工的人脉关系。一个曾参与考试的职员回忆说："当我进入金城银行的第一天，周作民找我谈话。他了解我是东北籍时，突然问我，你认识张学良吗？我答九一八事变前，我曾在沈阳东北大学读书，张学良是我们的校长。他又问东北军政界和金融界的要人中，你同哪些人熟悉？我说，我因东北遭到侵略，流亡到京，一向在校读书，没有熟悉的人。他听了我的回答，显然有些失望，没有兴致再谈下去。"

和其他民营银行相比，金城银行始终带有强烈的军阀官僚色彩。开业 10 年后，尽管其间多次增资扩股，但军阀官僚所占股份仍高达一半以上，股东中也不乏各省督军、总长级的人物。举例而言，安徽军阀陈调元即存入金城 500 万元巨款，盛宣怀之子盛恩颐也曾在北京及大连分行存款约 100 万元。客观地说，金城银行的经营主要依赖于权力，存款主要依靠军阀官僚大户，其最大的利润来源是投机政府公债、库券和进行财政性投放等。

四

民国年间政局动荡，战乱频繁，银行一味地依附于权力也未必安全保险。因此，周作民又效仿日本三井、三菱株式会社的经验，将金融资本注入产业资本，一方面为民族工业的发展提供资金保障，另一方面也给银行带来了丰厚的回报。

以范旭东的永利碱业为例。永利碱业与金城银行系同年创办，在其前景并不明朗时，周作民即决定给予投资支持。永利筹建期间，一度欠下金城银行好几十万元的债款，这让金城的同仁非常担心。如后来担任金城银行总经理的徐国懋即表示："（数十万元）在当时是一个相当庞大的数字，尤其对一个基础还没有巩固的企业来说，金城给予这样大的透支，确实是冒着极大的风险。"但即使在这种情况下，金城银行在1921年后仍与永利订立透支10万元的合同，而且透支数额逐年增加。

周作民放手支持永利发展主要建立在其对范旭东的了解之上。关于后者，周作民曾有过这样一段评价："范旭东这个人脾气耿直，平时绝少迁就，对人从不敷衍，自信力很强，事业心很重，也守信用。"同时，周作民也认为，制碱是中国从无到有的民族工业，极其宝贵也极有前途，市场前景看好。因而，他坚决主张贷款支持永利，并宣布由他承担责任。10年后，永利的"红三角"纯碱在美国博览会上获得大奖，并逐步将洋碱逐出了国内市场。

值得一提的是，一向喜欢插手投资企业经营的周作民虽然也担任了永利的董事长，但对永利的事务却从不过问。在他看来，投资永利的主要考量是如何通过永利树立金城银行的名声，所获利润的多寡尚在其次。换言之，通过与永利的捆绑，永利的成功也就是金城银行的成功。正如周作民自己说的："我们金城在永利的投资，从业务观点来看很不划算，分的红利很少。可是永利事业的成功，对于金城来说也大有好处，替我们做了很好的宣传。"

除永利外，金城银行在民生公司等民族企业中也有大量投资。据统计，金城对工矿企业的放款从1919年的83万元增长至1923年的近700万元，4年增长了6倍，在五类放款对象中占居首位。曾有人说，金城银行放款的重点是"三白一黑"，也就是纺织、化工、面粉、煤矿四大工业。其放款或投资的工矿企业有100多家，其中放款在一万元以上的有纺织业22家、化学工业6家、面粉业10家、煤矿11家、食品4家、烟酒2家、印刷2家、建筑业2家、机电2家、皮革2家。周作民的这一经营策略，对华北资源的开发和产业的发展做出了卓越的贡献，同时也受到了社会各界的普遍赞誉。

在民国的政治旋涡中，周作民是一位实用主义者，他周旋于北洋军阀、南京国民政府甚至日伪势力之间而保持大节不亏。1937年日本全面侵华后，国内各

民生公司商船

民营银行相继走了下坡路，金城银行也不例外。抗战结束后，蒋介石推行币制改革（发行金圆券）并迫使各商业银行交出黄金外汇，周作民不敢与之对抗，但金城银行交出外汇后，前来上海"打老虎"的蒋经国进而逼迫周作民交出私人外汇，并禁止其离开上海。惊吓之下，周作民费尽周折逃到了香港。

1951 年 5 月，周作民回到北京并成为新中国成立后第一个回归大陆的私营金融业领军人物。之后，周作民组织原"北四行"（金城、盐业、中南、大陆）及联合信托银行（原北四行储蓄会）实行五行联营；银行业实行公私合营后，其又出任了联合董事会副董事长，并带动其他同业发挥了积极作用。1955 年，周作民因心脏病猝发在上海病逝，年 71 岁。

【16】"督军银行"兴衰记：谈荔孙为何败走麦城

民国年代，东交民巷到西交民巷一带曾被视为北平的"金融街"，其中以大前门为界，东交民巷多为外商银行如麦加利银行、日本正金银行等，西交民巷则多为华资银行，如中国农工银行、保商银行等。在这些银行中，西交民巷路北、金城银行的斜对面有座四层大楼特别引人注意，那就是被称为"督军银行"的大陆银行。

一

民国金融家大多出身贫寒，唯独大陆银行的创办人谈荔孙是个例外。谈荔孙，1880年生于淮安，祖籍无锡，其祖上曾为盐商，祖父做过知府，家境优渥。据说，当年谈荔孙去上海时，别人都是背铺盖进统舱，唯独谈家大少爷包了整条船长驱直下。因为旅途时间长，加之船上空间大，谈荔孙还顺便搭了个小同乡，这就是后来金城银行的创办人周作民，此亦成为民国金融界之佳话。

谈荔孙的祖父谈静山生性耿直，为人开明，其见识了各种官途险恶后，一直训导子孙从事实业而莫入官场。在此影响下，谈荔孙自少年时代即弃旧学、从新学，18岁时考入南京江南高等学堂。毕业后，成绩优异的谈荔孙又官派到日本东京高等商业学校（今日本东京商科大学）攻读银行经济专科，同期就读的还有吴鼎昌、钱永铭等，这些人后

谈荔孙

来都成为民国年代的知名银行家。

1908 年 4 月，学成回国的谈荔孙先在母校江南高等学堂任教半年，之后北上参加清廷组织的留学生考试并取中为商科举人。试毕，谈先后出任度支部主事及大清银行稽核。辛亥年后，大清银行改组为中国银行，谈荔孙相继担任行内计算局局长、国库局局长，后于 1914 年赴南京筹建分行并担任行长。

1916 年袁世凯称帝败亡后，北方政局一度陷入动荡，京津地区由此发生挤兑中国银行、交通银行所发纸币的事件，风潮迅速波及南方。危机时刻，谈荔孙力排众议，其主张无限制兑换纸币以维持银行信誉，这一提议得到了江苏督军冯国璋的支持，后者承诺以省库财力为后盾，最终令南京分行有惊无险地渡过了这次金融大风潮。

风波平息后，谈荔孙受到了冯国璋的极大重视。1917 年，冯赴京代理大总统，谈荔孙随后被调为中国银行北京行长。当时直、皖系军阀内斗，冯国璋见皖系倪嗣冲等人拉拢周作民办起了金城银行，于是也邀集直系要人李纯、齐耀琳等人入股办起了银行，这就是由谈荔孙负责组建的大陆银行。1919 年，大陆银行正式成立，总行设在天津，谈荔孙出任董事长，由此开始了他的金融传奇之路。

谈荔孙少爷出身不假，但其为人精明，办事勤勉，身上并无一点纨绔子弟习气。为让新银行能够长久发展，谈荔孙为大陆银行制定了一系列规章制度，其中多以中国银行的规章制度为蓝本并在此基础上加以完善。在经营方式上，谈荔孙也继承了在中国银行的稳健作风，其主营业务稳扎稳打，谋定而动，各地分支行的设立也是步步为营，稳步推进。在此良好开局下，大陆银行头年即获利 20 万元（以下均指银圆），之后资本金也很快由 100 万元扩展到 200 万元。1924 年，大陆银行再次实施增资扩股，总股本一跃升为 500 万元。1926 年，大陆银行为进一步增强实力而第三次扩充资本为 1000 万元。是年年底，大陆银行在各地建立分行 11 处，全行职员 217 人，资产总值达 3858 万元。

1921 年，盐业银行总经理吴鼎昌找到谈荔孙及金城银行总经理周作民、中南银行总经理胡笔江，四人秘密商议京津地区的私营银行联合经营，以同中国银行、交通银行等大行竞争。一年后，大陆、盐业、金城、中南银行组成四行联合营业事务所，合办四行准备库并联合发行钞票；之后，四行又各出 25 万元合办四行储蓄会，联合存放款业务。在此合作之下，成立仅 3 年的大陆银行也跟着水涨船高，并很快成为民国金融界一支不可小视的力量。

谈家祖训不要做官，但中国还有句古话叫"大树底下好乘凉"，在数次扩股中，前前后后，包括张勋、龚心湛、傅作义、颜惠庆、周学熙等军政要人，还有银行巨头钱永铭、吴鼎昌、吴震修等也都纷纷看好而相继加入，就连京剧大师梅兰芳也入股一万元，成了大陆银行的原始股东。有了这些权势、明星人物的鼎力支持，谈荔孙由此编出了一张广泛而实用的关系网，而被称为"督军银行"的大陆银行也就左右逢源，发展极为顺畅。即便在北伐时期，与北洋军阀关系匪浅的大陆银行也同样在谈荔孙的长袖善舞之下未受冲击。

二

早在日本留学时，谈荔孙对三菱财阀、三井财阀的发展模式即颇为留意，自创办大陆银行后，他也决定走金融与工商业相结合的道路，以期互相配合，稳固发展。1927 年南京国民政府成立后，谈荔孙将此战略付诸实施，此后的大陆银行除经营公债及存放款等基本业务外，开始向多元化、产业化的银行控股集团目标积极迈进。

谈荔孙的首个多元化投资是仓储。经过周密地调查研究，大陆银行于 1921 年在上海苏州河以北自建一栋 6 层钢筋水泥仓库，以帮助商人们存储棉纱、布匹、丝织品、五金、百货等货物。为了与英商洋行竞争，谈荔孙制定了一系列利息优惠政策，即商人将物品存放仓库后，可凭大陆银行仓储部提供的栈单前往本行申请相应的抵押贷款，而且利息按八折办理。由于这项业务风险小，利润高，一时大受欢迎，商人们纷纷把商品转存于大陆银行仓库。尝试成功后，大陆银行天津分行也修建了 8 处大型仓库，此举不仅迅速扩大了仓储业务，而且本行的年抵押贷款余额也高达 1000 万元以上。

之后，谈荔孙相继投资并接管了良乡煤矿、鼎丰煤厂、庆丰面粉公司等企业，同时还向天津电话局、内蒙古毛纺织厂等机构及企业提供长期信用贷款，以支持实业发展。1929 年，谈荔孙成立大陆商业公司，下设出口部、进口部、汽车部、秘书处、会计处等，以开展进出口贸易业务；两年后，大陆银行又与金城、中南、交通等 5 家银行共同投资 500 万元创办太平保险公司，以配合银行的抵押贷款和仓储业务。同一时期，大陆银行还建立国外汇兑等业务，将经营服务延伸到海外。

作为近代首批职业金融家，谈荔孙在经营上多方创新，如首创出租保险箱业务、代理信托投资、买卖股票及有价证券等，这些都走在了国内银行前列。值得一提的是，谈荔孙在名目繁多的储蓄品种中设计了一种"特种定期存款"，只需一次存入 171.51 元，存满 15 年后到期取本息 1000 元。这一项目，存期长但本金小、收益大，在养老、教育、子女婚嫁等方面很有吸引力，很多市民纷纷前来存款，开办当年仅天津就有 1100 多户。仅此一项，大陆银行即获得 10 余万元长达 15 年的固定存款（占股资 1/10），谈荔孙算盘之精，可见一斑。同一时期，在谈

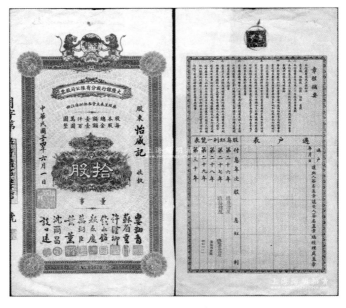

大陆银行股票

荔孙的指示下，大陆银行在清华、北大、燕京、辅仁等大学均设办事处，为教授和大学生们提供周到服务，以获得更多、更长远的优质客户。

谈荔孙的精明还不仅于此。1928 年，天津发生一起特大金融诈骗案，受骗者包括中南、金城、盐业等知名银行，金额达五六百万元。此案主谋是天津协和贸易公司总经理祁仍奚，其勾结美商利用瑞通洋行名义开假栈单，以骗取抵押贷款。大陆银行最初也给予 90 万元贷款，但发现蹊跷后，谈荔孙请人打探内情，最终不动声色地将贷款全部收回，避免了重大损失。

另有一次，谈荔孙前往黑龙江考察大豆产销情况并对开发前景极为看好，之后，其打算出资 70 万元向德国西门子订购日产 1500 担的全套榨油设备，以在当地筹建大型榨油厂。后来，有人指出日本对东北三省早有觊觎之心，投资恐有风险。谈荔孙考虑再三后，果断取消了这一计划。也就在两个月后，震惊中外的九一八事变骤然爆发，大陆银行因及早抽身而只损失了 1.5 万美元的设备订金，否则将至少损失 100 万元。

在内部管理上，谈荔孙对银行人事制度进行了大刀阔斧的改革，其在总经理处设顾问室，聘请经济专家为顾问，为银行的战略发展出谋划策。为提高银行的经营效率，谈荔孙一方面对不称职者进行调动，同时又大胆任用那些在金融及工商管理方面有着丰富学识和经验的人才，并将之陆续提拔为各部门及分支机构的负责人。经过 10 余年的精心经营，大陆银行在上海、汉口、济南、郑州、苏州、杭州、无锡等地均开设分行，业务遍布华北、华东、华中与东北。至 1932 年底，大陆银行资产总值突破 9000 万元，在华资商业银行中独树一帜。

三

经过 20 世纪 20 年代的大发展后，谈荔孙的事业可谓如日中天，不管是银行业务还是工矿业投资乃至仓储、信托、商业等领域都赚得盆满钵满，令大陆银行的股东们喜笑颜开。但是，进入 20 世纪 30 年代后，随着世界经济危机的逐步波及，地区安全形势的恶化，大陆银行也开始步入转折点，而其中的诱因正是房地产投资。

　　原来，上海房地产业在之前 10 年发展迅速，最高潮时只要付出定洋、买入地皮，什么也不用干，隔夜就可获利，市场热度堪称疯狂。在这一方面，谈荔孙最初的决策还算稳健而不冒进，其房地产投资集中在南京路以北及虹口一带，如为人所熟知的山阴路大陆新村（鲁迅等文化名人曾居住地）及四川路德邻公寓，还有留春小筑、淞云别墅、施高塔里、施高塔公寓等，均为大陆银行所投资。

　　1930 年后，大陆银行各项存款高达 1000 万元之多，谈荔孙必须为这些资金寻找出路。这时，汉口分行经理、也是大陆银行的大股东之一沈尔昌被调到上海成立储蓄信托总部，而其主要业务正是投资房地产。沈尔昌上任后，进行的第一个大项目就是租地建新楼，其看中的是位于英租界山东路、山西路、九江路、北临南京路的一块地皮，这块地约 9 亩多，上边都是破旧房子，业主系上海滩地皮大亨、犹太富商哈同。

　　按大陆银行信托地产部最初的估算，在这块地皮上翻建大楼约需白银 45 万两，不卖只租的话，年租金能拿到 30 万两白银甚至更高，除去地租等各项开支，这项投资每年大概有近 10 万两白银的净利。对于这一投资，谈荔孙最初也有过顾虑，但看完估算并对南京路一带不断高歌猛进的市场行情有所了解后，他也拍板决定大力推进这一项目。至于哈同这边，其早年购下这块地皮时只花了 14 万两白银，双方很快达成协议，其主要内容为：该地皮租期 32 年，租金每年 20 万两白银；租约期满后，地上建筑物及附着物全部无偿归还哈同所有。

　　经公开招标后，新建筑由建筑师庄俊设计，公记营造厂承建，这就是后来的"大陆商场"。按原计划，大陆商场一层出租店铺，二层以上出租写字间，但因为毗邻南京路，后又改为第二层至第四层为商场，五层以上为写字间。建设期间，大陆银行即开始招商，因为商户踊跃认租，于是又在原计划之上加盖一层（最高为 8 层），因而总共有商铺 105 间，写字间 251 间，最高层同时作为大陆银行的信托总部。

　　正当大陆银行沉浸在即将收获的喜悦中时，刚刚结构封顶的大楼因 1932 年淞沪战争爆发而不得不停了下来，其间还临时作为"伤兵医院"和"难民中心"。战事停息后，大楼继续兴建并于 1933 年落成。经测算，大陆商场的造价远远超过了原有估算而高达 240 万元。更让谈荔孙感到头疼的是，世界经济危机愈演愈烈，原本繁荣的上海滩地产价格大跌，市面萧条之下，即便房屋租金一再减让，承租者依旧寥寥无几。大陆商场的情况也是如此，建成后出租房屋仅 1/4，原本有利可图的事业变成了沉重的包袱。

　　为此，大陆银行方面向哈同提出交涉，其声称新大楼亏本累累，原因是战争、金融危机等不可抗拒之因素，希望能相应减少租金或延期交纳，但哈同对此并不通融而只拿合同说事。祸不单行的是，由于整个经济形势恶化，大陆银行主营业务及其他投资大多滑坡不止，其中大陆商业公司更是因一笔大宗猪鬃出口生意而损失惨重，1932 年底遭到彻底清算。

　　连遭打击下，一向患有严重高血压的谈荔孙可谓焦头烂额，疲于应对。1933

大陆银行

年 12 月 15 日，谈荔孙批阅文件时在北平寓所突发脑溢血，两个月后病逝，时年
53 岁。事后，各界同仁均表哀悼，如周作民的挽词："志同道合，求之似难；而我
与君，若切肺肝……"教授冯友兰也题写挽联："一瞑未竟平生志，百代长留济
世心！"

至于耗费巨大而有亏无赚的大陆商场，银行董事会最后决定提前解除租地契
约并转让其附属建筑。1938 年，大陆商场以 77 万元的低廉价格售与哈同洋行，
大陆商场由此改名为慈淑大楼。算下来，大陆银行的这项投资不仅白送了一座大
楼，而且贴出现款 30 万元，总损失在百万元之巨。

之后，大陆银行业务逐渐收缩，后于 1951 年与金城银行一起被改组为公私
合营银行，由此消失在历史长河中。至于大陆商场（即慈淑大楼），后为上海市
房地产局接管而改名东海大楼，因为楼里开设了南京东路新华书店，该楼又被爱
书人称为"南东大楼"。时至今日，原大陆商场已变身为时尚之地，这就是如今
南京路上的"353 广场"，其中既有高档百货，也有时尚餐饮，每日人来人往，川
流不息。徜徉其中，楼依然还是那栋楼，不过已经没有多少人知道当年的大陆银
行和谈荔孙逝去的往事了。

【17】左右逢源胡笔江：从交通银行到中南银行

1938 年 8 月 24 日 8 时许，当中航公司"桂林号"邮机飞至广东中山珠江口
上空时，前方突然出现 5 架日本战斗机，其发现中航飞机后，立刻展开疯狂的追
逐与扫射。见势不妙，"桂林号"驾驶员开足马力奋力避航，但日机仍紧追不放
并加以密集射击。被击中多处后，"桂林号"被迫降于张家边水面，当机上人员
挣扎着从机舱内爬出时，穷凶极恶的日机又多次俯冲扫射。最终，除 3 人幸免于
难外，其余机上人员全部遇难。而死难者当中，即有两位民国金融巨子：原中南
银行总经理胡笔江与浙江兴业银行总经理徐新六。

一

民国金融界中，各大银行总经理大多是留学生出身，如"北四行"中，金城银行的周作民、大陆银行的谈荔孙与盐业银行的吴鼎昌等，均为清一色的留日生。唯独中南银行的胡笔江是钱庄学徒出身，只读过几年私塾。这在当时的银行界名流中，他就未免有些底气不足了。不过，胡笔江天分很高、个性也强，其为人有心计，胆大心细，巧于周旋。在其最风光的时候，胡笔江曾身兼中南银行总经理及交通银行董事长二职，堪称民国银行界一匹不折不扣的"黑马"。

胡笔江原名胡筠，1881 年生于江苏江都（今扬州），其父为镇江某钱庄店员，家境小康。不过，胡笔江自幼多病，其读书时间并不长，不过练得一手好字。15 岁时，胡笔江进钱庄当学徒。3 年学徒期满后，经人介绍胡进入扬州仙女庙镇的义善源钱庄当店员。

义善源钱庄的来头不小，因为这是李瀚章（李鸿章的大哥，曾任两广总督）的二公子李经楚所开办，当时在南北各地均有分号，同时也是最早经营外汇汇兑的钱庄。而且，李经楚亦商亦官，他不仅做过江南盐巡道等职，而且还出使过英、法等国，最后官至邮传部左丞。1907 年邮传部所属交通银行创办时，李经楚为第一任总经理，可谓有权有势。

李经楚身处高位，作为普通店员的胡笔江当然无缘得见。不过，机缘巧合的是，他后来结识了人称"李家九少爷"的李经准。原来，李经准喜好游山玩水，某次他去南京，胡笔江在朋友的推荐下充当导游。一路上，胡笔江是热情有加，把"李家九少爷"哄得十分开心。事后，李经准又把他叫到北京，先是在陆军部所办公益银号出任副理，之后又进入交通银行北京分行。

辛亥年后，李氏家族日渐败落，不过胡笔江这

胡笔江

时又攀上高枝，这就是人称"五路财神"的梁士诒。据说，在一个偶然的机会下，时任邮传部大臣兼交通银行总理的梁士诒来到交行北京分行，当时银行已下班，灯火寥寥下，唯有胡笔江还在勤奋工作。梁见后，便将胡叫到跟前询问行中事宜。骤然见到"大老板"，胡笔江非但没有惊慌失措，反而对答如流，条理十分清晰。事后，梁士诒对胡笔江的印象极佳，后者也靠如此非常机缘而跃升为梁之亲信。

此后，梁士诒官运亨通，而胡笔江也跟着水涨船高。民国时期，梁士诒升为总统府秘书长，其不仅为袁世凯处理政务，同时也兼理财政。在梁士诒的识拔下，胡笔江从交通银行调查员升为总行稽核，接着又升为北京分行副经理。1914 年，胡笔江当上交行北京分行经理。上任后，胡笔江大力拓展业务，北京分行营业额增长迅猛，令同行们刮目相看。此时，胡笔江可谓春风得意，俨然京城银行界的一枝新秀。

胡笔江能迅速打开场面，除了他的个人能力，很大程度上也是梁士诒对他的赏识。在梁看来，胡笔江头脑清楚，忠实可靠，而胡笔江随伺梁士诒左右，多方献计献策，深得梁的信任。也正因为如此，梁士诒视胡笔江为心腹，但凡财政方面的要事秘事均委其操办。据说，袁世凯称帝时，各地报效的巨款达数百万元，这些费用都由梁士诒交给胡笔江代为打理。而在梁士诒的运作下，当时的交通银行实际上也成了袁世凯的"登基"财务处。

共和年代，称帝当然是逆历史潮流的反动之举。可是，袁世凯铁了心要称帝，由此导致的费用浩大，北洋政府控制的中国银行、交通银行不得不一再垫款，最后弄得国库空虚，银行信誉迅速下跌，中行、交行发行的钞票（俗称"京钞"或中、交票）也一再贬值，结果各地陆续出现挤兑风潮。在此情况下，胡笔江等人为维护银行的信誉而四处奔走，筹措借款，但毕竟大势已去，银行信用危机一触即发。

1916 年，因挤兑风潮连续扩大，袁世凯下令中国银行与交通银行停止兑付现银，结果京钞面值狂跌，两行信用一落千丈。而在这时，袁世凯在穷途末路中一命呜呼，被指为"帝制"元凶之一的梁士诒也因为被通缉而逃到了租界。

黎元洪继任大总统、段祺瑞出任内阁总理后，因为政局不稳，金融风潮仍无转机迹象。在庞大的军政开支和兑付压力下，段祺瑞干脆索性宣布中国银行和交通银行一律停止兑现。一时间中、交两行信誉扫地，交行钞票在市面流通中甚至跌到半价以下。

梁士诒倒台后，曹汝霖接任交通银行总理，尽管曹对胡笔江仍十分器重，但胡对自己在交通银行的前途感到悲观，之后便有了另辟蹊径、再图发展的打算。这时，金融形势仍旧动荡，不过胡笔江倒认为，交通银行是半个国家银行，北洋政府欲图发展，迟早要出来收拾局面。于是，胡笔江便与行内几位高级职员一起趁低购进一大笔交行钞票，准备等到京钞重新开兑并升值后再行抛出。

果不其然，曹汝霖之后通过日本"西原借款"弥补了北洋政府的财政空缺，中、交两行的钞票恢复兑现，银行的信用也得以恢复。如此一来，胡笔江等人将之前低价购入的钞票在黑市上抛出后，很是发了一笔横财。而在1920年，皖系段祺瑞在直皖战争中战败，中、交两行钞票再次暴跌。胡笔江等人这次仍故技重演，趁京钞走低时大笔购入，尔后北洋政府发行短期公债6000万元以收回两行京钞，胡笔江等即利用其提前获知的消息大发其财。

身为交通银行高级职员而利用手中资源与权力牟取私利，此事被报界揭露后，胡笔江等人的行为受到了京津金融界人士的严厉指责。在此压力下，胡笔江最终选择辞职南下，再谋发展。

二

说起来也是运气好，胡笔江南下上海时，正值福建华侨巨商、人称"南洋糖王"的黄奕住想要回国办银行。此前，《申报》馆主史量才出国访问，其在雅加达遇到黄奕住，后者因为荷兰殖民政府要向印度尼西亚华商征收"战时所得税"而毅然决定回国。黄奕住遇见史量才后一见如故，十分投缘，于是将其计划和盘托出，并请史回国后代为物色合适的人选。

之后，史量才通过上海溥益纱厂的老板徐静仁找到了正在家赋闲观望的胡笔江。对正想东山再起的胡笔江来说，"南洋糖王"要筹办新银行无疑是个求之不得的好机会。因此，胡笔江也凭借自己多年的经验和人脉为之上下奔走，极力谋划。

1921年6月，中南银行在上海汉口路110号宣告成立，其初始资本总额500万元，黄奕住独占七成，其余三成由胡笔江、史量才、徐静仁等募集而成。成立大会上，黄奕住被推为董事长，胡笔江任总经理，史量才、徐静仁等成为第一批董事。之所以命名为"中南银行"，主要因为这所新行是当时华侨创立的最大银行，同时也是本国金融界与南洋华侨合资经营的私人银行，"中南"之名，即由此而来。

新创立的中南银行宛如一张白纸，这也为胡笔江施展自己的才华创造了难得的条件。新行建立后，胡笔江立即北上，利用自己当年的老关系在京津设立分行，以吸收北方军阀富商的存款。由于中南银行以华侨资本为特色，加上黄奕住在南洋很有影响，其回国后又在福建等地创办了许多企业，因此中南银行吸引了不少华侨投资。而胡笔江也不失时机地在厦门、香港、广州等地设立分行和办事处以大量吸收华侨游资，使存款额大增。由于侨胞存款汇兑异常踊跃，厦门、香港分行的每年盈利甚至超过了京沪各行。之后，中南银行又在汉口、南京

中南银行钞票

等地设立分行，由此完成了以上海为中心，辐射京津、厦门、汉口等地的网点布局。

以上还是常规业务，若要说到胡笔江对中南银行的最大贡献，则莫过于他利用此前人事关系层层运作，最终使中南银行获得了钞票发行权。此举也让中南银行从一开始就拥有了其他商业银行所具备的优越条件。当然，开局虽好，但也不是没有问题，如发行钞票必须有十成的准备金，而中南银行当时只有500万元资本，若全部用作准备金，那其他业务也就无法开展。为此，胡笔江也颇伤脑筋。

而在这时，盐业银行总经理吴鼎昌从海外游历归来，其途经上海会晤胡笔江时提出建议：中南银行可以和盐业银行及周作民的金城银行联手经营，届时三家银行可以联合起来作为中南银行发行钞票的后盾，大家既利益均沾，也一起抵御风险。吴鼎昌的建议，胡笔江考虑再三后认为可行，因为盐业、金城两行在华北已有相当好的基础，而吴、周两人又是自己的老朋友，三行联营，南北呼应，对大家都有好处。而且，届时发行的钞票还是以中南银行的名义，这对后者的好处是明显的。

1921年11月，中南、盐业、金城三行宣布联合营业。而在次年，大陆银行也宣布加入，这就是民国金融史上著名的"北四行"。1923年，四行为联合发行钞券而专门设立四行准备库，四行各投资25万元，由胡笔江出任总监，以办理中南钞票发行及兑现事务。之后，中南银行开始发行钞票，这也是全国通用钞票之一，而每张钞票上，都有胡笔江的签名。

不过话说回来，"北四行"毕竟不同于中国银行、交通银行这样有政府背景的老牌银行，其信用与声誉也不是说有就有。为了取信社会，当时四行准备库还特意陈列了许多银箱，每箱堆放5000枚银圆公开展览，以显示四行储金充足、实力雄厚，而中南银行的钞票可以随时兑换银圆，因而逐渐取得了社会各界的信任。

之后，为了便于华侨汇款并进一步参加国际金融市场，胡笔江在中南银行内创立国外汇兑业务。为此，他高薪聘请了前德华银行经理柯禄当顾问，同时又派他的第一任协理景逸民协助柯氏工作，以从中学习业务技能。景逸民是胡笔江的同乡，人很聪明能干，等到柯氏回国时，中南银行的外汇业务已经做得有声有色了。此后，由于外汇业务始终是中南银行的强项，因而国民党政府历次统制外汇时，中南银行都被指定为特许经营外汇行。

为扩大业务，胡笔江还不惜成本、想方设法地结纳权贵名流。当时为拉拢安徽省主席陈调元投资巨款，胡将一处占地十多亩的沪西豪宅相赠。这座私宅，就是后来臭名昭著的汪伪 76 号特工总部。而为与湖北省主席何成浚建立关系，胡笔江特别提拔与何成浚关系很好的张质夫为汉口分行副经理。当然，这些投入都是有回报的，那就是权贵们不仅愿将公私巨款存入中南银行，中南银行在其管辖区也得到诸多方便并由此获得丰厚利润。

在胡笔江的苦心经营下，中南银行的业务有了很大发展。1921 年，中南银行存款为 240 万元，到 1933 年时增至 2000 万元；而在 3 年后，存款额更是接近 1 亿元，为开办时的近 40 倍。而在存款大增后，中南银行的营运资金更为灵活，营业额也是扶摇直上。

和其他商业银行一样，中南银行在 20 世纪二三十年代也大力支持并积极投资实业。1931 年，中南银行与金城银行合作创办诚孚信托公司，后者对几家濒于破产的托管企业如天津恒源纱厂、北洋纱厂及上海新裕纱厂进行科学管理，最终让这几家企业恢复了生机。此后，中南银行加大对实业的投资并陆续投资上海新裕纺织公司、永利化工公司等，还曾独资兴办上海德丰毛纺厂。

三

生意做大了，有时候就难免会树大招风。比如在 1927 年和 1928 年，胡笔江即连遭两次重大打击。

首先是 1927 年天津协和贸易公司的突然倒闭，导致中南银行天津分行吃了 200 余万元倒账，形势相当严峻。原来，协和公司曾经风光一时，而中南天津分行经理王孟钟是胡笔江的亲信，此人交游广泛，又好做投机生意，协和老板祁礽奚即利用其弱点设下假栈单的骗局，王孟钟未能识破而一再向其放款，最终导致中南银行天津分行所有存款填进去都补不了这个窟窿。事发后，行内一些高层认为这是胡笔江用人不当而把这笔账算在了胡的头上。当时，就连董事长黄奕住也一度对胡产生了不信任感。最终，胡笔江只得请求增加资本250万元，中南银行才算恢复元气。

天津分行的事刚刚平息，而胡笔江本人又遭到人生中的一次大劫难。1928年8月，胡笔江出行途中突然遭到土匪绑架而被囚禁达20天之久。后来，经各方全力营救，亲友们集合巨款将其赎出，但胡笔江的妻子因为受到惊吓而小产。经历此劫后，胡笔江身心俱疲，心态变得极坏。在此期间，胡笔江觉得银行董事会对他太不关心而在激愤之下宣布辞职。对此，董事长黄奕住坚决不同意，其派徐静仁作为全体董事会代表前去慰问，并发动董事会成员多方挽留。在此情况下，胡笔江虽然不便强行离开，但其对世态的炎凉深感痛心，最后想要另谋出路了。

1928年南京国民政府成立后，宋子文为建立国民党垄断的金融体系而极力拉拢金融界人士，胡笔江也是被宋子文"相"中的金融人才之一。之后，宋子文在推行废两改元、改革币制、组建中国建设银公司和中国棉业公司等时，胡笔江都代表中南银行积极参与。1933年交通银行再次改组时，胡笔江被宋子文指派重返交行并担任董事长（同时兼任中南银行总经理）。这对胡笔江个人来说，也算报了当年的一箭之仇了。

之后，胡笔江辞去中南银行总经理（仍任董事）而投入宋子文的阵营，其间他还担任了财政部金融顾问委员，为宋子文谋划左右。1937年八一三事变后，上海租界以外炮火纷飞，但胡笔江仍留在上海主持交通银行工作，其在电台演讲中表示："事已决矣，吾人必须以最大的决心，奋斗到底，义无反顾"；"抗战必有牺牲，有一天也可能轮到自己，但我出身贫民之子，假设我为此次战争而捐生，则国家损失，不过一贫民之子而已。"不幸一语成谶。

1937年11月上海沦陷后，租界成为孤岛，国民政府重要人物纷纷撤离，交通银行总行也奉命改为总管理处并撤往汉口。之后，胡笔江也与宋子文、徐新六等人乘法国轮船离开上海赴香港遥控指挥银行业务，以配合国民政府稳定金融并支援工厂内迁等事宜。1938 年 8 月，财政部部长孔祥熙电召正在香港的胡笔江等人前往重庆商讨战时金融问题，于是便发生了本文最开始的一幕。

胡笔江、徐新六遇难后，国民政府主席林森发布褒奖令，追认其为烈士。8 月 27 日，蒋介石代表国民政府发来唁电，称其："金融硕彦，功绩卓然……为国牺牲，贤才遽殒，愤悼曷极！"之后，武汉、重庆、香港等地也都举行了隆重的追悼会。1939 年，胡笔江的遗体在香港落葬。

至于中南银行，由于局势的动荡不安，其在抗战后元气大伤，日渐衰微。1945 年，董事长黄奕住病故，其长子黄浴沂先后接任总经理和董事长之职。1952 年，全国各商业银行联合改组为公私合营银行，中南银行也参加了公私合营，之后被收归国有。

【18】吴鼎昌三足鼎立：一个银行家的跨界人生

民国年间，身兼银行家、报人与国民党高官三种身份的吴鼎昌曾说过这样一句名言："政治资本有三个法宝：一是银行，二是报纸，三是学校，缺一不可。"此语大意是，一个人要想成功，得从三方面入手，首先银行是经济基础，其次报纸为舆论喉舌，最后办学校培养人才，三者结合，才能步步扎实，功德圆满。这句话对吴鼎昌来说不仅是宝贵经验，同时也是其人生经历，他是这么说的，也是这么做的。最要紧的是，他还真做成了！

一

吴鼎昌，字达诠，原籍浙江吴兴，后因其父游幕西南而于 1884 年生于四川华阳县。

早年，吴鼎昌就读于成都尊经书院，1903 年考取四川官费留学生，去日本留学。和其他热衷于学军事或法政的留日生所不同的是，吴鼎昌选择的是东京高等商业学校银行系，学的是金融，这与他后来的银行家身份来说，应该说是地道的科班出身了。

H.E. WU DING-CHANG
Minister of Industry

吴鼎昌

1910 年，学成回国的吴鼎昌在当年举行的"游学生考试"中表现优异，由此被清廷授予"商科进士"功名，一时有"洋翰林"之称。此后，吴鼎昌先后担任北京法政学堂教习、东北三省总督署度支、本溪矿务局总办等职。

1911 年 6 月，吴鼎昌出任大清银行总行总务科长，两个月后调为南昌分行总办。不久，武昌起义爆发，吴鼎昌不但参与了大清银行的清理，而且在首任总理唐绍仪的支持下试图将大清银行转为中国银行。但是，由于唐绍仪很快辞职，加之在银行制度等问题上与财政总长周学熙产生分歧，而袁世凯站在了周的一边，吴鼎昌最终被排挤出局。

据说，当时还有个笑话，说出局后的吴鼎昌在京盘桓无计而托"交通系"领袖梁士诒向袁世凯斡旋求见。看在梁的面子上，袁世凯接见了吴鼎昌，两人相谈甚欢。但让吴感到纳闷的是，他回去后总统府方面毫无音讯。无奈之下，吴鼎昌只好再去找梁士诒，后者问袁世凯何以不用吴鼎昌，袁说："吴某我已见过，谈得也很好。但是，此人你敢用，我却不敢用。"梁问其故。袁说："此人嗓哑无音，脑后见腮，天生反骨，你敢用，我不敢用！"多年后，终于发达的吴鼎昌常以此为乐子："想当年，袁世凯都不敢用我！"

话虽如此，在梁士诒的帮助下，吴鼎昌还是获得了天津造币厂监督一职。因此，也有人说，吴鼎昌之所以能够进军银行业，造币厂的经历为他打下了良好的基础。

1917 年 7 月，"辫帅"张勋率领 5000 辫子军北上闹复辟，原河南都督、盐业银行董事长兼总经理张镇芳也一起参与并被封为度支部尚书。孰料，复辟不到半个月即告失败，来不及逃走的张镇芳以内乱罪被捕，盐业银行总经理的位置便落到了吴鼎昌的头上。

张镇芳原本是进士出身，1902 年担任过户部银圆司会办。之后，靠着与袁世凯的亲眷关系，张镇芳一路高升，其先以直隶候补道总办永七盐务，不久又授天津河间兵备道，署理长芦盐运使兼粮饷局总办。1912 年，张镇芳出任河南都督。但没过不久，因为剿灭"白朗之乱"不力，张镇芳的都督位置被人取而代之。

1915 年 3 月，在总统府顾问、财政部参政位子上赋闲的张镇芳在袁世凯的支持下创建了盐业银行（总行设北京，同年 5 月开设天津分行）。按最初的设想，盐业银行原拟盐务署拨给官款，实行官商合办，其目的是"维持盐业、调剂金融"，主要业务是经收全部盐税收入、为盐务提供服务并得代理部分国库金。然而，1916 年 6 月袁世凯病死后，盐务署不仅不拨官款，而且将前拨资金调回，经收盐税、服务盐务的初衷遂成泡影。之后，盐业银行干脆全部改招商股，转为普通商业银行。

二

吴鼎昌接手盐业银行后，由于中国银行与交通银行这两大行连续发生停兑事件，这给了盐业银行一个极佳的发展良机。之后，在吴鼎昌的多方拉拢下，昔日的华北盐商及北洋军阀大佬如张怀芝、倪嗣冲、王占元等人的公私存款，还有北洋政府部分机关的办公费，也都纷纷存入了盐业银行。

接着，吴鼎昌又着手充实银行股本。在 1915 年盐业银行开办时，原定资本金 500 万元，其中官股 200 万元、商股 300 万元，但实际上，官股投入仅 10 万元，而商股也仅有张镇芳等人认购了 50 万元。在存款激增的大好形势下，吴鼎昌利用之前的老关系从交通银行协理任凤苞、金城银行总经理周作民、中南银行总经理胡笔江等金融同行那里拉来 30 万元入股。在此示范效应下，盐业银行此前未收足的股款一举收齐，而且资本总额也很快在之后数年间增为 1000 万元。之后，

盐业银行

除北京总行、天津分行外，盐业银行又在上海、汉口开办分行，成为国内商业银行的佼佼者。

从吴鼎昌制定的管理体制看，盐业银行设总管理处统辖全行，总管理处下设分行、支行及办事处，总管理处设总经理及协理各 1 人。总经理下设秘书室、文牍科、稽核室、会计科；分行经理下设保管科、出纳科、营业科、会计科、文书科。

从存贷款数据上看，盐业银行成立当年（1915 年）年末存款额为 464 万元，1925 年增至 2770 万元，增长近 5 倍；1937 年又增至 9166 万元，较 1915 年末增长近 20 倍。放款由 1915 年的 404 万元增至 1937 年的 7814 万元，增长了 18 倍。

从收益上看，盐业银行成立当年纯收益约 10 万元，1925 年达 186 万元，增长了 18 倍。从 1918 年起，连续 4 年股东年纯益率超过 40%，1919 年更是高达 48%，居当时各行之首。1926 年后，随着竞争的激烈化，盐业银行的效益才开始逐年下降。

在吴鼎昌主导盐业银行时，其中一大特色就是大量购入国内公债及外币债券，这在当时各行可谓独占鳌头。其中，善后借款公债、中法五厘美元公债、中比六厘美元公债、沪宁铁路英镑公债、克利甫斯以盐税担保的英镑公债等，都为盐业银行取得了巨额利润。

在吴鼎昌的精心经营下，盐业银行的业务明显上升，成效显著。据该行老职员李肃然回忆："自吴鼎昌主持以来，除内部革新外，业务发达，蒸蒸日上，获利甚丰，每年所发股息，向未少过一分，是以盐业银行之声誉大振，成为华北四大商业银行之一，且居首位。"

内功做得好，外功也不可忽视。1921 年初，吴鼎昌赴欧美考察银行制度时发现，西方国家出现了银行联盟的经营模式，其原因是：规模大、资力雄厚的银行容易获得更好信誉，而中小银行因资力薄弱容易陷入困境或被兼并。回国途经上海时，吴鼎昌特意拜访了中南银行总经理胡笔江并提出建议：中南银行、盐业银行还有周作民的金城银行可以联手经营，届时三家银行联合成为中南银行发行钞票的后盾，大家利益均沾，共同抵御风险。

当时，中南银行虽拥有与中国银行、交通银行一样的发钞权但资本准备金有限，吴鼎昌的提议引起了胡笔江的很大兴趣。之后，盐业、金城、中南三家银行于当年 11 月召开联合会议，会上达成联营决议并协定了营业规约及联合事务所简章。次年 7 月，谈荔孙主导的大陆银行也宣布加入，由此形成了四行联营格局，是为民国金融史上著名的"北四行"。

1923 年，为了联合发行钞券并共同支持中南银行钞票的兑现，四家银行设立专门的四行储蓄库，作为发行钞票的储备金。按照约定，四行各投资 25 万元，由胡笔江出任总监，以办理中南钞票发行及兑现事务。在吴鼎昌的倡议下，北四行在四行联合经营事务所下设立了四行储蓄会，并推选四行总经理为执行委员，吴鼎昌为主任委员，总理一切事务。10 年后，四行储蓄会存款接近 1 亿元，在当时的银行界颇具规模与影响。之后，四行联合经营事务所又合办了四行信托部和调查部，以更好地拓展业务。

从实践上看，四行联营对中南、盐业、大陆、金城四家银行都有好处，因为此举扩大了彼此的信誉，也厚集了各自的资本，遇事还可以互相扶助，可以说是一个共赢的局面。对于倡议者和主持者吴鼎昌来说，实际上也达到了另一个目的，

四行仓库

那就是创立一个比盐业银行影响更大的银行联盟。也正是在吴鼎昌的主持下，当时的"北四行"成为与南方"江浙财团"相抗衡的大型金融集团，盐业银行也由此水涨船高，飞速发展。

至1927年，盐业银行股本一度高居国内商业银行之首；而在整个北洋时期（1912—1928年），争夺私营银行存款总额头把交椅的始终是盐业银行与浙江兴业银行，其他行基本没有机会。盐业银行能取得如此业绩，无疑与吴鼎昌超强的经营能力有着直接关系，而吴本人俨然也成了当时国内金融界的权威人物。

特别值得一提的是，在"北四行"联营10周年之际，吴鼎昌提议联合出资500万元在上海跑马厅北面建造一栋24层的摩天大楼，这就是后来的国际饭店。1934年，国际饭店落成开业，全上海为之轰动。令人赞叹的是，这栋大厦不仅是当时的远东最高楼，而且还保持了"中国第一高楼"的纪录长达半个世纪。

国际饭店的落成开业，对"北四行"同样是意义重大。试想，在当时的低矮建筑群中，这样一栋气势宏伟、令人仰视的摩天大楼拔地而起，给人的印象是"北四行"太阔绰、太有钱了，由此人心所向、银行信誉倍增，也就不在话下了。

事实也确实如此，在国际饭店落成后的几年中，"北四行"的存款额迅速攀升，比大楼落成前竟然翻了好几倍，这不能不说是吴鼎昌的先见之明了。

三

从个人经历看，吴鼎昌是一个抱负深远的人，他的兴趣也绝不仅限于金融。事实上，在经营盐业银行的同时，吴鼎昌也将触角伸向了报业，这就是久负盛名的《大公报》。

20 世纪 20 年代后，由于大股东王郅隆的去世，《大公报》在资金等方面开始发生严重困难，运营上难以为继。为了挽救《大公报》、也为了在舆论场上做出一番业绩，吴鼎昌于 1926 年 9 月约集张季鸾、胡政之合组"新记公司"，接办《大公报》。

在这次的重组中，吴鼎昌独自出资 5 万元并担任《大公报》社长，胡政之出任总经理兼副总编，张季鸾担任总编辑兼副总经理。作为一个成功的银行家（商人），吴鼎昌当上《大公报》社长后，他还是很有自己想法的。

这不，《大公报》刚一复刊，吴鼎昌即与同仁发表"四不主张"：不党、不卖、不私、不盲。如后人总结的，吴鼎昌时期的《大公报》在政治上"不党"、在经济上"不卖"、在人格上"不私"、在思想上"不盲"，是为"大公"。在此精神的指引下，新记《大公报》也重获新生，再次获得了读者的欢迎与认可。

除了在大政方针上起主导作用外，吴鼎昌对早期新记《大公报》的具体经营也参与颇深。当时，胡政之负责报社的经营管理，张季鸾负责总编社论，吴鼎昌除提供资本外，同时也积极发挥所长，参与纸张、设备、迁址等问题的决策。如重组初期的纸张订购及结算，大多由吴鼎昌运筹帷幄，其选择合适的时机购汇结汇买入进口纸张，为报社扭亏为盈发挥了重要作用。

此外，吴鼎昌还以极大的热情参与了新记《大公报》早期社论的撰写。当时的吴鼎昌可谓劲头十足，其白天在银行工作，晚上只要无事就会来到报社，与张季鸾、胡政之两位谈论时局新闻并研究社评撰写，而他自己也会写一些财经方面的评论文章。

据《大公报》编辑陈纪滢的回忆："（吴鼎昌）每天下午从银行办完公以后，就到编辑部来聊天。……晚上，各地消息都集中了以后，他有时自告奋勇说：'今天的社评我来写。'于是便走到季鸾先生的房间去写。……写完后就交给季鸾、政之两位先生轮看，他两位如觉文意不妥或哪个字用得不好，马上就提出来修改。相同的，他俩写的社评，如遇达诠先生在报馆时，必也交给他看或修改。"

然而，正如前面所说，吴鼎昌一生有三个愿望，办银行、办报纸、办学校，但事实上，他一生最大的愿望其实是做官。为了自己的做官抱负，吴鼎昌在20世纪30年代后日渐淡出了银行界与舆论圈，开始了他的新征途。

其实在1927年南京国民政府成立后，吴鼎昌就靠着当年留学日本的老关系而先后出任或兼任过国民政府财政委员会委员、国民经济建设委员会委员、全国钢铁厂监察委员会主任委员、农本局理事长、中国国货联合营业公司董事长等职务。

1935年，在被南京国民政府任命为实业部部长后，吴鼎昌发表声明，宣布辞去《大公报》社长等职务。从此，他也就全身心地投入官场，再无复返。1937年抗战爆发后，吴鼎昌转任贵州省主席，一做就是近8年。

治黔期间，吴鼎昌在官风、建设、军训、文教、卫生等诸多方面均可圈可点，贵州在抗战期间接收了一大批成功的企业，创造了贵州近代经济史上少有的成绩。此外，吴鼎昌还创办了贵州大学、贵阳医学院及贵阳师范学院，这一方面让贵州教育获得了空前的发展，另一方面也算是完成了吴鼎昌"办学校"的愿望吧！

1945年1月，吴鼎昌赴重庆并先后任国民政府文官长兼国民党中央设计局秘书长、总统府秘书长等。1949年1月，随着时局的不断恶化，吴鼎昌最终选择去职并赴香港做寓公。新中国成立后，原银行界的好友周作民、周诒春等人纷纷北返，吴鼎昌虽然也有北归的想法，但天不假年，其于1950年8月病逝于香港，时年66岁。

在吴鼎昌流连官场的10余年间，其一手做大的盐业银行也因首脑易人、持续的恶性通货及官僚资本势力的不断侵袭而业务日益萎缩，并最终消亡于之后的社会主义改造。

【19】陈光甫创业记：小学徒的出身，大银行家的抱负

民国银行界一向有"北四行"与"南三行"的说法，前者指金城、盐业、中南、大陆四家银行，后者指浙江兴业银行、浙江实业银行和上海商业储蓄银行（以下简称"上海银行"）。在"南三行"中，上海银行成立最晚，开办之初也最为寒酸，因为其最初资本不过 10 万元，职员包括董事长、总经理在内也就 7 个人而已。当时，一些稍微像样的钱庄都比它大，因此也有人嘲笑他们是"小小银行""小上海银行"等。然而，令人刮目相看的是，仅仅五六年时间，这家银行即由小变大；10 年后，更是与浙江的两家银行并驾齐驱，成为响当当的"南三行"龙头。

一

民国年间确实有不少商业奇迹，而上海银行的发展故事听起来也有些像是"神话"。不过，这一金融史上的奇迹确实发生了，创造奇迹的人不是别人，正是民国银行家陈光甫。

陈光甫，江苏镇江人，生于 1881 年，其父陈仲衡曾做进口火油生意，后进入汉口一家报关行。当时，年仅 12 岁的陈光甫也随父入行当学徒，这一当就是 7 年。

在旧社会，学徒生涯是十分难挨的，经常饿肚子不说，晚上连睡觉的地方都没有，只能因陋就简、见地插缝地睡在地板或桌上。在白天，学徒在店里虽然没有地位，不过事情很多，如客人来了，赶紧

陈光甫

倒茶敬烟；客人走了，立马收拾桌椅。一言以蔽之，别人不愿做的一切杂役琐屑之事，都是学徒的活儿。

中国有句古话叫"吃得苦中苦，方为人上人"，这 7 年的学徒生活，给陈光甫留下终生难忘的印象，由此也锻炼了他"不惧艰险，敢于吃苦"的顽强精神。每逢工作闲余，陈光甫总不忘学习，尤其对英语和报关行的业务及相关金融知识更为重视。最终，在 18 岁那年，陈光甫考入汉口海关邮局。数年后，他又转入汉阳兵工厂任英文翻译。

天下无难事，但机会总是留给那些有心的人。1904 年美国举办圣路易斯世博会时，陈光甫因通晓英文与商务而被选为湖北省参加世博会的工作人员，而这次的出国经历彻底改变了他的一生。在之后的 7 个月时间里，博览会上展出了当时全世界最先进的科技智慧，如电子管收音机、自动交换电话、福特 T 型汽车、电动公共汽车等，这一切都令陈光甫大开眼界，并为之震撼。

让一同赴美的同事们感到吃惊的是，陈光甫在世博会结束后做出了他人生中一个至为重要的决定：留在美国继续学习。陈光甫的决定，得到了正在汉口经营茶叶贸易的岳父景维行的支持，后者向他提供了部分学费。之后，陈光甫又通过个人努力申请到了部分官费。6 年后，喝足了洋墨水的陈光甫最终以官费留学生的资格毕业于美国费城宾夕法尼亚大学沃顿商学院，并获得商学士学位。

1910 年学成回国后，上海及汉口等很多洋行都向陈光甫伸出了橄榄枝，但后者并不满足于做个买办或经理，他要创办自己的事业，这就有了后来的上海银行。值得一提的是，上海银行创办之时，表面上说有 10 万元资本，但实际上只收到 8 万元（以下均指银圆）。其中，盛宣怀的妻弟庄得之投了 2 万元，于是他就以最大股东的名义当上董事长；而身为总经理的陈光甫，他还是靠向人借钱才凑足了 5000 元的股份。于是乎，在第一次开股东会时，7 个股东全成了董事。

当时，在新成立的商业银行中，资本最多的是近 200 万元的盐业银行，资本最少的中华商业储蓄银行，也拥有 25 万元。相比较而言，上海商业储蓄银行在众行之中起步最低，难望他行项背。夸张点说，说它是个银行，但其资本额甚至不及几个有名的钱庄。

　　说来好笑，1915 年上海银行筹备开幕典礼时，陈光甫及诸位董事为开幕嘉宾的事很是犯难。一般来说，开幕典礼总归要请几个头面人物来捧捧场，可是请名气大的吧，怕请了人家不来，反而有失面子；请名气小的吧，又怕起不到宣传作用。结果，董事们踌躇半天，连银钱公会的董事朱五楼都没敢请，其窘状令人忍俊不禁。

<h1 style="text-align:center">二</h1>

　　民国初年，银行业的竞争已经相当激烈，陈光甫的小银行既不像外资银行那样拥有雄厚的资本，也不像国内一些老牌的本土银行有着丰富的人脉关系。

　　由此，陈光甫决心走一条"服务社会、服务平民"的道路，他率先在全国推出"一元钱储蓄"项目（当时银行都不接受极小额的业务），此举在社会上产生了强烈反响。一些从未与银行打过交道的普通市民，听说后也都试着前来存款。据说，当时还有个人故意恶作剧，他拿了 100 元钱来开 100 个户头，职员们信守银行承诺，照开不误。此事传开后，民众哄笑一时，倒也替银行做了免费的广告。

上海银行

作为银行家，陈光甫深深懂得，金融的全部奥秘就在信用，而信用是建立在服务基础上的。创行之初，陈光甫将就"服务社会"立为第一行训。当时还有人笑他，说银行旨在图利，空言服务，何利可图？陈光甫对此不以为然，他认为：在资本和人际关系都远不如对手的情况下，只有通过"服务至上"的精神赢得客户，才能在激烈的竞争中立于不败之地；正所谓，"人争近利，我图远功；人嫌细微，我宁烦琐"。从长远看，上海银行在公众中"热诚服务"的形象及由此带来的信任与好感，这才是最可贵的发展动力。

在"一元钱储蓄"一炮打响后，上海银行又相继开展了零存整取、整存零付、存本付息、子女教育储金、养老储金，礼券储金等名目繁多的储蓄项目，后来还为市民开办了代收水费、电费、代发工资等诸多便利服务。这些项目，表面上看起来利益甚微，但就长远而言，其在公众中获得的好感，是金钱所买不到的。

陈光甫做银行最重创新，如代发工资、代付水电费之类的服务现在看来或许很平常，但是当时都是创举。再以上海银行发行的礼券为例，同样是别出心裁。当时，无论达官贵人、富商巨贾或是平民百姓，婚丧嫁娶、红白喜事总归在所难免，而亲友故旧之间的馈酢之举也是势所必然。有鉴于此，陈光甫创办了两种特殊的储金礼券，一种是用于婚嫁、满月、生日、祝寿等喜庆场合的红色礼券；另一种则是供奔丧吊孝场合使用的素色礼券。礼券金额分一元、二元、五元、十元、五十元等多种，如存期较长，银行尚付给相应的利息。由于这两种礼券印制精良、礼赠不俗，一经推出即受到民众的青睐而乐于使用。

在陈光甫眼里，"服务民众、以人为本"绝不仅仅是口头说说的。原上海银行总行襄理郎念祖回忆说："陈先生常说，我们就是银行，银行就是我们。顾客是衣食父母，顾客总归是对的。"具体而言，陈光甫的"服务之道"是"为顾客力谋便利，尤当以和气为先。满面春风，殷勤招呼，顾客自乐于接近，来往既多，营业亦自可因而推广。……银行业务，不若他种商店有陈列货物可以任人选择，银行之货物即为服务。故我行一无所恃，可恃者乃发挥服务之精神"。

为了显示自己雄厚的实力，民国时期的银行外观大多造得高大轩敞、豪华阔气，内部装饰也是金碧辉煌、耀眼夺目，这一风气，中外银行皆然。然而，阔气固然阔气，但一般民众往往也对"银行重地"望而生畏、望而却步，产生不可避免的距离感。为此，平民出身的陈光甫也注意到这一细节，其特别要求：上海银行及分支机构应门面朴素而忌免奢华，以拉近与一般顾客的距离，消除其疏远感。这一做法与理念，是很值得借鉴与深思的。

从小处着眼，向大银行发展。经过 10 余年的发展，上海银行吸收存款与发放贷款的规模达到数千万元，俨然成为一家大银行。令同行颇为服气的是，上海银行业务虽大，却很少出现"呆账""滥账"，而这其中的奥秘就在于陈光甫在银行内部设立的调查部。

上海银行调查部成立于 1928 年，由日本帝国大学毕业的资耀华担任经理，其由三个部门组成：一是经济调查处；二是信用调查处；三是内外咨询处。实际上，调查部就是一个经济问题研究所，其职责不仅是具体的个案调查，而且包括对宏观经济、各行业的信息收集与分析。表面上看，调查部的工作与银行的直接业务无关，但陈光甫认为，对经济政策、贸易行情、外汇涨落乃至各地米棉麦煤等重要物品的收成产销等诸多问题的调查研究十分重要，只有"眼观六路、耳听八方"，才能准确把握全局，不至于犯下致命错误。

如对潜在交易对象的摸底，调查部往往在交易之前即分门别类，对其资产状况、经营作风、管理人员等情况加以归纳总结，为开展业务提供决策依据。当时，天津有个商人叫奚东曙（民国总理段祺瑞的女婿）办了一家大商行，生意做得很大，出手也十分阔气，在商界是炙手可热的人物。因此，许多银行都巴结他，给他大量贷款，但上海银行调查部发现，此人出手阔绰、业务繁忙只是表面现象，实际却是资不抵债，随时都有倒闭的危险。

结果，很多贷款给奚东曙的银行后来都因为其生意失败而产生巨额倒账，而上海银行轻松避过这一风险。正因为事前做过充分的调查与研究，上海银行等于在规章制度外又加了一把安全锁。

三

20世纪30年代，上海银行在全国各地设立了100多处分支行和营业点，其存款额一度跃居全国私营银行之首。如此，曾被人笑为"小小银行"的上海银行已成为民国金融界的参天大树，而陈光甫本人也由此名满中外。

在创业过程中，陈光甫一直秉承"敬远官僚、亲交商人"的处世态度，因而南京政府数次请他出来做官，他都没有答应，而一心办自己的银行。事实上，陈光甫对南京当局屡屡压榨金融界的做法甚为不满，其曾表示："政府借款，推销公债，迫令维持政府经费，一若银行负有维持义务，不容推诿。苟稍迟疑，即以为不爱国。借款与政府未必即为爱国。盖政府经费应有预算，量入为出，何能借债度日？"

上海银行、中国
旅行社广告

但是，作为当时知名的银行家，陈光甫想不卷入政治也是不可能的。譬如长期担任南京政府财政部部长的宋子文与陈光甫一向矛盾颇深，其不时要求以入股等方式挤进上海银行，以达到控制和吃掉私营银行的目的。为此，陈光甫也不得不在政界找靠山，这就是同为"四大家族"之一的孔祥熙。原因无他，孔曾是上海银行创办之初的股东，而且同为留美学生兄弟会成员，因而陈接近于孔而反感于宋，这也是他在政商界谋生存的一种智慧。

当然，陈光甫参与政治也不仅限于尔虞我诈的权术。事实上，他做过两件值得大书一笔的要事，那就是参与南京政府币制改革时期的"白银协定"和抗战时期的"桐油借款"谈判。

先说第一件。南京政府于20世纪30年代实行币制改革时，美国颁布《白银法案》并从国内外大量收购白银，这一做法在世界引发了一场"白银风潮"，而国际银价的异常上涨给中国经济和币制改革造成了极大的冲击。这时，陈光甫应孔祥熙之邀赴美谈判，以图事态能有所转圜。

陈光甫之所以被选为谈判代表，原因有二：一是上海银行长期从事国际汇兑业务，陈光甫在美国银行界声誉甚佳；二是陈本人与美国财政部长摩根索的私交甚笃。此后，经过一番艰难的谈判，中美双方签订"白银协定"，其中约定美国承购中国白银7500万盎司，另接受5000万盎司作2000万美元贷款的担保，这才妥善解决了这一问题。

中美《白银协定》订立后，美国收购中国白银增加了中国货币发行的外汇准备，法币得以暂时稳定，从而避免了一场可能爆发的金融危机，这对当时的币制改革和中国经济发展无疑起到了积极作用。

抗战爆发后，国民政府急需外援，而美国总统罗斯福也担心中国不能持久抗战而请南京方面派员赴美磋商。之后，美国财政部驻华代表通知中国财政部部长孔祥熙，希望中国方面指派陈光甫赴美磋商相关事宜。1938年底，在驻美大使胡适等人的共同努力下，陈光甫通过多方斡旋，最终代表中国政府与美国政府签订了可循环使用的2500万美元"桐油借款"协议。嗣后，又签订2000万美元的

"滇锡借款"协议。这两笔巨额借款，对中国抗战来说无疑是雪中送炭，解了燃眉之急。

此后，为了兑现对美还款承诺，陈光甫深入西南地区组织桐油、滇锡货源，并通过缅甸运往美国还债，可谓历尽艰辛。由于其卓著的信用与声誉，美国总统罗斯福的私人代表居里1941年到重庆时曾当面向蒋介石推荐陈光甫，并要蒋向陈请教。之后，在美方提名下，陈光甫出任当年成立的中英、中美外汇平准基金会主任委员。与此同时，陈光甫还在蒋介石的关照下担任了国民政府委员。

抗战胜利后，陈光甫提出："此次大破坏之后，中国首先需要之经济政策，应是'休养生息，以苏民困'。"为此，他满怀信心地制订了"战后经营计划"，并设立中美信托投资公司，想为国家战后重建出力。但是，令陈光甫大失所望的是，国内很快又陷入大规模战争，所谓战后复兴，全成泡影。

蒋介石政权垮台前夕，陈光甫出访泰国，后避居香港。1954年，陈光甫转到台湾，后于1965年在台北复办上海商业储蓄银行，自任董事长。1976年，陈光甫在中国台北因病辞世，年96岁。

陈光甫曾说："人生在社会有一真正快乐之事，那就是树一目标，创一事业，达到目的并且成功。此种快乐是从艰险困苦中得来的，因而更为持久，更有纪念价值。"纵观其一生，虽世态环境变化多端而人生愿望不变，如此说来，也算是功德圆满了。

【20】张幼仪的逆袭：从云裳总经理到女银行家

民国实业家里，女性可谓凤毛麟角，张幼仪是其中难得的异数。之所以如此，一是因为其前夫徐志摩名声在外，二来也是因为她的兄弟辈如张君劢、张嘉璈都是近代名人。

张幼仪生于1900年，本是江苏宝山县大户人家出身。15岁那年，在四哥张

张幼仪

嘉璈的牵线搭桥下，张幼仪嫁给了浙江才子徐志摩。但很不幸的是，这桩原本看似完美的婚姻因为徐志摩的移情别恋而最终破裂。

1922 年，在德国柏林与徐志摩离婚后，张幼仪下定决心："不管发生什么事，我都不要依靠任何人，而要靠自己的两只脚站起来。"由此，昔日的羞怯少女最终转身成为铿锵玫瑰，迸发出凤凰涅槃的力量。

1927 年，张幼仪与七弟张景秋（留法）、八弟张嘉铸（张禹九，留美）从欧洲回国，她先在东吴大学教德语，不久又出任云裳时装公司总经理。云裳公司取名于李太白《清平调词》的首句"云想衣裳花想容"，因为出自杨贵妃的典故，所以英文名直接就叫 Yangkweifei（杨贵妃）。作为中国第一家新式服装企业，云裳公司革新服装面料并采用独特的立体剪裁法，款式上中西结合，风靡一时。

说起张幼仪与云裳公司的关系，近年来也颇有些争论。文学家梁实秋曾说，云裳公司是张幼仪"与徐志摩仳离后，因为寂寞，所以才开云裳公司"。他还说："云裳开幕不久，我就偕内人前去定制外衣一件，张小姐引我们参观她的公司。"

曾于 1927 年与徐志摩、梁实秋等人合办新月书店的刘英士也在《传记文学》上刊文说："云裳公司自始至终可以说是张二小姐一人的事业，其他一群朋友只是借此机会来表现一番（如江小鹣），或帮忙助兴（如张三小姐和老七、老八），或出风头（如若干交际花）。"

根据刘英士的叙述，张幼仪开设云裳公司纯属偶然，起因是当时张家有个叫阿梅的南翔裁缝，专为张家小姐、少爷做衣服，心灵手巧，令人倾倒，由此才有了云裳公司这间"小店"。刘英士还特别声明："我愿意再重申一遍，云裳公司的主持人是张幼仪，而其台柱则为阿梅，这恐怕是连许多股东也不知道的。"

　　刘英士是否记忆错误不得而知，而一度在上海滩引领时尚的云裳公司居然以一名南翔裁缝为台柱，刘英士的说法未免令人生疑。至于当事人张幼仪，则在口述史《小脚与西服》中委婉地表示："（云裳公司）位于上海最时髦的大街上，是八弟和几个朋友（包括徐志摩在内）合作的小事业……徐志摩的好朋友，也是名画家江小鹣（坚）经常到店里晃晃，他为我们做了些设计，又给我们的服装增添了一些独特的风味。"

　　张幼仪的说法有些含混，没有明说自己是或不是云裳公司的创始人，不过在 1927 年 8 月 10 日的《申报》上，鸳鸯蝴蝶派代表人物周瘦鹃在《云想衣裳记》一文中却明确写道："云裳公司者，专制妇女新装事业之新式衣肆也。创办者为名媛唐瑛、陆小曼二女士与徐志摩、宋春舫、张（江）小鹣、张宇（禹）九、张景秋诸君子，予与老友钱须弥、严独鹤、陈小蝶、蒋保厘、郑耀南、张珍侯诸子，亦附股作小股东焉。"周瘦鹃还记载说：在 8 月 7 日公司开张当天，"任总招待者

徐志摩

为唐瑛、陆小曼二女士，交际社会中之南斗星、北斗星也。"

　　作为云裳股东之一，文章又写于开幕后三天，周瘦鹃的说法想必不致有误。由此可见，张幼仪似乎并未参与创办活动，最起码不曾公开露面。从各方说法来看，云裳公司的起意似乎来自唐瑛，技术负责人为设计师江小鹣，资本主要来自张家，徐志摩、陆小曼不过为一时兴起的客串。值得注意的是，云裳公司开张期间，张家不止一人积极参与，如与江小鹣搭档的设计师张景秋是张家老七，担任总务、掌管财务的是张家老八张禹九，张家小妹、同为服装设计师的张嘉蕊也与唐瑛等人一起参与招待顾客。

　　云裳公司于 1927 年 8 月 7 日开业后，店址选在南京路、卡德路口（今凤阳路，上海电视台附近）。开业前一日，公司在《申报》头版刊出大幅广告："云裳是上海唯一的妇女服装公司，特聘艺术图案刷染缝纫名师，承办社交喜事跳舞家常旅行剧艺电影种种新异服装、鞋帽等件及一切装饰品，定价公道，出品快捷，特设试衣室、化妆室，美丽舒适，得未曾有。定于今日开幕，敬请参观。"

云裳公司

之后，云裳公司又在《申报》《上海画报》《晶报》《小日报》《旅行杂志》《上海漫画》等大小报纸杂志上刊登广告，风光一时。从设计上看，"云裳"的标志图案为篆书字体，系名画家吴湖帆所题，下方为祥云托起莲花。公司主要以中上阶层为目标顾客，广告也富于鼓动性和文艺气息："要穿最漂亮的衣服，到云裳去！要配最有意识的衣服，到云裳去！要想最精美的打扮，到云裳去！要个性最分明的式样，到云裳去！"尤其引人关注的是，在时为蒋介石财务顾问的张嘉璈的介绍下，云裳公司于1927年底承接了轰动一时的"蒋宋联姻"的定制服饰，"云裳"的名气由此更是响彻上海滩。

可惜的是，云裳公司的热闹只是一时。据记载，公司草创时期的启动资本仅1万元，到1928年底已亏折殆尽，要想发展就必须有更多资本投入。然而，这些文艺界的名流小股东们对公司的亏空毫无准备，一时人心涣散，无以为继。在此期间，唐瑛和陆小曼因结婚或舆论等原因淡出社交圈，江小鹣以艺术创作久遭荒废为由提出辞呈，其余人见后也都纷纷打退堂鼓，云裳公司一时濒临解体。

经过一番商议后，云裳公司最终由张家接手，张幼仪被推上前台，做上了云裳的总经理。说来讽刺的是，曾被徐志摩鄙薄为"土包子"的张幼仪，她不仅找到自己的人生舞台，成为上海滩的职业女性，而且一度引领了上海滩的时尚潮流。

张幼仪最后一次见到徐志摩是1931年11月18日，当时徐志摩去云裳公司取衣服，他告知张幼仪，自己要搭乘邮政飞机赶回北平。但万万没想到的是，飞机在第二天起飞后，因大雾影响而在济南党家庄附近触山爆炸，机上三人，无一生还。得此噩耗后，陆小曼惊得昏死过去。在陆无力操持的情况下，作为前妻的张幼仪让八弟、也是徐志摩的挚友张禹九带着13岁的儿子阿欢前往济南认领遗体，之后又是她打点一切后事，并一直照顾徐家二老，尽孝而终。

著名画家叶浅予曾在回忆录《细叙沧桑记流年》中提了一句，说他曾"受到云裳时装公司的邀请，当了一个时期的时装设计师"。叶是1928年4月创刊的《上海漫画》主编，他为云裳创作时装设计图应在公司易主之后。而张幼仪接手云裳后，公司的情况仍不容乐观。除了资金匮乏等方面压力外，当时的行业竞争也十分激烈，其中尤以鸿翔服装公司为最。

鸿翔服装公司于 1927 年在南京路上张家花园附近开业，创办人金鸿翔是地道的本帮裁缝。由于善于经营，公司开设不到一年就发展到五开间门面，之后更是举办了多场规模宏大的中外时装展览会，气势上完全压倒云裳公司。此外，鸿翔经常"高价订购巴黎出版的女式时装月刊、季刊及美国最新大衣样本，作为设计参考，是以鸿翔女装式样不断推陈出新"。在同业压力下，大约在 1932 年 11 月，云裳公司再次易主。

张幼仪退出云裳还有一个原因，那就是她有了一个更大的舞台——上海女子商业储蓄银行（以下简称上海女子银行）。关于这事，张幼仪在回忆录《小脚与西服》中记述说："有几个上海女子商业储蓄银行的女士跑来与我接洽，我想是四哥要她们来的。她们说希望我到她们银行做事，因为我人头熟，又可以运用四哥的影响力守住银行的钱……她们不得不明讲，找我进银行是看我的关系，而不是能力，因为我从来没在银行做过事。"

张幼仪说的"四哥"，也就是张嘉璈（张公权），时为中国银行总经理并在南京国民政府担任要职，是当时金融界呼风唤雨的大人物。在张幼仪与徐志摩仳离后，张嘉璈也一直过意不去并有心帮扶妹妹，而这次女子银行找到张幼仪，其中原因恐怕也是想要借重张嘉璈的政治地位和人脉资源。对此，张幼仪自是心知肚明。

上海女子银行的前身为银行家陈光甫创办的上海商业储蓄银行女子部，该行于 1924 年 5 月 27 日开业，行址设在南京路、直隶路（今子潭路）转角。设立之初，银行资本仅 20 万元，主要职员以女性为主，其中又以原上海商业储蓄银行女子部经理严叔和为灵魂。

尽管张幼仪做过云裳公司的总经理，但服装公司毕竟不能和银行相提并论。为此，张幼仪也很争气，她在出任女子银行副经理后，一方面刻苦学习银行财务相关知识，另一方面也在岗位上以身作则，严格管理。据当时职员回忆："那年她

（张幼仪）40 岁左右，腰背笔挺，略显高大，神情端庄大方，有大家风范。她就在我们营业厅办公，准时上下班，除接电话外，很少说话，总是专心看文件。我经常要将报表和装订好的传票本请她盖章，有时听到她打电话时用德语。"

上海女子银行发行的礼券

每天早上九点准时到达办公室，这是张幼仪早年留学德国时养成的习惯。她还在回忆录中说："我把我的办公桌摆在银行最后头，这样银行前面的情形就可以一览无余。"这样做的目的，主要是便于对银行业务进行监督管理。

在业务方面，上海女子银行和一般银行的经营模式区别不大，只是服务对象有些特殊，虽然不限于女性，但以女性居多。张幼仪曾回忆说："许多在附近商行做事的年轻妇女，喜欢拿了支票立刻上我们银行来兑现，再在户头里留点钱当存款。"存款之外，一些妇女也在女子银行存放珠宝。而且，"女界向典当抵押物品时，取息既厚，且妨观瞻"，而女子银行"对于女界之以贵重物品向该行押款者，取息极廉"，这也争取了很多女性客户。

由于一开始就定位为女界银行，沪上名媛、各大女校如中西女塾等一直都是女子银行的重要客户，这也是严叔和、张幼仪等所熟悉的人群和行业。为了服务女生，上海女子银行甚至在女校内设有储蓄分理处，为师生存取款提供方便。后来，由于上海女子银行的投资回报收益高、信用好，来银行存钱或联系业务的也就不限于女性了。

除了一般的存取款、抵押贷款、保管贵重物品等业务，上海女子银行还经营国内外汇款、代理收解款项、出售庆吊礼券、代售铁路轮船客票、旅行券等。为了更好地服务社会，上海女子银行投资了不少实业，如永安纱厂、闸北水电公司、中国内衣公司、世界书局、商务印书馆等都是其投资对象。此外，上海女子银行还买了一些地皮和房产用于出租。

由于业务发展顺利、经营状况保持良好，上海女子银行之后进行过多次增资。如1933年，女子银行资本增至50万元，同时加入票据交换所。1936年，资本增至法币100万元。在历经抗战后，上海女子银行又将资本增至法币2000万元，内拨储蓄部基金500万元。作为一家中小银行，这无疑是极不容易的。

1946年，张幼仪从上海女子银行离任，在职期间她做了10年的副总裁。之后，她仍担任上海女子银行董事一职，直到1949年才卸任。1955年，上海女子银行在公私合营的大潮中被合并取消，31年的行史就此画上句号。

作为上海滩屈指可数的女银行家，张幼仪"化茧成蝶"般的成功转型，其中不仅有来自家族的扶持，同时也与她个人的努力分不开。在上海女子银行担任要职的10余年中，张幼仪在几乎都是男性垄断的民国金融圈中脱颖而出，这不仅在她的人生中书写了重要的一笔，同时也是对之前命运的一次逆袭。1949年后，张幼仪移民香港，1954年与苏纪之医师结婚。1972年苏纪之去世后，张幼仪迁往美国与家人团聚，后于1988年逝世于纽约。

对于张幼仪的一生，梁实秋在《谈徐志摩》一文中的评价或许是最中肯的："她沉默地、坚强地过她的岁月，她尽了她的责任，对丈夫的责任，对夫家的责任，对儿子的责任——凡是尽了责任的人，都值得令人尊重。"而在多年后，张幼仪却在自述中写道："在中国，女人家是一文不值的。她出生以后，得听父亲的话；结婚以后，得服从丈夫；守寡以后，又得顺着儿子。你瞧，女人就是不值钱。"

然而，每个人的命运全靠自己去掌握，天上不会掉馅饼，更不会掉下幸福与机遇，正如张幼仪自己说的："人生从来都是靠自己成全。"

四

轻工建业

【21】"穆老爷"传奇：穆藕初的留学创业记

1922 年，上海《密勒氏评论报》通过读者投票的方式选出 171 名最有影响的中国人物。令人诧异的是，8 年前尚且籍籍无名的穆藕初竟然以工商界第 2 名、总排名第 28 位的票数上榜。有人或许要问，这位名叫穆藕初的人物，为何会突然间声名鹊起呢？

一

穆藕初出生于光绪二年（1876），原名湘玥，以字行。大约在明末乱世之时，穆家从苏州洞庭东山迁居上海川沙，后以从事棉业而起家。到穆藕初父亲时，穆家更是大为扩张，穆公正花行历经 40 年而不衰。

据穆藕初自述，他小时体弱胆小，闻惊雷而掩耳欲泣，听妖魔鬼怪故事而不能成寐，因为平时木讷腼腆，而被族人戏称为"五小姐"。从 6 岁开始，穆藕初与兄长穆湘瑶同习举业，但后来因为家道日渐中落而在 14 岁改入花行，从事棉花收购业务。其间，很是见识了棉花行无诚信掺水、掺沙子的各种鬼蜮伎俩。17 岁时，父亲去世，穆藕初与兄长穆湘瑶与大兄、二兄（非同母所生）分家，独立奉养老母。19 岁时，因甲午战败，而决心改习西学并先后在租界夜校及某勃郎君处学习英文。庚子年时，25 岁的穆藕初考入上海江海关任办事员。在此期间，穆藕初兄长穆湘瑶得中秀才并于 1901 年考入南洋公学经济特科班，但次年因墨水瓶事件而退学。1903 年秋，穆湘瑶得中顺天府乡试第七名举人。

1900 年后，各种对外事件接踵而来，新党人物在上海滩风起云涌。在兄长的影响下，穆藕初也广泛参加了当时上海的各种社会活动，如加入沪南体育会、沪学会等，他积极学习体操与演说，由此一改往日害羞习性而变为畅所欲言者。海关任职期间，因为愤于洋人把持关务，华人有职无权、待遇悬殊，穆藕初在 1905

年积极参与抵制美货运动并辞去海关职务，改而担任龙门师范学校英文教员兼学监。后来，在东南名流张謇、黄炎培等人的推举下，穆藕初于 1907 年出任江苏省铁路公司警察长，时年 32 岁。

二

令人诧异的是，早已成家立业并育有两子的穆藕初在事业上堪称一帆风顺时，突然在 1909 年毅然出国留学。近代以来，中国人前往欧美留学的为数不少，但几乎都是青春年少者，像穆藕初这样 34 岁的"高龄"留学生，实属罕见。

当然，这事说来也不算稀奇。早在 1895 年，20 岁的穆藕初在得知《马关条约》签订的消息后，"心中之痛苦"，"难以言语形容"。事后，穆湘瑶、穆藕初兄弟相互约定，两人分别从事中学与西学，各有专攻，以求将来报效国家与服务社会。从这一刻起，穆藕初开始努力学习英文，作为追寻西学的第一步。

1909 年初夏，穆藕初拜别亲友，独自乘坐"天洋丸"渡洋赴美。登船离岸之际，还发生了这样一件趣事。穆藕初当时患有"赤目"（似为结膜炎之类所谓"红眼病"），医治数月未愈，后某女西医给了他一种药片，并嘱咐他在上船体检前用一片，到美国上岸前再用一片，即可通过检验。孰料到旧金山后，穆藕初发现舱位离锅炉房太近，药片已经受热失效，结果和其他几个同船者一起被扣下不能登岸。所幸的是，后来有医生前来诊治，穆藕初才得以检验合格，顺利登岸。

初到美国，穆藕初立刻感受到西方技术文明的魅力。在金门旅馆，穆藕初第一次乘坐电梯，"蓦然腾空而上"，"不禁异之"，而要价两美元一顿的西餐（合国内一个月饭金），也同样让他咂舌不已。之后，穆藕初去了唐人街参观，看到里面各种脏乱差，为之羞愧不已。

出国前，穆藕初通过函授教员的介绍选定了芝加哥郊外的惠尔拔沙大学，因为后者在学费和膳费上都是最低廉的。然而，当他到校后，发现这里"陈设之简陋、器具之窳败，可称无出其右"；而每日三餐，每周膳费只需一元七角五分，确实够便宜，但对身体实在没有好处。至于课程，也是紊乱混杂，无从学习。由此看来，这大概就是专门骗人的"野鸡"学校。

所幸的是，在海关旧友蔡某的帮助下，穆藕初很快以特科生身份转投威斯康星大学。最初，穆藕初以为农学范围狭窄，研究两三年即可回国，因而只带了3000银圆经费。但后来发现，农学范围甚广，"苦读十年尚难毕事"，好在1910年后他转为正科生并托兄长活动获得江苏省官费生资格，这才得以解决求学经费问题。据穆藕初统计，从获得官费到毕业回国为止，共费去8000多元公款。感激之余，穆藕初也时时自勉，必求将来报效本省本国。

留学期间，穆藕初还得了个绰号"穆老爷"。原来，在某次圣诞节时，穆藕初被本国高年级学生戏弄，于是他高声自辩道："诸君幸而身在富家，获此良缘来此留学。我效力社会10余年，偌大年纪才戴一小绿帽（一年级新生帽）。但诸位毕业后回国办事，尚需数年才能立足，我学成归国，立刻可以投身社会，创办事业……"话未说完，一高年级生怒道："你是何人！敢如此说话！"周围人等听后，也群起鼓噪。穆藕初微微一笑，将自己的经历一一列举，众人听后为之愕然。这时，有人拍腿惊叹道："这么说，你曾是做过老爷的人吗？"穆藕初莞尔一笑，这事也就过去了。之后，"穆老爷"的称号也就在留学生中不胫而走。

对于当时的留学热潮，穆藕初也有自己的看法。据统计，1909年时中国在美留学生约130余人，到穆藕初回国时（1914）已增至870人，之后更是保持在2000人的规模。由此，每年学成回国的各路留学生达千人以上，但因为国内政局动荡，又缺乏良好的科研条件和实业环境，这批人大多废弃，实属可惜。此外，有些学生过早派遣留学，自身程度不够，效果也未必见佳。因此，选派本国大学毕业者留学或者更为适宜。

1911年夏，穆藕初从威斯康星大学转入伊利诺伊大学并获得农学学士学位，之后又回到芝加哥埃茂专门学校学习制造肥皂，并最终进入得克萨斯农工专修学校获得农学硕士学位。从求学经历看，穆藕初选择的学校与专业多与农业相关，这主要是因为他自始至终都把"以农救国"当成了自己的志向。对此，黄炎培之子、水利学家黄万里评价说："这样有计划的、跨专业、多学科、成套学的留学生，在他之前没有一个。我留学回国已 50 多年了，也还没听说有这样学成归来的第二人。"

在钻研农学的同时，穆藕初也广泛参与了地质考察、农场实习等实践，很是开拓了一番眼界。在此期间，他对西方管理学说也产生了浓厚的兴趣。20 世纪初，随着现代工业的不断深入发展，管理实践也在不断创新，如福特在汽车生产线尝试流水线作业、斯隆在通用创立事业部制等。与此同时，各种管理学理论也日渐成熟，如奠定本学科理论基础的名著《科学管理原理》横空出世，作者泰勒也由此获得了"管理学之父"的称号。

穆藕初

为了请教工厂的管理方法，穆藕初还专门拜访了泰勒及其高足吉尔培来，并与他们"反复讨论，获益甚多"。回国后，穆藕初将泰勒名著翻译成中文并在《中华实业界》上连载发表。

三

1914 年夏，穆藕初回到上海，时年 39 岁。以他的留洋背景和资历，跻身政界本是轻而易举之事，但穆藕初志不在此，而是要以所学专长投身实业。在回国前，穆藕初曾经考虑过从事肥皂制造业，但后来发现制皂原料已被某洋碱公司完全操纵，于是转而投身纺织业，以求闯出一片新天地。

1915 年 6 月，在兄长穆湘瑶及友人的帮助下，穆藕初在杨树浦首创德大纱厂并自任经理，主持厂务。德大创办之始，穆藕初事必躬亲，他白天监督指挥工人安装调试机器，晚上又伏案疾书，规划各种报表样式和管理制度，以便及时掌握生产过程中的整体进度、原材料消耗、成品数量等动态情况。这些之前不曾有的创举，也很快被其他企业所效仿。

客观地说，德大纱厂的资本并不雄厚，纱锭也不过一万个，在同行业里只能算中小规模。但让人吃惊的是，建厂第二年，德大纱厂出产的"宝塔"牌棉纱就在北京商品陈列所举办的同类产品比赛中拔得头筹，其质量甚至超过外商产品而被誉为"上海各纱厂之冠"。对此，穆藕初表示："出纱之优劣，三分在机器，七分在人为。"这不能不说是实行科学管理的结果。

办厂过程中，穆藕初制定过《工人约则》《厂间约则》《罚例》等一整套厂规细则，后又亲自修订《德大、厚生两厂服务约则》，包括总则、厂约以及厂员、告假、账房、栈房、验花、物料、车务稽查等约则共 29 项。1919 年他发表《纱厂组织法》，将办纱厂的注意事项全部公之于世，其中包括资本、厂基、建筑、机械、用人、管理、贸易等 10 个方面。

除了重视管理外，穆藕初对国内棉花改良也十分关注。1915 年 1 月，他创立植棉试验场，开展科学研究。1918 年，他又与聂云台等人发起"中华植棉改良社"，并在江苏、河南、河北、湖北等地买下 1500 多亩地，以大力推广种植美国

民国纱厂

的脱籽棉。为了更好地向棉农解说改进植棉的方法，穆藕初用通俗易懂的文字写了一本《植棉改良浅说》的小册子，并自费印了上万册免费赠送。

德大纱厂的迅速成功，让穆藕初在上海实业界一举成名。当时，由于欧洲爆发大战，纺织业大获其利，主动找穆藕初联合办厂的资方也是接连不断。1918年后，穆藕初同时主持或参与了德大、厚生、恒大、豫丰等纱厂的管理，一时有"佩六国相印"之称。

在这些纱厂中，河南郑州豫丰纱厂是规模最大的，其集股 200 万两银子（穆藕初个人投资 15 万两），拥有 5 万多个纱锭、1200 台布机，最兴盛时有数千工人。在纱厂的带动下，周边商店、饭店、旅馆等也都兴旺了起来。

1920 年，穆藕初发起组织上海华商纱布交易所并被推为理事长。次年，又与聂云台、宋汉章等人创办中华劝工银行。在此期间，他又被选为上海总商会会董、公共租界工部局顾问并被聘为北京政府农商部名誉实业顾问。1922 年，穆藕初还作为代表出席在美国檀香山召开的"太平洋商务会议"。这些成绩，充分展示了穆藕初的非凡才能和社会影响力，由此也与张謇、聂云台、荣宗敬一起被列为中国"四大棉纱大王"。在这"四大"中，穆藕初的崛起速度无疑是最快的。

然而，好景不长的是，在一战结束后，欧洲各国的纺织业迅速恢复，中国纱厂也逐渐陷入了困境。这时，日本为转嫁危机而利用特权在华大肆建厂，并极力挤压中国企业的生存空间。在此情况下，穆藕初掌管下的几家纱厂也日渐不支，他先是在 1923 年辞去厚生纱厂职务，次年德大纱厂也被荣家申新公司收购。1924年，郑州豫丰纱厂也因为机器迟到、外汇市场动荡和国内军阀混战等原因而无力支撑，最终由美商慎昌洋行接办。

四

实业之外，穆藕初对教育与公益事业也同样热心。1917 年，黄炎培在创办中华职业教育社时，穆藕初也积极参与并和蔡元培、沈恩孚等 12 人一起被选为议事员，成为中华职教社的核心人物。中华职业教育社建造大楼时，有一部分经费就来自穆藕初为母亲祝寿的礼金。职教社成立后，在陆家浜附近开办中华职业学校，穆藕初出任校董会主席并先后设置了铁工、木工、纽扣和珐琅四科，为社会培养了一批急需的技术人才。

1920 年，穆藕初又与黄炎培等一起筹设上海商科大学，后者以南京高等师范学校商科为基础，是中国最早的商科大学，后更名为国立上海商学院，即上海财经大学的前身。此外，穆藕初于 1932 年创办上海位育小学（取自《中庸》："天地位焉，万物育焉"）。1943 年，就在穆藕初病逝前不久，他还请陶行知高足李楚材牵头筹建了位育中学。穆藕初 60 岁生日时，他拒绝亲友为他做寿，而是将做寿的钱兴办了一所为失学青年开启求学之门的函授学校——穆氏文社。为此，黄炎培曾用这样一句话形容穆藕初："黄金满筐，而君萧然，不以自享，恣出其财，以成人才。"

最让人津津乐道的是 1920 年穆藕初曾捐银 5 万两，资助北京大学罗家伦、段锡朋、周炳琳、汪敬熙、康白情 5 名学生出国留学（后增加江绍原一人），这些人回国后也都成了各方面的领军人才。据说，纱厂某小工曾给穆藕初写信请教纺织技术，穆见他人才可造，于是让他停工复习报考中学，并答应负责一切费用。3 个月后，该小工以第二名的成绩被南洋模范中学录取，后又由穆藕初出资送往威斯康星大学深造。7 年后，这个叫方显廷的纱厂小工取得耶鲁大学经济学博士学位，成为名噪一时的经济学家。更为可贵的是，罗家伦、方显廷等人学成归国后饮水思源，他们集资设立穆藕初先生奖学金，以惠后人。在 1940 年首批获奖的学生中，就有后来的诺贝尔奖获得者杨振宁。

作为传统文化艺术的热爱者，穆藕初对昆曲的保存居功至伟（穆是昆曲资深票友，曾随俞振飞习唱，偶尔登台）。在中华戏剧文化中，昆曲继承了唐诗、宋词、元曲的诗学传统，但由于曲高和寡、文化层次较高，清末后日渐衰落，濒临灭绝。从 1920 年起，穆藕初发起"昆曲保存社"并联合江浙曲艺界在苏州创办"昆曲传习所"。在之后 3 年中，他一共拿出 5 万银圆，最终培养了一批"传字辈"

艺人。戏剧评论家张庚说："就是这一批传字辈演员经历了千辛万苦，终于把昆剧艺术保存到新中国诞生。所以，对于穆先生保存昆剧的业绩，中国的戏剧史是不会忘记他的。"昆曲传人俞振飞也说："我国戏剧自清末皮黄崛兴，昆曲日益式微，经先生竭力提倡，始获苟延一脉，至于今日。"

此外，穆藕初还花高价请百代公司为时称"江南曲圣"的俞粟庐灌制了六张半唱片，每张 200 元，这在当时堪称高价。在杭州灵隐寺的后山，穆藕初专门建了一幢"韬庵"，作为昆曲雅集避暑之所。1923 年后，穆藕初的企业出现危机，但仍勉力支持昆曲。据倪传钺回忆："穆先生事业受挫，资金困难，仍然负担传习所的费用。我曾听孙咏雩所长讲，约在 1925 年，传习所没钱了，孙到上海纱布交易所找穆先生，先生二话没说，当场叫毕云程开了张支票，交孙带回。这笔钱其实是穆先生自己在交易所的薪水。"类似情况，还不止一次。

五

1925 年美国人勃德等编《中华近代名人传》时，其中就收有穆藕初中文小传，其中云："以外貌言，无有知其为中国之棉业大王者。君为人和蔼，交友以信，举止正大，见识宏远，中西人士无不乐于相处。噫！如君之才高德备，诚可谓中国第一人物矣。"

对当时中国的诸多问题，穆藕初也确实颇有洞见。如在美留学期间，有人向他问起庚子年事，穆藕初就表示：来华传教士虽然才识优长的居多，但滥竽充数的也为数不少。很多教案，诸多纠纷，也是因为一些不安分的传教士引发。一些地痞流氓，以入教为护身符，鱼肉百姓，更是平添百姓恶感。就教民总数而言，吃教者占据多数，真正信仰者不足 1/10。各种流弊，最终酿成庚子国难，令全国无辜老百姓承受巨大损失，实在有损公道。

再如对辛亥的评价，穆藕初和同样留美并为之欢欣鼓舞的胡适等人看法大不相同。在他看来，共和政治的实现必须有良好的国民基础，否则"一旦解放，昌言平权，无异野马之奔腾，怒涛之横溢"，各种劣根性暴露无遗。当时中国的国民，大体有六种情况：一是懦弱者多守默；二是强暴者多嚣张；三是有知识者方能思精而虑密；四是愚昧者易动感情而受人煽惑；五是稍有恒产者多持重；六是无恒产者往往为生计所迫易趋极端。因此，若"主权在民而漫无限制，适成其为暴民专制而已"。

革故鼎新之际，穆藕初对于中国国情的认识和对民主实质的理解相当冷静而不乏深刻。之后，各种乱象也确实被穆藕初不幸而言中。民国时期，国内四分五裂，由此"教育堕落，事业凋敝，求生不得，诉苦无门，坐视百业之萧条，国力之耗损而已"。穆藕初认为，救国之道在于生产与教育，只有将权力交给那些有知识、有生产能力的国民手中，国家才可能昌盛。但是，在当时的时代条件下，这种愿望无疑难以实现。

商场失意后，穆藕初于1928年后转入政界，他曾先后担任南京国民政府工商部次长、行政院农产促进委员会主委、经济部农本局总经理等职。1932年一·二八事变后，他和史量才、黄炎培等人共同组织地方维持会支持抗日。抗战时期，穆藕初为改善后方棉布极缺的困境而发明"七七纺棉机"，该机只需一人操作，生产效率却超过旧式手摇纺织机数倍，因而在西南、西北一带广受欢迎。

1943年，穆藕初在重庆因病去世。令人感叹的是，这位昔日的"棉纱大王"入殓时身着旧衣，陪伴他的只有一副眼镜、一把剃刀、一只用了几十年的旧闹钟，仅此而已。

【22】东方托拉斯："火柴大王"刘鸿生的实业王国

据说，1893年英国马嘎尔尼使团访问中国时，清廷大臣们最为喜欢的小礼物就是磷瓶，即古时之火柴。在用火石、火镰费力地取火多年后，中国人开始使用从欧洲传来的火柴，并将这神奇的事物称为"洋火"。然而，清末民初的中国，虽然很多人办了很多家的火柴厂，但火柴头"自燃、发潮、有毒"等问题仍解决不了，市面上行销的"安全火柴"仍为外国来的洋货。很难想象，一根小小的火柴，却难倒了中国人大半个世纪。

一

民国时期的上海滩，有一位年轻的实业家被称为"火柴大王"，他就是刘鸿生。

刘鸿生祖孙三代都以经商为生，其祖父刘维忠中年时由浙江定海迁居上海并开了一家戏院名"丹桂茶园"，其父亲刘贤喜则在轮船招商局任职。1888 年，刘鸿生出生。但不幸的是，在他 7 岁时，其父即告去世，其家境也由此急转直下。

好在刘鸿生还算聪明机灵，他在 18 岁时成为上海圣约翰大学的荣誉生，不必交学费即可入读。不过，圣约翰大学是一所教会大学，所谓"荣誉生"在毕业后将送往美国培养成职业牧师，因为拒绝前往异国"接受神的召唤"，刘鸿生之后便被开除出校。

后来，在朋友的介绍下，刘鸿生先是在公共租界巡捕房担任教员，月薪 40 银圆。不久，他打听到租界"会审公廨"（即中外法庭）缺一名翻译，于是弃教入译，月薪升为 80 银圆。当上翻译没多久，刘鸿生的薪水涨至 100 银圆，这在当时上海滩可算是高收入了。

不过，以刘鸿生的个性，朝九晚五的常规工作可能并不适合他。这不，通过父亲的旧识、宁波旅沪实业家周仰山的引见，刘鸿生得以拜见了英商开平公司（即原开平矿务局）驻上海办事处的经理考尔德，从此跨进了煤炭业的大门。

这次的见面，考尔德对刘鸿生印象极佳。临分手时，考尔德拍着刘鸿生的肩膀，操着半生不熟的上海话道："阿拉喜欢侬，阿拉喜欢侬！侬若喜欢，明朝上班好啦！"

于是，刘鸿生便成了开平公司的一名"跑街"（即推销员），月薪 100 银圆。尽管月薪和会审公廨的收入相当，但因为刘鸿生做的是推销，每卖出一吨煤，即可得佣金 0.84 两银子。这对于机智灵活、善于交际的刘鸿生来说，无疑是一个极好的机会。

多年后，刘鸿生曾回忆说："我踏上了社会，吃上了所谓的'洋饭'。不久，我成了开滦煤矿的买办。开滦煤矿当时在英国人的手中，销路不好。我曾绞尽脑汁使开滦的煤在长江流域打开销路。"

在商言商，刘鸿生在市场推销上确实有一手。总结而言，他的经验主要有以下几点：

一是竭力保住老客户。其表示，做生意切忌"一枪头"，而应多做回头客生意，维持老客户极其重要；而要做到这点，就得勤跑勤访，和老客户保持密切联系。

二是善于开辟新客户。推销过程中，刘鸿生千方百计和烧炉师傅交朋友，因为后者是直接用煤者，好坏都出于他们之口，万不可得罪；除此之外，逢年过节还要给他们送点礼；再者，烧炉师傅相互多有往来，通过他们也可以比较容易地找到新客户，拓展煤炭的销路。

三是精细化销售，按质论价，保质保量。此前，开平煤不分等级，好坏混杂一个价。刘鸿生做跑街后，把统煤分成块煤、屑子等几个等级，分级出售，按质论价，绝不以次充好而让客户受骗吃亏。

四是处处为用户着想，按时供应，做好后续工作。每做成一笔生意后，刘鸿生并不是甩手不管，而把每个客户的用煤情况都摸得一清二楚，千方百计按时把煤送到各家手里。因此，在供货之前，刘鸿生都会做好周详的调运计划，以更好地服务客户。

五是小大不遗，平等对待每个客户。无论大客户还是中小客户，刘鸿生都同等对待。有时客户出现资金困难，刘鸿生还会采取赊销、贴补佣金甚至跌价竞销的方式，以求薄利多销，并进而挤走竞争对手。

在刘鸿生的努力下，开平煤在上海的销量剧增，其佣金也像滚雪球般迅速增加。此后，刘鸿生更是将所有精力放在了煤炭推销上，他事事留心、处处在意，业务也越做越好。刘鸿生的突出业绩，就连公司大班（即总经理）司脱诺都被震动了。

1910 年秋，司脱诺将刘鸿生召至天津，而早就
胸有成竹的刘鸿生在会见中拿出了一份扩大销售的
方案，即：在上海沿江地带购置地皮建造码头与货栈；
设立煤炭化验室，以满足不同客户需求，按需供货；
设立锅炉实验室，帮助客户更新淘汰旧锅炉，提高
煤炭使用率等。

刘鸿生

刘鸿生的销售方案令司脱诺十分满意。回到上
海不久，刘鸿生便升任为开平公司在上海的第一号
买办。此后，刘鸿生更是撸起袖子猛干。除上海外，其又在苏州、无锡、常州、
南通、南京、芜湖、江阴等地及京沪铁道沿线诸要埠开设煤号和码头堆栈，由此
形成了一个完整的开滦煤供应网。

1914 年一战爆发后，英商开滦矿务公司的货轮被英国政府征用回国。为解决
运输问题，刘鸿生自己承租船只从秦皇岛装煤到上海销售。按当时成本计算，秦
皇岛交货每吨 6 两白银，运费 3 至 4 两白银，到上海销出价格在 14 两白银左右。
3 年下来，刘鸿生在运输这块就赚了不少。

更喜人的是，国内民族工业在一战期间蓬勃发展，工业用煤量大增。在此难
得的良机下，由刘鸿生经手的开滦煤销量剧增，最多的一年竟高达 250 万吨（约
占开滦煤矿年产量 1/4），其个人收益也轻松突破百万银圆大关。

昔日的上海滩，风险与机遇并存，各种创业和财富的神话层出不穷，而白手
起家的刘鸿生就是其中的典型代表。1918 年一战结束时，刘鸿生已一跃成为上海
滩赫赫有名的"煤炭大王"，在同龄人里俨然是超级富豪。而这一年，刘鸿生才
刚满 30 岁。

二

通过煤炭销售掘得人生"第一桶金"后，刘鸿生将目光投向了更加丰富多彩

的实业。

关于办厂的初衷，刘鸿生曾说：一战后，国内爱国运动轰轰烈烈，"那时候我还很年轻，虽然口袋里的钞票很多，但我毕竟是一个中国人，特别是在买办生涯中，我感觉到外国人瞧不起中国人。我觉得中国之所以受气，是因为没有工业，没有科学，因此就想利用口袋里的钞票做点事"。

另外，促使刘鸿生办实业还有另一件事。据其自述："我在推销煤炭的工作中，接触到了生活的另一面。我押着煤船逆江而上，在沿长江的小镇上推销煤和收账的日子中，有一次几乎被成千的以打柴为生的山民包围起来打死。因为廉价的煤夺去了他们的生计。这件事，多少使我感到'一人享福，万人受苦'的日子是不太平的。"

实业那么多，那刘鸿生为何会首先选择火柴厂来开启自己的实业之路呢？据说，有以下两个原因：

第一个原因火柴业是当时比较流行的工业，在当时，火柴人人要用，价低但量大，利润仍很可观。在当时，很多苏北难民因灾荒而涌入苏州、上海等地，这些人愁困于街头，流离失所，尽管社会各界纷纷发起救灾活动（刘鸿生也捐了5万元），但捐款毕竟不是长久之计。因此，刘鸿生决定举办火柴厂，因为火柴生产工艺简单，手工操作量大，对难民安置能起到一定作用。

第二个原因就有些个人因素和传奇色彩了。据说，刘鸿生当年追求燮昌火柴厂老板叶世恭的千金叶素贞时曾遭到叶家的白眼，于是刘鸿生暗下决心要办一家自己的火柴厂。令人啼笑皆非的是，刘鸿生冒着重重阻力将叶素贞迎娶进门后，曾经大名鼎鼎的燮昌火柴厂却日渐衰落，最终被刘鸿生低价收购。这是后话了。

1920年，刘鸿生在苏州办起了"鸿生火柴公司"。不过遗憾的是，由于技术不过关，公司生产的火柴与别家的国产火柴没啥区别，一盒火柴往往不等用完就受潮，火柴头常常一划就掉，人送绰号"烂糊火柴"。

对此，刘鸿生当然很不满意，他常一连几天把自己关在书房里，查阅化学资料。之后，刘鸿生又亲自前往日本考察，在花费巨资购买进口机器的同时，又以每月 1000 银圆的高薪聘请留洋的化学博士归国襄助。最终，鸿生公司解决了火柴药头化学配方的关键问题，其推出的"宝塔"牌火柴不仅安全有保障，而且发火快、火苗白，成为国内火柴市场的标准产品。

为节约成本，刘鸿生把削木工序直接放在浙江木材产地，以节省人工及运输费用。此外，他还把粘制火柴盒的工序分包给城乡贫苦人家，让他们在任何闲暇时间都可以操作。这种办法，直至 20 世纪 60 年代，仍为国内一些火柴厂沿袭使用。为了尽快扩大销路，刘鸿生还不惜重金邀请当红影星吕澹如为公司火柴做广告，这就是火花收藏者所津津乐道的"美丽牌"配烟火柴盒。

随着业务的扩大，鸿生火柴公司很快转亏为盈。在此势头下，刘鸿生不失时机地向鸿生公司增资 50 万元，并吃掉了老丈人的燮昌火柴厂。此后，鸿生公司的火柴不仅行销国内，而且还出口南洋，成为当地的著名商品。

鸿生公司的突然崛起令垄断中国市场多年的"洋火柴"们很不服气，当时瑞典火柴公司在合并欧洲数十家火柴厂后，又将触角伸到了中国。在吞并中国火柴厂的计划失败后，瑞典人又企图以向政府贷款 1500 万元的代价换取中国火柴专利权 50 年。

听到这个消息，刘鸿生迅速做出反应，他一面发起《告火柴同业书》，一面又号召同行合并，一致对外。1929 年 11 月，"中华火柴同业联合会"成立，国内52 家火柴厂代表一致推举刘鸿生为会长。

次年夏天，鸿生、中华和荧昌三家火柴厂合并成立"大中华火柴公司"，刘鸿生出任总经理。此后，大中华火柴公司又陆续合并国内多家火柴公司，最终击败瑞典火柴公司而占据了大半个中国火柴市场。由此，中国基本实现火柴国产化并就此告别了"洋火"时代，刘鸿生也当之无愧地获得了"火柴大王"的头衔。

三

在办理火柴厂的同时，刘鸿生也投资于其他实业，譬如煤炭、毛纺、水泥、码头甚至银行等。据其银行襄理方祖荫回忆说："刘鸿生先生很会调理调度他的资

大中华火柴商标

金周转……据我们了解，他是这样操作的，一个钱要当两个钱用。他办一个厂，把这个厂抵押掉，筹到了钱，再办第二个厂；第二个厂再到银行去抵押再搞第三个厂。"而在儿子刘念智看来，其父亲办实业"已经成为他的一个癖好"，"办了轻工业、纺织工业，又办重工业；办了工业，又办码头、仓库、银行、保险等事业"。

由于办的企业太多，刘鸿生在资金上也经常需要银行或钱庄贷款维持。1927 年，金融界风传其企业资金周转不灵，钱庄就要收款，其账房秘书袁子巍也建议说：谣言虽然无谓之至，但责人总不如守己。如果专营开滦煤、南北栈、火柴厂几种事业，不出 3 年，不但可以还清钱庄的借款，银行的押款至少也可还出半数。押款多，比较危险。这样一来，岂不风险小、心力宽，利益也更丰厚？

但是，刘鸿生却对此不以为然，他的理念是：不能把所有的鸡蛋放在一个篮子里，"如果一个企业组织亏损了，其余的还可以赚到大量利润。总起来看，在收支差额上还会表现出一种盈余的情况"；"我的全部理想，就是希望把企业从一个变成两个、三个"。

事实上，在 1920 年火柴厂开办的同时，刘鸿生就已经在计划创办水泥公司了。1923 年，设在龙华、占地 200 亩的水泥厂开工，厂里高耸的烟囱成为当地一景，而且正好和霞飞路上的刘公馆遥遥相对。据说，刘鸿生每天起床后就到楼顶向厂里瞭望一番，看看烟囱冒的是白烟还是黑烟，如果是黑烟，他就下楼抓起电话大喊："我是刘公馆，告诉你，厂里的黑龙在升天了！"然后，他才安心去吃早餐。无论风雨寒暑，这个习惯从不改变。

刘鸿生的水泥厂生产的是"象牌"水泥，当时主要与唐山启新洋灰公司的"马牌"水泥及日本小野田水泥厂在大连生产的"龙牌"水泥竞争。此后，刘鸿生再次使出"联华制夷"的办法，以"象""马"联合对付"龙"，由此占得国内水泥市场的一席之地。

此后，刘鸿生相继创办章华毛纺织厂、华丰搪瓷厂、华东煤矿、中华码头等名重一时的企业。另外，他还投资入股了苏州电气厂、苏州华盛纸版厂、舟山轮船公司、宁绍商轮公司等。据统计，从 20 世纪 20 年代到 40 年代，刘鸿生创办或入股的企业达到 60 多个，横跨火柴、水泥、毛纺、煤矿、码头堆栈、搪瓷、交通、银行等 20 多个行业。在其实业经营的鼎盛时期，总资产高达 2000 多万元，是当时仅次于荣氏家族的最富有的资本家。

和同时期的荣家有所不同的是，荣家的投资主要集中于面粉与纺织行业，而刘鸿生的投资非常分散。此外，刘鸿生投资还有一个特点，那就是喜欢投资新兴产业。他的观点是：当时的棉纺织业和面粉业很热门，但被众人争逐的企业容易出风险，而新兴的产业规模虽小，但办起来比较有把握。

或许是受当时的"托拉斯主义"影响，刘鸿生也一心想把自己麾下的企业打造成一个相互关联的实业王国。1930 年，刘鸿生出资 86 万两白银在上海四川中路建造了一栋 8 层高楼，在这栋取名为"企业大楼"的现代化建筑里（现改名"创业大楼"），第二、三层是开滦售品处和刘鸿生的办公室，四层是水泥公司、码头公司、华东煤公司，五层是大中华火柴公司，六层是章华毛纺织公司、刘鸿记账房以及刘氏其他中小企业，七层是保险公司、律师事务所和医务室等，八层是刘家的公馆。至此，刘鸿生的"实业王国"初具雏形。

由于旗下企业众多，刘鸿生拟订过一个"集中管理"的计划方案，那就是：除生产任务由各生产单位独自负责完成外，其他各项如行政管理、人事调配、资金调拨、材料采购、产品推销及仓储运输、保险等业务全部集中到总部，统一计划、指挥与调度。由此，最初负责刘鸿生个人财务收支和财产保管的"刘鸿记"账房，也逐步变成了各企业财务收支的中心。以此而论，刘鸿生是颇有现代大企业管理意识的。

好运不长的是，数年后抗战爆发，日军侵入上海，刘鸿生一度舍不得自己所办实业而不愿离开上海，直到日方逼迫他出任伪上海市商会会长，这才趁夜逃出上海孤岛，前往香港。之后，刘氏家族的在沪产业被日伪全部没收，损失高达上千万元。尽管如此，回到大后方的刘鸿生仍凭借之前积累的资金与人脉重新打开局面，等到1956年实行公私合营时，刘鸿生所办企业的资产仍十分庞大。

刘鸿生曾说，他这一生，最自豪的就是办企业和教育子女。他的13个子女全部送到国外并学习不同专业，以便回国后管理不同的企业。就这点而言，似乎也是"不把全部鸡蛋放在一个篮子里"的体现。实行公私合营的当年，刘鸿生因病去世。去世前，他告诫后人："定息可以分取，但不要多取，每人至多拿几万元，拿多了对你们没有好处。其余的全部捐献给国家，这也是我最后的嘱咐。"

【23】为了民族的自尊：化工先驱范旭东

若论资历与家世，民国实业家范旭东原本可以服官从政，舒舒服服地过一辈子，但他最终选择了更为艰难而充满荆棘的工业生涯。当然，如果选择前者，范旭东或许只是权力场上一个默默无闻的小官僚；而选择后者，却让他在近代中国的实业历程中青史留名。

一

范旭东，湖南湘阴人，生于1883年，北宋名臣范仲淹之后裔。6岁那年，范父因病去世，其母带着两个儿子寄居长沙，靠为别人浆洗缝补谋生。所幸的是，

范旭东

范旭东及其兄长范源濂均天资聪颖，在其姑母的帮助下，两人都得到读书的机会。不久，哥哥范源濂得中秀才，年仅 13 岁。等到清末留日热潮兴起，范氏兄弟二人均赴日本求学，兄入东京高等师范学校学习法政，弟入京都帝国大学理学院攻读应用化学。

在日本期间，据说东京帝大校长对范旭东的苦读颇不以为然，其曾半调侃地说："俟君学成，中国早亡矣！"所谓言者无意，听者有心，范旭东顿时面红耳赤，感到莫大的刺激与耻辱。毕业之际，学业优异的范旭东虽获得留校任教的资格，但此时正值清廷覆亡、民国初兴，他随即放弃待遇优厚的日本教职而束装返国。

在清末民初的 10 余年中，范旭东之兄范源濂仕途大顺，其先后担任清廷学部主事、参事，民国年后又出任教育部次长、总长等要职。在兄长的提携下，范旭东也曾短暂任职于财政部，但后来奉派赴欧考察盐政时，因为一个意外的小插曲，范旭东又重捡"工业救国"的理想。

原来，在当时号称"世界碱工厂"的英国卜内门公司本部参观时，傲慢的主人无意泄露其工艺而将一行人引入锅炉房，并以一种嘲弄的语气说："你们中国人，看不懂制碱工艺流程，不如参观下锅炉房吧！"是时，范旭东被深深地刺痛，他在心中暗暗发誓：迟早有一天，我们中国人也一定会拥有自己的化学工业！

正所谓，近代化工三件宝，"酸、碱、盐"一样少不了。在西方国家，食用盐乃至喂养牲畜的氯化钠含量都必须高于85%，但当时国内许多地方仍在吃氯化钠含量不足50%的盐。由此，一些西方人经常讥笑中国人是"食土民族"。对此，范旭东为之痛心疾首，并决定从研制精盐入手。

事实上，中国的盐资源并不缺乏而只是制盐工艺粗糙落后。1914年冬，范旭东在天津塘沽长芦盐场考察时，他看到大片荒碱地上的盐坨绵延不断，盐花雪白晶莹，一派天然盐场的景象。看到这一切，范旭东大为感慨："一个化学家，看到这样丰富的资源，如果还不能树立发展祖国化学工业的雄心，那就太没有志气了！"

之后，范旭东向渔民租了一间破旧小屋，开始了炼制精盐的尝试。经过反复的科学实验，范旭东最终成功试制出含氯化钠90%以上的精盐。在技术难关被突破后，范旭东决定在塘沽筹建精盐公司，并将公司命名为"久大精盐"，以示长长久久。

然而，试验成功是一回事，筹办公司是另一回事。最初，范旭东以为用现代工艺制盐必然效益可观，公司初始资本金仅定5万元，应该很容易筹集。但令他大失所望的是，首次招股仅募得3000元。而在招股过程中，一些墨守成规的传统盐商还不无讥讽地说，什么"久大精盐"，就怕既不久、也不大！

无奈之下，范旭东不得不放下手头的业务而亲自去筹款，据说，他经常"站在人家的门房等许久，结果还是下次再去"。一番努力后，久大精盐公司于1915年4月18日正式成立，会议推举景学铃为董事长，范旭东为总经理。当年6月，工厂破土动工，12月初正式投产，并于次年推出"海王"牌精盐。值得一提的是，久大精盐公司所使用的平锅熬制精盐的工艺，也是中国盐业技术史上的首创。

明清以来，食盐一向实行专卖制度，一些传统盐商对范旭东的闯入十分警惕，久大精盐的运销也受到极大的抵制。更有甚者，部分大盐商公然禁止灶户向久大供应粗盐，企图断绝久大的原料来源。遇此困难后，范旭东也自有妙法，他先后将梁启超、杨度、黎元洪、曹锟等风云人物拉入公司，由此将久大精盐的市场扩大到湘、鄂、皖、赣等长江流域。

此后，久大精盐的事业蒸蒸日上，并很快在3年内由一厂扩为六厂，之后10余年更是自办盐滩多处，分销店遍布南北各省，其生产规模由最初的年产1500吨发展到6万吨以上，资本也由最初5万元增至250万元。由此，久大精盐也成为当时国内最大的精盐公司。

二

久大精盐公司大获成功后，范旭东又把目光投向了制碱。

从某种程度上说，创办久大精盐并非范旭东的初衷，他原本打算从制碱入手，创建真正意义上的中国重化学工业。然而，制碱工业技术复杂，资本投入也非常大，范旭东没有十分的把握，这才决定从盐业干起，以逐步积累资金与经验。

这时，由于第一次世界大战爆发，出口到中国的洋碱大为减少，国内需以洋碱为原料的行业如造纸、染色、冶金、玻璃、洗涤等方面企业不得不减产甚至停工。目睹此景后，范旭东深刻认识到，像中国这样一个大国，"此等工业之母，不能专依赖天然，亦不能久仰给于外人"。于是，他决心在久大精盐的成功经验上开创中国自己的制碱工业。

1918年4月，久大精盐公司接收了原德国人在塘沽的铁路支线；是年12月又斥资10万元买下三块面积在2000亩以上的盐滩；在此基础上，"永利制碱公司"于1920年5月召开第一次股东会，范旭东被推选为总经理，化工专家陈调甫全面负责碱厂创建工作。

建厂之初，永利碱厂的规模气势颇为引人注目，比如其最早兴建的蒸吸厂房

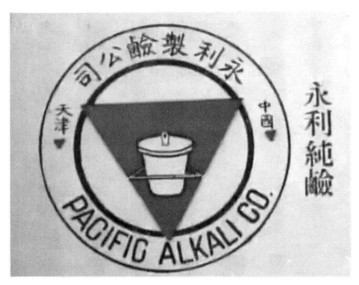

永利纯碱商标

和碳化厂房，这两座巍然屹立的钢筋水泥高楼，前者高 47 米（11 层），后者高
32 米（8 层）。就当时的建筑水平而言，这两处核心厂房在周边一带可谓鹤立鸡
群，堪称创举了。

　　然而，理想与抱负固然很好，但成功未必立刻就来。经过近 5 年的奋斗后，
永利碱厂于 1924 年 8 月正式出碱，但令人失望的是，初次生产出来的竟然是红黑
相间的劣质碱。消息传出后，外国公司大加嘲弄，幸灾乐祸之情溢于言表。正所
谓，"屋漏偏逢连夜雨，船迟又遇打头风"，没多久，碱厂 4 台船式煅烧炉全部烧
坏，全厂一度被迫停工。

　　从建厂到投产，永利碱厂已经耗去 200 多万银圆的巨资。在苦候数年后，个
别合作者心灰意冷，部分股东也渐渐失去了耐心。在连续的打击下，"永利出货
极慢，债台高筑，四面八方受到嘲笑、谩骂、攻击、阻碍"。

　　听到永利碱厂出碱失败的消息后，英国卜内门公司伦敦总裁尼可逊立刻赶到
中国，并表示愿以高于建厂资金一倍的价格接收永利碱厂。范旭东听后，深知英
国人的用意在于扼杀中国制碱工业以更长久地垄断中国市场，于是他斩钉截铁地

回答："我搞不成碱，宁可去自杀，也不会出卖自己的灵魂！"英国人碰了一鼻子灰后，只好狼狈离去。

事后，社会舆论对此冷嘲热讽，股东们更是怨声载道，抱怨自己的投资打了水漂。无奈之下，范旭东只好一再耐心地说服他们："要想让化学工业形成我们民族的长城，就要咬紧牙关，一代人、两代人地干下去，才有可能成功！""我们没有退路，摆脱绝境的唯一办法，就是破釜沉舟，背水一战。我认为一切艰难的事，总有解决的办法；任何事情只要努力去做，多少会有成就！"

在最困难的时候，合作者陈调甫给了范旭东最大的支持。当时，陈调甫的妻子因病去世，在葬礼之后，陈调甫将所收丧仪全部交给了范旭东，以解其资金上的燃眉之急。在挺过这段日子后，范旭东也不无感慨地对陈调甫说："这些年，我的衣服都嫌大了。老陈，你也可以多活几年了！"

说起永利碱厂的转机，其中有一个人不能不提，那就是 1924 年后从哥伦比亚大学学成回国的化学博士侯德榜。后者加入永利后，立刻被任命为公司技师长（即总工程师），负责碱厂的技术攻关任务。

群策群力之下，永利碱厂最终突破外国公司的技术垄断和设备限制，其采用国际上最先进的"苏尔维法"，并于 1926 年 6 月生产出碳酸钠含量达 99％ 的高质量纯碱，其水准甚至超过了英国卜内门公司的产品。当年 8 月，命名为"红三角"牌的永利纯碱一举摘得美国费城万国博览会金奖，评审专家一致认为：永利纯碱堪称"中国工业进步的象征"！

就这样，历时八年、九死一生，差点拖垮久大精盐的永利碱厂最终成功了！它的成功，不仅填补了近代中国没有制碱工业的空白，同时也一举打开了广阔的国内外市场。自此，永利碱厂、南开大学、《大公报》也被人合称为"天津三宝"。

永利碱厂的成功并没有让范旭东止步，因为他深知，酸和碱是化学工业的双翼，两者不可或缺。从 1934 年开始，范旭东就开始筹办制酸厂。3 年后，一座大型硫酸厂在南京大厂镇顺利落成并生产出第一批国产硫酸，这也是当时远东首屈一指的硫酸工厂。

三

话说 1922 年，范旭东到庐山避暑时遇到英国卜内门公司驻华代办李特立，后者劝告范旭东："碱在贵国确实重要，但足下动手也未免过早。按贵国目前的工业条件，过 30 年再办碱厂也不为迟。"范旭东听后，立即正色道："在我看来，恨不能早办 30 年。凡事贵在人为，只要急起直追，还不算晚。"

当然，李特立的话也大体属实，近代中国的工业基础十分薄弱，各方面都很落后。以制碱工业来说，当时最先进的制碱法系比利时人苏尔维发明，但欧美各国成立了苏尔维工会国际组织，只在会员国内部互通信息，技术严格保密。由此，在永利碱厂成功制碱前，洋碱在国内大行其道，尤其英国卜内门公司更是处于垄断地位。

1926 年永利碱厂成功出碱，卜内门公司大为震惊，其英伦总行老板尼可逊曾托人联系范旭东，建议双方谈一次。之后，范旭东虽然同意见面，但事前定下一条谈判的原则，那就是：

"永利担负着中国民营化工的任务，其成其败，必凭我自身力量拼命奋斗，在任何情形下，我主权上、制造上是万万不容外人参加的，其可能通融程度，至多以营业为范围，原则上仍然能避就避。"

会谈中，尼可逊果然再三提议，愿以资本及技术同永利合作。面对这一邀请，范旭东虽然深知永利碱厂的资金链确实困难，但仍以公司章程规定"股东只限于中国国民"为由加以婉言谢绝。

永利碱厂的崛起，令卜内门公司感到十分不安。为了扼杀永利公司以维持卜内门公司在中国的垄断地位，卜内门随后通过英国外交大臣对北洋政府进行外交干涉，其理由是，永利碱厂违反工业用盐征税条例，对外商构成不正当竞争。最终，北京盐务署稽核总所规定工业用盐每百斤纳税 2 角，而当时永利碱厂每制碱 1 吨需用盐 2 吨，因此每生产 1 吨碱即增加 4 元成本。好在后来"反帝"舆论兴起，在各方压力下，盐务署最终规定工业用盐免予征税30年。

一计不成，卜内门公司又生一计，那就是大打价格战。为了彻底挤垮永利碱厂，卜内门公司从国内调来大量存货，每季度即在中国市场跌价一次，最低甚至降到原价的40%。如此一来，永利制碱的销路自然大为缩减。

在此情况下，范旭东决定行"围魏救赵"之计，其找到日本三井公司驻天津办事处，请其代销永利碱厂的"红三角"纯碱。双方达成协议后，永利制碱利用三井公司在日本的销售网，以极低的价格在日本陆续抛售，由此带动日本碱价不断下移。由于卜内门公司也同样垄断了日本碱业市场，其不得不随永利一同降价。最终，感到这样下去只会两败俱伤的卜内门公司只好主动示好，自愿停止在中国市场上的削价倾销，同时也希望永利公司停止在日本的相应举措。

永利碱厂

事后，永利碱厂与卜内门公司谈判后就中国市场达成配销协议，其中规定永利占 55％，卜内门占 45％。范旭东还提出，今后卜内门在中国市场上的碱价如有变动，必须事先征得永利公司的同意。在分析了利害关系后，卜内门最终接受。此后，双方就营销情况互通信息，永利不但在本国纯碱市场上占据一席之地，而且还是占据主导的一方。这在当时，可以说是十分罕见的。

说到这里，据说还有一个小插曲。当年范旭东参观卜内门公司时，英国人说中国人看不懂制碱工艺而只带他看锅炉房。30 年后，卜内门公司董事伯烈到天津要求参观永利碱厂，范旭东也如法炮制，交代属下只让他看锅炉房，而谢绝其参观主要车间。

四

范旭东曾说："学术研究是神圣的工作，做研究的人首先要头脑明晰，把世俗所谓荣辱得失是怎么一回事，看得通明透亮。拿研究的对象当作自己的身家性命，爱护它、分析它、安排它，务必使它和人类接近，同时开辟人类和它接近的坦途，这个任务，岂是随便可以完成的吗？"

正是有这样的认识与意识，范旭东在创业之初即十分重视科研。而久大精盐与永利碱厂成功的背后，也与对科学研究的重视有着分不开的关系。

1922 年 8 月，在久大精盐公司化验室的基础上，黄海化学工业研究社正式成立，这是中国第一个民营化学工业研究机构。永利碱厂成立后，研究社将制碱技术与工艺也纳入研究范围，由此也就有了"永久黄"的简称（即永利碱厂、久大精盐和黄海研究社三者合一）。

黄海研究社成立之初，其主要任务是协助久大、永利两厂做原材料分析与调查，如对长芦盐场的盐卤进行实验等。为了支持研究社的工作，范旭东明确提出，公司必须保证 100 位化学师的研究工作，在他的带动下，公司主事者都为研究社相继捐款，而此时永利碱厂离盈利还为时尚早。

在范旭东的高度重视下，研究社在很多方面都取得了不错的成果，如以广东沿海藻类为原料试制了钾肥和碘；从江苏磷灰石矿石研究提取了磷肥；再如在卤水中提炼出可供纺织的氯化镁，同时还生产出碳酸镁并制作出中国人自己的牙粉。为此，原大总统黎元洪还为之特别题写了"齿颊甘凉"四字以资鼓励。

1935年，研究社以山东博山的铝页岩和平阳的明矾石为原料提取出铝氧和钾肥，并由此试炼出中国第一块金属铝样品，此举在当时可谓具有开创性意义。

随着社会声誉的不断扩大，黄海研究社随后扩大人员规模，如张克忠、卜伯年、卜松年、区嘉伟、江道江等留美博士，还有留法的徐应达博士，留德的聂汤谷、肖乃镇博士等也都先后加入黄海研究社。

在鼎盛之时，研究社拥有留洋博士10人之多，其他留学生及大学生60余人，堪称当时国内应用工业领域最强大的研究所。然而，正当研究所的工作蒸蒸日上之时，日本侵华打断了其发展的步伐。之后，黄海研究社决定集体迁往华西。不得已之下，一些难以搬迁的设备仪表不得不拆毁丢弃，损失不小。

对此，范旭东也曾在写给总工程师侯德榜的信中大为叹息："此番国难，本公司二十余年事业基础彻底崩坏，碱厂亦被敌强占，二千数百万资产荡然无存，而同事员工流离失职，尤极痛心！"

国难当头，在范旭东的领导下，公司同仁均认为应退至后方重整旗鼓，"利用这个时机为中国在华西创立化工中心，虽节衣缩食，在所不惜"。如公司主要技术负责人之一、化学家李烛尘所云："我们认定工业救国，比任何事业有把握，故不惜献身以赴，完成一得之长。敌人能毁我们以往之成绩，断不能毁我们做此成绩之人及精神！"

1938年，在众人努力下，久大精盐厂在四川自流井复建，永利碱厂和黄海化学工业研究社也在犍为县复建。此外，还在重庆设立永利铁工厂、全华酒精厂。当时，由于外伤消炎药奇缺，因为搬迁而喘息初定的研究社克服各种困难，在很短的时间内研制出铋黄来代替黄碘，由此挽救了很多前线将士的生命。

当然，由于西南地区各项工业都很落后，"永久黄"联合体的重建也并非易事。而其中最大的困难，就是机械设备的运输。为此，永利公司总管理处由上海迁往香港，以承办永利化工在西南地区基础建设的采购及运输任务。之后，总管理处开辟了两条道路，一是经越南海防通过滇越铁路直达昆明；二是由火车从海防到同登，再由汽车接运后经广西、贵州到重庆。然而，随着战事的不断恶化，日军入侵越南，海防一线被切断，一些尚未来得及运走的设备器材也落入了日军之手。

1942年3月，日军侵入缅甸仰光，滇缅公路也被切断，永利运输部工作人员冒死抢运出几百吨器材和3500桶汽油直奔畹町。孰料，畹町也很快失守，永利运输部人员不得不将3500桶汽油全部焚毁，以免资敌。

日本侵华战争无情打断了范旭东的"重化工之梦"。战云笼罩下，范旭东率领广大职工克服万难，并尽可能将工厂设备迁往四川，重新开辟西南化工基地，以更好地支援抗战。1943年，范旭东制订包括硝酸厂、炼焦厂等在内的"十厂计划"，但就在抗战胜利不久，他却突患急性肝炎而于1945年10月4日在重庆与世长辞。

卢作孚

范旭东去世后，正在重庆谈判的毛泽东为之题写了"工业先导，功在中华"的挽联，后来又称赞他是中国人民不可忘记的"四大实业家"之一。同时期的实业大家卢作孚更是表示，范旭东不置汽车、不营大厦，一生只拿50元工资，他是中国真正的人才！

作为中国化学工业的先驱，范旭东、陈调甫、侯德榜、李烛尘等永利创始人曾提出四大信条：一是原则上绝对相信科学；二是事业上积极发展实业；三是行动上宁愿牺牲个人以顾全团体；四是精神上以能服务社会为最大光荣。事实证明，范旭东等人是这样说的，也是这样做的，其言其举，也为中华民族工业的奋起提供了可贵的精神财富。

【24】"天字号"传奇：吴蕴初与天厨味精

20世纪二三十年代，在上海老城厢和法租界毗邻的菜市路上（今顺昌路），有栋三层现代水泥建筑十分醒目地矗立在一片低矮的旧式里弄群中。这栋鹤立鸡群的建筑，就是闻名一时的天厨味精厂。

一

味精是日常生活中常见的调味品，其主要成分谷氨酸钠于1866年由德国化学家里德豪从植物蛋白中发现并提取。20世纪初，日本化学家池田菊苗从海藻、鱼类和豆类中成功提取谷氨酸钠，风靡一时的"味の素"由此诞生。之后，"味の素"很快登陆上海滩，成为调味品市场的霸主。这时，一位同样研习化学的中国人也看到了其中的巨大商机，他就是吴蕴初。

吴蕴初（1891—1953），上海嘉定人，他早年就读于上海广方言馆，后转入上海兵工专门学校学习化学。1911年，吴蕴初毕业后留校任助教，是年20岁。

吴蕴初

1913年，由于学校停办，吴蕴初转赴武汉并先后任职于汉阳钢铁厂、睦津造币厂和汉阳兵工厂等处。1921年，吴蕴初重返上海，并与友人先后创办炽昌硝碱公司和炽昌新制胶公司。

炽昌两公司主要为火柴生产相应原料，但创业之初，经营状况并不理想。就在这一时期，吴蕴初开始了对味精的研究，并最终发明从谷物面粉中提取谷氨酸钠的工艺，由此打破了"味の素"

的垄断。为了体现"浓缩就是精华""味道最最鲜美"的含义，吴蕴初将新产品命名为"味精"，以区别于日本的"味の素"。

1923 年，在朋友的引荐下，吴蕴初与酱园老板张逸云一拍即合，两人商定由张出资 5 万元，吴以技术入股（占十股中一股）开办味精厂。张逸云，浙江镇海人，1871 年出生于上海酱业巨商家庭，本人为举人出身。当年 5 月，吴蕴初先在唐家湾蓝维霭路（今肇周路）福源里试办新厂，随后又在新桥路（今蒙自路）、菜市路（今顺昌路）分设粗制工场和精制工场，天厨味精厂由此初具雏形。

天厨味精厂及主打产品"佛手"牌味精的起名，据说灵感来自于"天上庖厨""西天佛国"，因为吴蕴初与张逸云都是信佛之人，而且味精以谷麦为原料，既是素食，又能提鲜。不仅如此，吴蕴初还特意请人将味精瓶设计成弥勒、观音、罗汉等造型，十分精美而小巧玲珑，外盒包装则以黄、蓝为底色，其中一面是上海名画家王一亭精心绘制的佛手图，另一面印有佛学大师太虚的手书，极具文化特色。

产品质量好，还得会吆喝。为了扩大"佛手"牌味精的销路，吴蕴初也是动足了脑筋，采用了多种营销宣传手法。最初，他们先在张逸云经营的酱园进行宣传试销，以获得真实的市场反馈。之后，公司又在上海主要路段和报刊上大做广告，"佛手味精，鲜美绝伦"的广告画随时可见，"佛手味精，完全国货"的宣传口号更是响彻云霄。在"真味美、纯国货"的旗号下，"佛手"牌味精迅速打开局面，成为国人家喻户晓的烹调好帮手。

1925 年 5 月，因为日本纱厂枪杀工人顾正红而引发了震惊中外的五卅运动，抵制日货随即成为全国民众的一致行动。在此风潮中，天厨味精公司也打出"敬请国人，爱用国货，天厨味精，国货精品"的广告，一时回应热烈，产品供不应求。在此打击下，昔日独霸中国调味品市场的日货"味の素"，其市场份额也被"佛手"牌味精逐渐蚕食殆尽。为适应新的形势，天厨味精厂于 1928 年增资为 10 万元，生产规模再上新台阶。

　　1926年，美国费城举行世界博览会，天厨味精也随同参展。令人意想不到的是，"佛手"牌味精在会上一举斩获金奖，载誉而归。4年后，"佛手"牌味精再接再厉，又在1930年比利时产业科学世界博览会上再获大奖。对于1933年的美国芝加哥世界博览会，吴蕴初更是十分重视，公司不仅制作了"百年中国调味品之进步"的中英文宣传手册，而且特制了红木展示台和红木包装的味精展品。由于产品品质优良、包装古朴典雅，加上各方宣传到位，"佛手"牌味精再获殊荣。连续三次参加世博会并且三次获得大奖，这在当时国内产业界堪称绝无仅有。消息传出后，天厨味精名声大噪，包括黄炎培、范旭东等各界知名人士也都纷纷表示祝贺。此后，"佛手"牌味精不仅畅销国内，而且还远销至东南亚各国。

天厨味精厂

二

1933 年 11 月，公司主要创办人之一张逸云病故，天厨味精厂的资本也由 1928 年的 10 万元增至 200 万元。创办 10 年以来，天厨味精厂的产品销售十分火爆，利润极为可观。按之前约定，作为味精发明人的吴蕴初可分得公司利润的 1/10，这笔收入加上总经理薪水及每年的分红，在当时是相当可观的。然而，吴蕴初在 1936 年却正式致函公司，表示愿意放弃味精发明权益。他在信中说："惟味精虽由蕴启其端，然有今日之发达，全赖同事之努力及社会之赞助。"所以只保留味精发明权而放弃部分应得利益，将应得利润分成的 25% 分别赠给公司元老、骨干成员和一般在职人员，25% 捐给社会公益基金，50% 留作公司特别公积金，用以巩固公司根基。

然而，深知创业不易的吴蕴初在平时生活中不但自奉甚薄，而且对亲人也同样要求严格。对父亲的勤俭作风，其子吴志超在多年后仍记忆犹新："父亲生活十分节俭，他的一把黑布阳伞用了十几年。记得抗日战争爆发后，我从美国回来，从广州去武汉坐了火车的头等铺（软卧），被父亲牵了一辈子头皮。"然而，在社会公益事业尤其教育事业上，吴蕴初不遗余力，毫不吝啬。对他来说，办实业赚钱固然要紧，但人才培养和民族工业的振兴就更加重要。为此，吴蕴初先后倡设多个奖学金，以鼓励更多贫寒出身的子弟能继续求学深造。

吴蕴初常说："做一个中国人，总要对得起自己的国家。"在他的倡导下，天厨公司于 1928 年出资创建了中华工业化学研究所，这也是当时南方首个化工科研机构（北方为范旭东创办的黄海化学工业研究社）。与此同时，他还发起设立了"天厨化学论文奖"，以此鼓励化学工业的研究。

1931 年，天厨公司出资 5 万元成立清寒教育基金会，以资助家境贫寒的优秀学生到各大学深造，包括著名科学家钱伟长、邹元曦等人在内，有上百人都是"清寒奖学金"的直接受益者。1943 年，吴蕴初捐出投资各种事业的股票收益创办"蕴初公益基金委员会"，以资助已投企业的技术升级改造和化工科研教育事业。而早在 1926 年，吴蕴初就已经放弃了味精的国内专利，以鼓励全国各地大量仿制生产，将洋货挤出中国。

创业路上，吴蕴初有句名言："办事业必须走在别人的前头，办别人没有办过的工厂才有意义。"为此，吴蕴初不断开辟新的化工门类并填补国内化工领域的空白，以持续壮大民族化工的实力。如 1928 年，吴蕴初为解决味精原料的后顾之忧，以 8 万元的代价购买了法国人在越南海防化工公司的艾伦摩尔式电解槽设备，并在此基础上成立天原电化厂。开办不久，天原电化厂就取得日产盐酸 4 吨、烧碱和漂白粉各 2 吨的好成绩，这些产品以"太极"为商标，其中盐酸不但满足了天厨味精的原料自给，烧碱和漂白粉等产品更是直接打破了英、日等国对中国市场的垄断。

天原电化厂试办成功后，吴蕴初又于 1932 年从美国杜邦公司购入合成氨设备创办天利氮气厂，后于 1935 年投产。天利厂与天原厂隔苏州河相望，其产品"平时可做氨水或肥田粉，战时可做炸药以卫国"，此举开创了国防化工的先河，受到各界的高度重视。

办理天利厂的同时，吴蕴初又创办天盛陶器厂，以解决盐酸容器的问题。原来，盐酸具有高腐蚀性，盛放容器要求很高，而当时国内陶瓷产品在耐酸性方面不合要求，天原厂生产的盐酸只能从日本进口容器才能存放。后来，天盛厂采用江苏宜兴陶土试制矽砖和锰砖成功，最终解决了这一问题。

从天厨味精厂到天原电化厂、天利氮气厂、天盛陶器厂，吴蕴初所创建的化工产业链自成一体，"天字号"化工企业集团呼之欲出。当时，有人把吴蕴初和天津"永久黄"企业集团创办人范旭东并称"南吴北范"，也有人赞誉他是"中国现代化学工业的脊梁"，吴蕴初却十分谦虚地表示："发展中国的工业靠我一个人做不成大事，事情总得大家来做，我不过开个头。"

三

吴蕴初的一生，既是民族化工的有力推动者，同时也是始终如一的爱国者。

天厨味精商标

在历次抵制日货运动中，吴蕴初和"天字号"企业都表现突出，体现了热忱的爱国情怀。1932年一·二八事变爆发后，吴蕴初不仅出钱出力，而且带领公司员工为前线将士送去军需品及慰问品。得知日军使用毒气弹的消息后，吴蕴初义愤填膺，他联合大中华橡胶厂和康元制罐厂快速研制了一批防毒面具，以支援十九路军抗战到底。对于吴蕴初的义举，蔡廷锴将军十分赞赏，事后曾亲笔为天厨、天原两厂题词致谢。

1933年，南京国民政府发起"航空救国"活动，吴蕴初热烈响应，他花费12万元从德商禅臣洋行处购置一架容克K-47攻击机和一架霍克教练机。1934年3月18日，虹桥机场举行战机捐赠及命名仪式，沪上名流纷纷到场赞礼并观看了飞机表演。事后，容克攻击机被命名为"天厨号"，归入中国空军战机系列，教练机则被命名为"天厨副号"，供上海航空练习社使用。

1937年七七事变后，抗日战争全面爆发。为了保存民族的工业，吴蕴初指挥"天字号"企业兵分两路，一路带着大部分设备迁往四川并先后在重庆、宜宾两地建厂，为战时经济发挥了重要作用；另一路则将剩余设备运往香港创建天厨分厂，继续生产味精、盐酸、漂白粉等产品。1941年太平洋战争爆发后，日军侵入香港并胁迫天厨为日方服务，吴蕴初得知后，授意香港负责人吴戴仪（即吴蕴初夫人）将生产设备拆卸损毁，人员全部潜回内地，坚决拒绝同日寇合作。吴蕴初的这一爱国之举，不仅获得了各界人士的高度赞赏，包括《新华日报》在内的众多报刊当时也都有报道。1944年12月湘北大捷后，尽管企业资金已经十分困难，但吴蕴初仍捐献10万元，作为前线将士的慰劳之用。

抗战期间，吴蕴初也开始有意识地接触进步人士。1945年国共谈判期间，吴蕴初与其他工商名流在张治中公寓桂园与毛泽东等举行过茶叙交流活动，王若飞、邓颖超等人也曾到天原厂访问，并转交了延安方面赠送的小米、红枣和毛毯。返回上海后，天厨味精厂于1946年在沪西陈家渡新建厂房，重新开始生产。

1949年上海解放时，吴蕴初正在海外，当他得知上海的企业运转正常时十分高兴。在新中国成立一周年之际，吴蕴初应邀来到北京，周恩来总理一见到他就说："味精大王回来了，欢迎，欢迎！"之后，吴蕴初被任命为华东军政委员会委员、上海市工商联副主任委员、化学原料工业同业工会主任委员等职，他激动地说："这是中国从未有过的好时代，大家要同心协力把我们的工厂搞好，为我国的化工事业做出贡献。"可惜的是，由于受到夫人吴戴仪去世的打击，吴蕴初于1953年10月15日在上海病逝，终年62岁。

1954年，天厨重庆厂和上海厂先后实行公私合营，其中上海天厨味精厂合并了天生、天然、太乙、天元、天香五厂，吴蕴初之子吴志超仍担任总经理。公私合营后，上海天厨味精厂的生产规模进一步扩大，味精产量很快超过之前最高历史水平。之后，天厨味精厂与科研单位一同攻关，并在国内首创发酵法生产谷氨酸。这项成果不仅被国家科委列为114项国家科研重大成就之一，也让中国调味品行业制造技术赶上了国际先进水平。

1966年，天厨味精厂改名为上海味精厂。改革开放后，考虑到"天厨"和"佛手"的历史名声，后于1980年恢复原名。1998年，天厨公司并入冠生园集团，并于2004年迁往青浦区，原云岭东路厂址则成为长风生态商务区的一部分，这就是苏州河十八湾中的"天厨湾"。位于南昌路203号的吴蕴初旧居，这栋平顶红瓦、外墙细沙水泥、拥有壁炉烟囱的两层西式花园洋房，则成为上海市化学化工学会会址。为了纪念吴蕴初创办化学工业所取得的辉煌成就，后人特在大门入口处为他塑制一座半身纪念像。

【25】"食品大王"冼冠生：冠生园的行业传奇

通常来讲，很多出身贫寒的富豪往往讳言自己的身世，不过冼冠生不是这样的人。据"冠生园"的一些老职员回忆，冼冠生经常讲起自己的早年生活和拼搏史，而他的创业也远非一帆风顺，其间白手起家、筚路蓝缕，直到遭遇多年的挫折后，才最终打造出了"冠生园"这个百年品牌。

一

说起"冠生园"，多数人想到的可能是家喻户晓的"大白兔"奶糖。不过，冠生园最初其实是做陈皮梅起家的，而"冠生园"这个名字的来历，其实也有多种说法。

毋庸置疑，"冠生园"的"冠生"显然来自创始人冼冠生的名字。据说，冼冠生原本叫冼柄生，他在学徒期满后发誓要在上海滩做一番大事业，于是把"柄生"改成了"冠生"。"冠"者，冠军也、第一也。

"冠生园"的"园"字，就有些争议了。有人说，当年冼冠生创立"冠生园"，最初是在上海九亩地新舞台戏院卖陈皮梅时，因为后者确实有效果，结果戏院唱戏的几个角儿，包括薛瑶卿、夏月珊、夏月润、郑正秋几个人一起出资合伙做大。事后，冼冠生说既然大家都入股了，那不好用"冠生"二字作店名了，而应将四位股东的名字都加进去。薛瑶卿听后表示反对，而郑正秋一拍脑袋说："不如在'冠生'后面加个'园'字。理由是'咱们几个都是梨园弟子，'园'就是梨园嘛！"

冠生园公司的创始人——冼冠生　Xian Guansheng

冼冠生

也有人说，之所以叫"冠生园"，主要是冠生园公司确实是有园的，那就是20世纪30年代时冼冠生在漕河泾建了一个农业生态园，其中有果园牧场、也有豆棚瓜架，还有鸡场鱼塘等，这儿既是生产基地，也是游玩休憩之所，也就是当时为人熟知的"冠生园"。

冼冠生是广东佛山人，1887年出生于一寒素人家，他幼年时仅受过数月的私塾教育，后因家贫而辍学在家，靠帮母亲做点零工维持生活。15岁那年，冼家的一个亲戚舒竹生回乡探亲，在冼母的再三央求下，舒竹生答应将冼冠生带到上海，并安排在自己开设的"竹生居"饭馆当学徒。由此，冼冠生便跟着舒竹生登陆上海，并逐步走出了一片新天地。

在"竹生居"当学徒期间，冼冠生学得一手好厨艺，并以做糕点而见长。出师后，冼冠生信心满满，他和家人拿出全部积蓄开了一家小饭馆，并以为凭着自己的手艺和苦干，就一定能在上海滩站稳脚跟。

然而，现实并没有他想象的那般美好，饭馆经营不到半年，即因生意清淡而蚀本关门。初次创业受挫后，冼冠生仍不甘心，之后又东拼西凑换地重开，但不久再次停业。如此停停开开七八次后，最终资金全部耗尽，无法继续。这时，冼冠生到上海已经不下十个年头了。

痛定思痛后，冼冠生总结了三个教训：一是店铺偏僻，不得"地利"；二是开店之处穷人多，少有人光顾，缺乏"人和"；三是本钱短少，不能及时应对季节、时令变化，有违"天时"。在无力继续创业的情况下，冼冠生只好和母亲、妻子在租借的亭子间制作陈皮梅、牛肉干等零食，做好后自己挑到九亩地新舞台戏院门口叫卖。

新舞台戏院本由上海艺人汪笑侬、潘月樵、夏月珊、夏月润等人创办，自从搬到九亩地露香园路后，京剧名旦薛瑶卿领衔文明戏，一时风靡，上座率极高。这时，冼冠生在演出中间休息时，便举着食盒高声吆喝："小广东自制陈皮梅，清凉润喉，生津止渴，味道嗲来！各位都来尝尝！"

出人意料的是，这次的小本生意却极为顺利，特别是冼冠生精心研制的陈皮梅，更是大受欢迎，尝过的人都说："小广东的陈皮梅，价廉物美，好吃来！"如此一来，一传十、十传百，不但看戏的人争着买，就连来戏院唱戏的名角都有所耳闻而前来预定（陈皮梅对消除嗓子疲劳有好处）。

据说有一天，名伶薛瑶卿唱哑了嗓子，戏迷们给他送上几粒"陈皮梅"。薛食用后，立刻觉得嗓子大有好转。在他的推荐下，演武生的夏月珊和演花脸的夏月润也买了"陈皮梅"回去尝试。最后，他们一致认为：冼冠生的"陈皮梅"效果好，一定大有市场！

于是，薛瑶卿、夏月珊、夏月润、郑正秋等 5 人找到冼冠生，要求各出 500 银圆，一起合伙经营"陈皮梅"。冼冠生听说后受宠若惊，他心想自己不过是小本经营，没想到戏院的名角找上门来了，这天下哪有这样的好事？见冼冠生不相信，薛瑶卿等人当场就把银票拿出来，并答应说：合伙后，生意方面由冼冠生全权负责，他们绝不干涉。

有了这 3000 元启动资金，冼冠生就此大展拳脚，他将主要资金用于购置厂房设备，以扩大"陈皮梅"的生产。之后，为了解决原料问题，冼冠生多方寻访，最终选中了浙江超山的梅林，因为那里的梅子核小肉厚，酸甜适宜，最适合制作"陈皮梅"。经过多年的经营后，冼冠生干脆在浙江超山开办"冠生园超山梅林林场"，这也为冠生园"陈皮梅"几十年的长盛不衰打下了基础。

生意做开后，冼冠生将"陈皮梅"厂升级为"冠生园"公司。除了生产蜜饯外，公司将产品逐渐扩展为糖果、糕点及罐头食品如橘味牛肉、果汁牛肉等，一时供销两旺，一些热门商品甚至远销东南亚。此外，冠生园公司还附设饮食部，兼营粤菜、粤菜点和广东腊味，其独特的南国风味大受顾客的欢迎，"冠生园"的牌子也由此广为人知。

当然，冠生园后来名气很大，但刚成立时也是小本经营，艰苦创业。鉴于自己就是新舞台提篮叫卖闯出来的，冼冠生在扩大生产后，也故技重施，从提篮售卖开始。为此，他招募了一大批小贩加以培训，然后让他们到茶馆、游艺场和戏院等娱乐场所提篮售卖，收益则"三七开"，小贩得三，冠生园得七。为了加大市场推广力度，冼冠生又招募了一大批业余推销员，后者不领工资，纯粹靠多卖多得、薄利多销来推广冠生园的产品。

当时，冠生园的拳头产品"陈皮梅"零售价三文钱一枚，但业余推销员可以二文钱一枚直接卖给顾客。为激励业余推销员积极工作，冼冠生又制定了以销售数量为基础的阶梯报酬，如卖 100 枚得 30 文钱，200 枚则得 70 文，300 枚则 130 文，以此递升。

此外，冼冠生的销售手段也是五花八门，无所不用其极。当时，冼冠生组织人员编写《冠生园商品信息》并附上优惠券，然后通过邮局寄给新老客户，后者凭优惠券在冠生园各门市部可打九五折优惠。此外，冠生园还出售过多种面额的购货券（类似购物卡），顾客购买时可打九折或九五折，并且在购买冠生园产品时继续享受优惠，冼冠生也以此来及时回笼资金。再如逢年过节时，顾客如在冠生园购满一定数量的商品，即可获得多种特别的优待券，如冠生园一日游、冠生园超山梅林场二日游、冠生园食品品尝会等，可谓花样百出。

二

1918 年，冼冠生将冠生园改组为股份有限公司，由他本人出任总经理。在之后的七八年间，冠生园从一家小店发展到 15 家工厂及门店，员工上千人，产品2000 余种，年营业额达 170 余万元，连年获利在 30 万元以上。

冼冠生的成功绝非偶然，他的秘诀就在于其提倡的"三本主义"。所谓"三本"，就是"本心、本领、本钱"，其中"本心"指事业心、责任心，"本领"指经营管理与业务水平，"本钱"指资本与资金。冼冠生认为，"三本"中最要紧的是"本心"，也就是本着一颗对顾客的良心和对公司的事业心。

有一次，冠生园面包厂的面包总火候不足，顾客意见很大。冼冠生得知后大为光火，他拍着办公台子吼道："面包烘不好，厂长搬到厂里住！再烘不好，搬到炉子间睡！最后还烘不好，只好自己爬进炉膛里！"这一席话，把厂长听得无地自容，只好亲自跟班，硬是把质量搞了上去。

在"三本"的基础上，冼冠生又提出了"三上"，即"信誉至上、质量至上、顾客至上"。据冠生园的人说，每次店中人员发生差错，冼冠生在处理完后总要哇啦哇啦地大喊："老弟！我们做生意的人，没有这种心，这爿店早晚要关门！"

据冠生园原职工的回忆，冼冠生每次去商店检查时，他说的最多的一句话是："人无笑脸不开店，决不做一锤子买卖。"某次，一位刚满师的店员接待顾客时面不带笑，冼冠生见后立刻要求该店员回到学徒期，直到"学会笑脸相迎"后才允许上柜台。

另有一次，静安寺门店经理提请将某冉姓学徒除名，原因是他接待顾客并不热情。冼冠生收到后未做批示，而是亲自下去考察后发现该学徒做事勤奋，只是因为生性内向，不适合做门面销售工作。事后，冼冠生将该学徒调到糕点工厂学做糕点，后者果然不负期望，成为有名的糕点师。

作为食品企业，质量与安全是第一位的。冼冠生当时就提出"一切产品，卫生第一"的口号，冠生园的车间环境、生产环节和生产人员都有严格规定，劣质或变质的原料严禁使用，就连选用的鸡蛋，也必须先清洗壳外污物；挑选花生时，一定要剔除霉烂颗粒，以防混入。某次，新研制的一批果酱出货后发酵变质，冼冠生不仅自请处分，而且还亲率公司人员到各店号登门道歉，包退包赔。

除了保证自己的拳头产品外，冼冠生还善于向国外同行学习。当时，美国沙利文饼干在上海市场风靡一时，冼冠生见后也想尝试一下。之后，他组织技术人员反复试验，并参用自己擅长的月饼制作方法生产出新的"夹心饼干"，在投入市场后，果然大受欢迎。之后，冼冠生又带领各部门负责人到日本参观访问，回国后研发出杏华软糖、鱼皮花生、果酱夹心糖等产品，这些在国内都是首创。

此外，冼冠生在短时间内将冠生园迅速做大还有另一秘诀，那就是善做广告。据说，早在学徒时，冼冠生就对报纸上的广告最为入迷，甚至剪下来做了几大本的剪贴本，平时有空就琢磨，最终将多年心得应用到了冠生园上。

冼冠生曾提出，食品企业的经营应是"三分成本、三分毛利、三分广告"，而做广告的诀窍又在于"广、大、小、活"四字："广"是指空间尽可能遍及一切公共场所；"大"是指大型场所、大型广告、大气派；"小"是指广告内容短小精悍，容易被人记住；"活"是指广告形式多变，出奇制胜。

要说广告营销，冼冠生也确实是一把好手。当时，冠生园公司有两辆运货大卡车，冼冠生让人在上面画上五彩缤纷的广告，同时又在车身两边装有活动翻板，

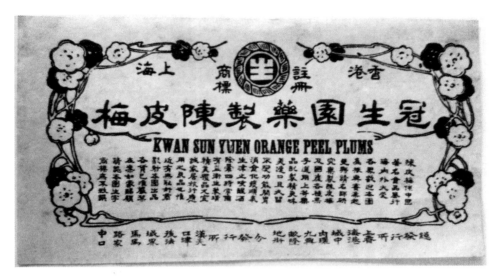

冠生园陈皮梅广告

以此变成活动柜台，用以陈列商品。不仅如此，每逢节假、重大活动，或郊县城镇举行庙会时，冠生园的"大篷车"就立即出动，其一方面大加宣传，另一方就打开车厢，直接开始卖货。如此一来，冠生园的生意想不火都不行啊。

冠生园的广告，当时可谓无处不在，从报纸到杂志，从路牌到车辆招贴，从电台播音到电影，乃至铁路沿线的民房墙上，几乎到处都有"冠生园"三字。在这些广告中，冼冠生最出名的高招是请当红影星胡蝶给冠生园月饼做代言。当时，冼冠生包下大世界的一个楼面举办"冠生园月饼展览会"，胡蝶亲自剪彩，并拍了许多宣传照片。其中，有一张照片大概让当时人记忆犹新，那就是横躺在红毡毯上的胡蝶手搭冠生园的月饼模型，旁边还配有"惟中国有此明星，惟冠生园有此月饼"的广告语。之后，这张照片被印成宣传画而贴满上海的大街小巷，轰动一时。此外，冼冠生还在吴淞口码头和漕河泾工厂建造了两个 6 层楼高的巨型霓虹灯，远近 10 里的人，都可以清楚地看到"冠生园陈皮梅"6 个鲜红的大字，见者无不惊叹冠生园之气魄。

广告之外，冼冠生也很会搞活动。如 1935 年，冠生园向市轮渡公司包了一艘游览船举办中秋水上赏月活动。按活动规则，当时凡购买冠生园月饼10盒以上者均赠水上赏月券一张，顾客凭券可在中秋当晚上船游览浦江。由于这次的活动很成功，冼冠生次年决定扩大赏月活动的范围，他向上海铁路局包下7节车厢并装扮成"赏月专车"，条件还是购满10盒月饼即可上车。届时，赏月专车从北站直驶青阳港铁路花园饭店，这一路上，既可以品尝冠生园提供的美食，也可以欣赏各种文艺表演，其乐融融。如此一来，"冠生园"三个字就文化味十足了。一个商人，能有如此创意，也算是难得了。

20世纪30年代，冠生园公司在南京、杭州、天津等地建立诸多分支机构及代销店。此时，"冠生园"的品牌已在国内外广为人知，足以同老牌的食品企业"泰康""梅林"呈三足鼎立之势，冼冠生也由此成为名盛一时的"食品大亨"。

三

和一般大老板不同的是，冼冠生平日生活节俭，穿着朴素，从不涉足歌厅舞场，其唯一的嗜好是喜欢看京戏。平日出行上班，他也没有私人汽车而只搭乘公司货车。据冠生园的老职工说，冼冠生上班的惯例是，上午去工厂车间和商店门市部，以检查产品质量并了解销售情况，下午才回公司办公，这一习惯，几十年都没变过。而且，冼冠生本就是行业老手，他只要用舌尖一舔，就能尝出食品的好坏，而产品出现质量问题，他都先处罚自己，然后同职工共同商量改进。

作为个人操守，冼冠生自奉甚俭、律己甚严，他曾对自己也对属下员工提出"四不"守则，即"不吹烟（鸦片），不酗酒，不赌博，不讨小老婆"。作为冠生园的大股东，冼冠生一向公私分明，其收入都用于发展事业，据说有时连自己女儿生活遇到困难都无力帮助，只好借外债救急。而作为公司负责人，冼冠生从来都是精打细算，从不乱支一分公款，除冠生园之外，他不做任何店外生意。

1937年，正当冠生园公司蒸蒸日上之时，全面抗战爆发。国难之下，冼冠生曾指示公司装载大量的食品上前线慰劳抗日将士。然而，在抵抗了 3 个月后，上海最终沦陷，冠生园的门店遭到洗劫，工厂也被焚掠，就连漕河泾农场也成了日寇的军营和养马场。

所幸的是，在上海沦陷之前，冠生园已是带头内迁的企业之一。在冼冠生的组织下，公司员工将罐头食品厂的全套机器设备和物资从水路运往武汉，尽管途中遭到日寇飞机的轰炸而损失惨重，但冼冠生仍百折不挠，并亲赴武汉筹建罐头食品厂。之后，由于武汉也很快陷落，冠生园罐头食品厂随后又转到湖南桃源县山区，并因地制宜地改用当地牛肉与黄豆制成"黄豆牛肉罐头"及饼干、面包等食品，继续支援抗日前线。

战局相对稳定后，冼冠生即以重庆为中心发展业务，并在当地设立罐头厂。随后，冼冠生亲赴各地陆续开设分店，如 1939 年建成昆明分店，1941 年建成贵阳分店、泸州分店，1943 年设立成都分店等。此前，冠生园生产的糖果糕都是机器生产，产量大，质量高，但进入西南地区后，由于各方面条件限制，冼冠生也及时调整生产，改以川帮、苏帮糕点及杂糖、蜜饯为主。此外，冼冠生还研究了用当地土白糖提炼白糖的方法并大获成功，由此生产的白糖在抗战后方市场独占鳌头。

与此同时，上海租界虽然沦为"孤岛"，但经济依旧"畸形繁荣"。在此情况下，冼冠生遥控指挥仍留在租界的家人与员工抓住时机在租界内开设生产工厂和销售门店，将冠生园的陈皮梅、饼干、月饼、糖果、罐头食品等尽可能恢复生产，并在门店增设粤菜馆，以增加收入。这样一来，不但上海的业务有了大量的现金流，而且可以将赢利投向大后方以支持抗战事业。等到抗战结束后，冠生园公司的规模不减反增，除了上海之外，各地的分店达到几十家。

此后，由于国内战争再起，仍回上海坐镇的冼冠生也渐有力不从心之感。在熬过艰难的 4 年后，整个中国终于迎来了新时代。由于社会环境与消费对象的变化，冠生园也做出一系列改革，如重点生产适销对路的大众化食品，再如将销售

冠生园股票

渠道转向中百公司及供销合作社等。在冼冠生的主持下，冠生园的业务也由此平稳过渡，并受到陈毅市长的称赞。

1952年4月，冼冠生不幸离世，时年64岁。1956年，冠生园公司实行公私合营并更名为冠生园食品厂。此后，又有多家食品企业先后并入或从冠生园中剥离，现在的冠生园集团公司和冼冠生时期的冠生园虽不可同日而语，但"冠生园"三个字仍是当下食品行业的金字招牌，这点是毋庸置疑的。

【26】"铅笔大王"吴羹梅：立志要做中华笔

最初的铅笔是怎样制成的？先把松木切成板块，再将板块切出芯槽，接着把铅芯放入槽中，两块板用胶粘合，切削成铅笔形状，最后给铅笔上漆、安装金属箍并装上橡皮。然而，看似简单的工艺，铅笔的国产化直到20世纪30年代才实

上海中国铅笔厂

现。关于这事，还得从民国实业家吴羹梅说起。

吴羹梅，原名吴鼎，1906 年生人，原籍江苏武进（今常州）。吴羹梅的父亲系清末拔贡出身，后投奔皖系军阀靳云鹏成为属下重要成员，家境颇为宽裕。1918 年，吴羹梅就读于徐树铮所办的北京正志中学（相当于留德预备学校），后于 1922 年赴上海就读于同济大学。1925 年，由于积极参与五卅运动，吴羹梅和其他十几位同学被校方开除学籍。

1928 年，吴羹梅东渡日本，进入横滨高等工业学校学习应用化学。毕业后，他前往日本真崎大和铅笔株式会社神奈川工厂实习，并表露出想要从事铅笔制造的意愿时，社长数原三郎却劝他放弃开工厂的想法："办铅笔制造工业不是一件容易的事情，就算到你吴鼎二世，你们也办不成铅笔厂，生产不出铅笔。你还是做个买办，替我们卖日本的铅笔吧。"吴羹梅听后压抑住自己的怒气，他只淡淡地回答道："不，我要办我们自己的铅笔厂。"

1933 年 11 月，吴羹梅回到上海。在筹款建厂的一次演讲中，他大声呼吁道："铅笔在各种文具品中占有重要位置，尤其与小学生关系密切。据海关贸易报告，仅去年输入我国的外国铅笔就高达 150 万元。区区铅笔一物，每年竟耗费我国人财富如此之巨。吾人所警惕者在此，从速创办铅笔工业的必要性也在于此。"

据吴羹梅的调查，之前也有中国企业投资生产铅笔，如 1932 年设立的香港大华铅笔厂和稍后成立的北京中国铅笔公司及上海华文铅笔厂，但这几家铅笔厂都是半成品加工，因为缺乏技术力量，无力与洋货竞争，因而开工不久就先后停产倒闭。当时，外国铅笔在中国大行其道，如德国施德楼（"鸡牌"）铅笔及美国铅笔等，其中又以日本铅笔销量最高。

后来，吴羹梅找到留日同窗郭子春和常州同乡章伟士，三人联手创业。按规划，吴羹梅负责融资及对外事务，郭子春负责生产技术，章伟士负责财务。经过半年多的筹备，吴羹梅变卖了老家家产，同时又发动亲友、同学认股投资，最终筹得 5 万元启动资金。1934 年 7 月，中国铅笔厂在上海斜徐路成立。次年 10 月，铅笔厂正式投产，月产量 2 万罗（每罗 144 支）。

建厂之前，吴羹梅从日本购置了制造铅笔的全套机件及工具（为尽快投产还买了一批半成品），之后又在全国各地寻找铅笔生产的国产原料。在技术人员的协助下，最终在苏州找到了黏土，从湖南寻到了石墨矿，在云南采购椴木等木材。经过多次试验，中国铅笔厂终于制成从笔芯、笔杆到油漆"完全国货"的铅笔。

为了尽快提升工艺水平，吴羹梅要求新招收的学徒工进厂后必须先培训两年。在此期间，学徒工白天上班，晚上学习两小时，由吴羹梅、郭子春和两位机器安装师傅担任教师。学徒工能独立操作机器后，即升为技工；若能操作两种机器，升为技术员，再往上就是助理工程师。后来，这批最早进厂的学徒工，不少人成了铅笔厂的技术骨干。

为了和外国铅笔展开竞争，吴羹梅采取了两个手段：一是主打低档产品，以中小学生为目标。铅笔厂生产的首批"飞机"牌铅笔，售价每罗 2.4 银圆，远低于外国铅笔，因而很快打开市场，立稳了脚跟；二是打出"中国人用中国铅笔"的旗号，以提倡国货的策略同外国铅笔竞争。当时，"飞机"牌铅笔涂上"航空救国"的标签，在中小学生中很受欢迎，由此打破了洋铅笔铺天盖地的局面。

1937 年，中国铅笔厂开始生产完全国产化的高档绘图铅笔，吴羹梅特意以自己的原名"鼎"字命名。在"鼎"牌铅笔试制成功后，吴羹梅不无自豪地表示："日本人说到我'吴鼎二世'也造不出中国人自己的铅笔，现在我'吴鼎一世'就生产出技术高难的中国人自己的高档绘图铅笔。"一时间，吴羹梅也获得了"铅笔大王"的美誉。

　　然而，正当吴羹梅想要大展宏图时，抗日战争全面爆发，生产被完全打乱。为了保存民族工业，吴羹梅决定将铅笔厂内迁。由于日寇的步步紧逼，内迁过程也是一波三折，铅笔厂先后历经武汉、宜昌、重庆三地才算稳定了下来。在这样困难的情况下，铅笔厂在抗战中生产了 5000 万支铅笔，下属锯木厂制造了大量急需的军用木箱，附属化工厂生产了大量军用化工品，为抗战胜利做出了重大贡献。1944 年 2 月，吴羹梅还在兰州创办了铅笔分厂。

　　抗战结束后，吴羹梅将铅笔厂重新搬回上海，同时还接收了一家制箱厂，实力有所壮大。这时的上海，还有另外两家竞争对手即上海铅笔厂和长城铅笔厂，不过外国铅笔已经销声匿迹了。好景不长的是，由于美援物资的冲击和恶性的通货膨胀，包括铅笔厂在内的民族企业也走到了崩溃的边缘。

　　在四川期间，吴羹梅和进步人士尤其章乃器交往密切。他在自述中称："在迁川联合会里，我们有一个以章乃器为首的朋友小集团。章乃器在当时工商界里威信很高，他思维敏捷，社交能力强，而且对当时的政治经济情况比较了解，主

铅笔厂车间

意也多，吸引了一批人……几乎每个星期都在冠生园或章乃器的家中聚餐。席间，大家交流一下各厂的情况和有关信息，当时的政治、经济形势，迁川工厂联合会的工作，以及为碰到困难的厂家出主意想办法。"重庆谈判时期，他也曾作为工商界代表受到毛泽东的接见。之后，吴羹梅和章乃器、黄炎培、胡厥文、施复亮、孙起孟等人一起发起成立民主建国会。1945 年 12 月 16 日，吴羹梅在民建成立大会上当选为理事，后又被选为常务理事。1949 年前后，吴羹梅先赴香港，随后又与其他工商界人士一同北上，并在开国大典时作为嘉宾登上了天安门城楼。

1950 年 7 月，吴羹梅响应号召，铅笔厂实行公私合营。1954 年，随着"中华"牌铅笔的诞生，"飞机"牌和"鼎"牌停用。次年 6 月，吴羹梅被任命为上海制笔工业公司经理。"文革"期间，吴羹梅一度受到冲击。1983 年，轻工业部任命吴羹梅为中国制笔协会名誉会长。1990 年 6 月 1 日，吴羹梅因病逝世。

【27】"美丽"牌香烟里的广告经

清末民初时期，随着卷烟技术的发展，外资烟厂抢先登陆中国，诸如"老刀""大英""三炮台"等品牌充斥市场，国产香烟几无立足之地。为了挽救民族工业，中国人也纷纷创办自己的卷烟企业，上海的华成烟草公司即为其中的佼佼者。

华成烟草公司由沈延康、沈士诚等 5 人创立于 1917 年，地址在上海华成路紫微里 4 号。后来，因为经营不善、内部意见分歧而于 1924 年扩资重组，由戴耕莘任董事长，陈楚湘任总经理，顾少卿任厂长。戴、陈入主华成后，立志打造拳头产品同外国品牌竞争。当时，华成烟厂的设备虽然简陋，但所用烟叶精挑细选，在全厂职工的努力下，最终于当年成功推出"金鼠"牌香烟（1924 年是农历

"美丽"牌香烟广告

甲子鼠年）。据行家评估，这一新品香烟烟枝硬挺、烟味适口，质量不差于"大英"而售价更低，因而"金鼠"一出，很快就打开了市场。

"金鼠"首战告捷后，华成烟草公司又于1925年推出"美丽"牌香烟。为了扩大销路，公司拟定了两条通俗易记的广告语，一条是"金鼠牌香烟，烟味好，价钱巧"，一条是"美丽牌香烟，有美皆备，无丽不臻"。两条广告语在报刊、电台反复宣传，同时又在各车站、码头、电车、游艺场所等地树立广告牌、贴上广告画，以尽可能扩大影响。

一般来说，吸烟以男人为主，当时西方香烟广告也多以男性为广告主角，如美国"万宝路"香烟广告几乎是西部牛仔的天下。然而，中国人似乎更喜欢天生丽质的美人为广告主角，当时的烟草业广告也大多打出美女牌，这大概也就是所谓的"眼球效应"了。在同时期的美女广告和烟标设计中，"美丽"牌做得尤其出色。

在"美丽"牌推出前，华成公司将烟标设计的任务交给广告部谢之光。后者接受任务后，正好翻到一本杂志上面刊有一张时髦女子的照片，于是就剪了下来做参考。这张照片，正是剧坛名伶吕美玉主演时装戏《失足恨》的戏装像。之后，谢之光以此为蓝本并精心绘制了广为人知的"美丽"牌香烟商标图案。

后来的事实证明，这一设计十分成功。新烟标一经推出，立刻引起了无数烟民的极大兴趣，"美丽"牌香烟也由此一炮打响，畅销一时。然而，用美女做招贴固然博人眼球，但此举毕竟侵犯了别人的肖像权，之后也惹出了莫大的麻烦。

　　1927 年，已经退出舞台并成为法租界华董魏廷荣妾室的吕美玉发现"美丽"牌香烟的烟标主角就是自己后，随后以华成烟草公司未经本人同意而滥用其肖像制作宣传品为由提起诉讼。华成公司开始还想敷衍，但后来听说青帮大亨黄金荣、杜月笙都要介入后，只得与吕美玉达成庭外和解。

　　据《华成烟草股份有限公司大事记》中记载："1927 年 6 月，为美丽牌商标案又几涉讼，后经人斡旋，由本公司与吕美玉订约，按月按该烟销售箱额付给吕女士商标租费 5 角，和解可成。""1933 年 4 月 21 日召开董事会第四次大会，取消吕美玉商标合同（每箱 5 角）的约定，付魏廷荣 2 万元作为 5 年租费，以后该商标永归我使用"。

　　从以上两条记载可知，这次的"肖像使用权"诉讼案分两次解决，第一次是议定华成每售一箱"美丽"牌香烟，从中提取 5 角商标使用费给吕美玉作为酬谢，以后逐年付给；第二次是在 1933 年以 2 万元价格一次性买断，之后"美丽"牌商

"美丽"牌香烟广告

标归华成烟草公司永久使用。

华成烟草公司之所以愿意和解，主要还是因为"美丽"牌香烟已经在全国各地畅销，如果此时更换商标，势必影响销量，公司将因此遭受巨大损失。所以，这个商标不能换，吕美玉的照片也仍要使用，但付给一定的费用也是必要的。如此一来，作为"美丽"牌香烟广告代言人的吕美玉也获得了一大笔收入。据说，仅1926年至1928年，华成就支付吕美玉两万多大洋，上海滩有一句歇后语也不胫而走："摩登吕美玉——名利双收！"

事实上，华成烟草公司不但广告设计做得好，营销谋略也是独树一帜。"美丽"牌香烟上市时，他们对外宣称：每个香烟盒子里暗藏梁山108将小画像的其中一张，凡集全整套梁山好汉者，可换取黄金二两。这下好了，烟民们纷纷踊跃购买，都想来碰碰运气。然而，有人攒齐了36个"天罡星"，却怎么也集不齐72个"地煞星"；有人集齐了107条好汉，但"百胜将韩涛"这张却死活找不到。于是乎，"吸烟找韩涛"成了烟民的口头禅，而"美丽"牌香烟的销量却靠着这一噱头噌噌上涨。

此外，华成烟草公司在营销上也善于抓住社会热点，善打"民族牌""爱国牌"。1925年"五卅惨案"后，全国掀起反帝高潮，华成烟草公司也和其他民族品牌一起大力宣传"抵御洋货，提倡国货"，并从中受益不小。再如1931年九一八事变后，华成烟草公司在《申报》头版刊登"美丽"牌广告，其以绘有铁路干线的东北三省地图作为主图案，上面印着"请国人注意东北形势""外侮日亟""国人爱国，请用国货"几行大字，最下面才是"美丽"牌"有美皆备，无丽不臻"的广告语。

在"美丽"牌香烟的凌厉攻势下，英美烟草公司也选了一位明星女伶潘雪艳来加以抗衡。潘雪艳公演《龙凤帕》时，英美烟草公司推出新产品"华芳"牌香烟，后者从设计、色彩、风格和包装都直接模仿"美丽"牌，烟标正中是潘雪艳的便装肖像，烟包内还附有潘雪艳的各种时装照，琳琅满目，十分吸引人。

华成烟草公司得知后，随后也在"美丽"牌香烟中放入吕美玉的时装照。在

"美丽"牌香烟的不同包装

此期间，两家公司互唱对台戏，广告也是铺天盖地，凡有"美丽"之处，必有"华芳"相随，竞争十分激烈。更有甚者，烟民中也出现了"吕党""潘党"，"吕党"骂"潘党"是"潘金莲的遗患"；"潘党"骂"吕党"是"妖后吕雉的儿孙"，一时热闹非凡。

更有甚者，"两党"在某次豫园烟草促销大会上相互訾骂，进而拳脚相加，为众人笑。事后，有好事者在《申报》副刊上做了一首打油诗："潘吕吕潘两相宜，皆为香烟做司仪。老板赚得裤脚大，小姐赚来好名气。不知有汉知潘吕，更晓华芳和美丽。男女老少皆破钞，一支香烟醉不已。"但最终，"华芳"烟还是没能撼动"美丽"牌的市场地位。

在戴耕莘、陈楚湘等人的苦心经营下，华成烟草公司形势大好，蒸蒸日上。1936年底，公司资产总额增至1200万元，职工人数也从最初的140人增至2000人。1949年后，华成烟厂并入上海卷烟厂，"美丽"图案改为延安宝塔山。20世纪60年代中期，"美丽"牌号转让给江西南昌卷烟厂并重新设计图案，品牌名也由"美丽"改为"壮丽"。

五

文化之光

【28】《申报》馆主史量才：风流总被雨打风吹去

老上海的望平街（今山东中路），一度被称为近代中国的"舰队街"（英国报业汇集地）。在民国名记曹聚仁的笔下，"这条短短的街道，整天都活跃着。四更向尽，东方未明，街头人影幢幢，都是贩报的人，男女老幼，不下数千人。一到《申报》《新报》两报出版，那简直是一股洪流，掠过了望平街，向几条马路流去。此情此景，都在眼前"。时隔百年后，望平街已是一条普通的街道，两边房屋低矮陈旧，街上的水果摊、杂货铺、小饭店一家连着一家，当年鳞次栉比的报馆早已消失不见。不过，来到与汉口路交界的《申报》馆时，这座五层旧厦依然矗立在当年的街角，门楣上"申报馆"三个鎏金大字，仍让人感受到历史的余温。当年上海乃至全国最热的信息地标就是这里。

一

说起申报，还得从英国商人美查说起。早在同治十一年（1872）四月，美查见上海租界内办报有利可图，遂与三位友人共同集资 1600 两银子创办《申报》，同时聘请浙江举人蒋芷湘为主笔，买办席子眉任经理。最开始时，《申报》用毛太纸单面印刷，日出八版，上海本埠零售价每份八文钱。经 10 余年发展，到 1889 年时《申报》日发行量已由最初的 600 份增长至近 6000 份。

销量虽然翻了 10 倍，但发行基数毕竟有限。也就在这一年，日渐年老的美查决定离开上海返回英国故里，《申报》便委以他人代为经营。1905 年 5 月，接替其兄（病故）出任经理的席子佩以 7500 银圆（以下"元"均指银圆）收购《申报》，从而结束了洋人主办《申报》的历史。不过，席子佩接管《申报》后，报纸仍未见大的起色。因此，要说起《申报》的大发展，还得从史量才说起。

史量才原名史家修，1880 年生于江苏湖熟镇杨板桥村（今南京）。当时，其父在松江泗泾镇开设"泰和堂"中药店，史量才后来也寄居泗泾并于1899年在松江府娄县（今昆山）应考中了秀才。据其友人所说，史量才文笔口才俱佳但家境一般，其常年穿一件蓝竹布长衫，因走路脚跟不着地而如麻雀般跳跃，又有绰号曰"麻雀先生"。

1901年，史量才以秀才身份进入浙江杭州蚕学馆就读，此举在当时颇有些惊世骇俗。在时人眼里，史量才是有功名的人，前途未可估量，虽然放弃传统科考未免太过可惜，但是让众人大跌

史量才

眼镜的事还在后头。尚在蚕学馆就学期间，刚刚20岁出头的史量才在泗泾办起了一所新式小学堂。1903年从杭州蚕学馆毕业后，史量才又在上海创办了女子蚕桑学堂。

尽管新教育做得未必有多成功，不过史量才借此结识了不少沪上名流，如黄炎培等，并与江浙立宪派张謇、汤寿潜等人过从甚密。1905年，黄炎培、史量才等人在上海成立"江苏学务总会"，张謇被推选为会长，黄炎培任常务调查干事。1907年，史量才又因积极参加拒借外资保护路权运动而被推举为江苏铁路公司董事。辛亥年，在张謇等人密谋于惜阴堂中之时，史量才亦频繁往来其间，并在辛亥年后担任上海海关清理处长、松江盐政局长等职。

1912年秋，在此新旧更迭之际，史量才与席子佩签订协议，以12万银圆的代价购入已有40年历史的《申报》（当年9月23日订约，10月20日正式移交），钱款分3期付清，每年各付3万元。从此，年仅32岁的史量才便成为《申报》的新主人。接管《申报》后，史量才自任董事长兼总经理，以陈冷血为总主笔，席子佩仍续聘为经理。据说，《申报》随后揽到上海交易所的生意而销量大增，年

盈利可达 10 万元。

　　史量才原本家境平平，说起其收购《申报》一事，坊间也有颇多传闻。其中，最传奇的是一桩所谓风流秘案。原来，当时上海有一名妓曰沈秋水，其有三相好：一为辛亥年任江浙联军参谋长的陶骏葆，次为本地小开钱幼石，末为史量才。陶骏葆清末任职军界，恰逢乱世，小有资财，孰料天有不测风云，后因触忌沪军都督陈其美而被杀。事后，沈秋水极为惊恐，因陶骏葆将其资财存于她处，若顺藤摸瓜，势必连累己身。好在史量才及时出现，并利用自己的人脉将此事摆平。沈秋水感激之余，于是人财悉数归入史君名下。据此说法，史量才正是靠了这笔钱，才得以收购《申报》馆。

　　对此说法，颇知其中内幕的民国闻人章士钊似不以为然。章士钊与史量才年纪相仿，同期出道，都在清末民初办过报，《申报》故事，自是耳熟能详。据其所说，《申报》在清末时即已被上海道台蔡乃煌以 8 万两白银收买为官媒，以收舆论控制之效。辛亥年时，章士钊任职江苏都督府，与都督程德全、民政长应德宏相处颇熟。按章的说法，《申报》本是托其管理，后因他故而改为史量才。鼎革之际，《申报》产权不明，所谓史量才以 12 万银圆收购《申报》的传闻并不可信。章士钊推测，《申报》当时应属江苏都督府，史量才得以接手，很可能是因为原立宪党人张謇、赵凤昌等人的推动；否则，陶骏葆之兄、弟当时均为有力人物，岂能让沈秋水、史量才私匿自肥？

二

　　由于资料所限，民初《申报》收购案尚有悬疑未决之处。不过，史量才在1912 年入主《申报》馆后，由此大刀阔斧，不仅成就了他一生的事业，《申报》也在其手中发扬光大，进而成为国内影响最大的报纸。

　　史量才能有此成就并非偶然。《时报》主笔包天笑即在回忆录中说：狄楚青办《时报》时，辟有一间"息楼"供报社同仁休息聊天会友。那时，史量才几乎天天来，"所有《时报》的一切伎俩，他窥视已久"。因此，史量才接办《申报》后，

"智珠在握"，应用自如，同时还挖走原《时报》主笔陈冷血及北京特约通信黄远生，令狄楚青对之恨之入骨，几乎要与史量才拼命。此后，狄、史二人再未谋面。

《申报》《时报》《新闻报》被称为"上海三大报"，同行之间的竞争固然残酷，不过史量才办报也确实有几把刷子。据包天笑回忆，《申报》馆自史量才接手后，其在外国特买了一部新的轮转机装在楼下沿马路，从大玻璃窗外可以看得到，赢得许多路人围而观之，以炫示《申报》力求革新，标明一小时可印若干报纸。包天笑所说的，其实是史量才在1918年的两个大手笔：一是从美国进口了最先进的印报机，每小时可印5万份，一经发稿，报贩持茶可待；二是斥资70万元建成一栋气派宏大的五层报馆大楼，"上海报馆之自建馆屋，以《申报》为始"。

之后，《申报》馆又于1928年、1934年两次大规模更新设备，其不但引进了新的套色印刷机，馆内铸字机、纸版机、铅版机及制铜版锌版等设备也全部更新。不仅如此，史量才还亲自组织了馆内自制铜模浇铸并一律换新五号铅字，新闻与广告图片也都在馆内自制铜版印刷。如此一来，新出版的报纸不但版面焕然一新，信息量也大为增加。在如此给力的设备基础上，《申报》馆在凌晨四点前获得的消息，均可在早上六点出版的新报上从容刊出。

光有硬件当然是不够的。为了让《申报》保持在业内的领先地位，史量才不惜巨资建立了遍及国内外的新闻网，其不仅在全国29个城市设分馆，伦敦、巴黎、柏林、华盛顿等大城市也组织有特约记者和通信员队伍，一时被誉为"中国的《泰晤士报》"。当时的名记者黄远生、邵飘萍等也都被网罗在《申报》馆下，为之撰写最新的新闻。

在编辑业务和编排方法上，史量才也是灵活多样，并善于向同行学习。如模仿《新青年》设立通信栏以加强读者互动，五四运动后又增设了"专栏新闻"并改革副刊《自由谈》等，以适应各类读者的需要。在报头标题上，《申报》同样屡屡创新，其由传统的标题变为主题、副题、眉题、多行题、多层副题等，字号有大小色彩之别，层次也有虚实轻重之分。如此一来，《申报》虽是老牌大报，却让人常看常新。

《申报》

史量才与《申报》

除软硬件方面的投入外，史量才对广告发行也极为重视，其聘请报业能手张竹平为经营部经理，经营部下设立专门的广告推广科。为更好地招揽广告客户，《申报》不仅制定了广告章程及条例，对广告的刊登方法、程序、规格、价格、折扣及更正方法等作了明文规定；还借鉴国外报社的经验，在广告推广科下成立设计部门，为不同的客户设计对应的文案并绘制各种广告图画，供客户选择使用。此外，白话广告、分类广告专栏等也都是《申报》国内首创。1915 年 4 月后，《申报》的广告版面就超过了新闻及副刊版面，广告收入也由此大大增加。

报纸发行量越大，就越能吸引广告客户，史量才对此"报业圣经"同样烂熟于心。为了与同行竞争并获取更多的读者，《申报》馆发行科下设立了专门的递送公司，其自备汽车，力争将报纸以最快的速度送到本埠订户手中。对于外埠订户，则根据火车时刻精心设计邮政线路，以尽量缩短递送时间。同时，史量才还派人到全国各地开展征订工作，外埠长期订户也有近万户之多。

史量才的努力很快得到了回报。1916 年，《申报》日发行量从 1912 年的不足7000 份突破至 2 万份，1922 年《申报》50 周年时增至 5 万份，1925 年首次突破10 万份，1931 年突破 15 万份，之后一直保持在这一高位。与此相对应的，《申报》广告收入和盈利也在逐年增加，节节攀升。以 1934 年为例，《申报》固定资产达 200 万元，年营业额达 200 万元，其中广告收入 150 万元，发行收入 50 万元，可谓形势喜人。

三

对史量才来说，办报固然得心应手，不过其抱负并没局限于《申报》。作为地方上的知名人物，史量才积极而广泛地参与了各种社会活动，如担任上海时疫医院院长（1924 年）、捐建中山医院护士教学楼等，之江大学的体育办公楼和同怀堂钟楼等也都是其捐赠建造。

以《申报》馆为中心，史量才还兴办了不少社会文化事业，如《申报》服务部、培训部等。其中，尤以"三校一馆"（即申报新闻函授学校、申报业余补习学校、申报妇女补习学校、申报流通图书馆）最为出名。在此基础上，《申报》馆实际成为一个以报纸为中心的文化群体，其不但扩大了《申报》的影响力，同时为《申报》的发展提供了后备人才。

　　报业的成功还只是史量才人生事业的第一阶段，在 20 世纪 20 年代后，其兴趣转向了实业并大获成功。据黄炎培回忆，1918 年时他在雅加达遇上号称"糖王"的南洋侨商黄奕住，黄当时想回国办一个银行，但苦于找不到合适的人选，于是黄炎培便推荐了史量才。在此机缘巧合下，史量才一面参股投资、一面找来金融奇才胡笔江，黄奕住则投入 750 万元巨资，后被称为"四小行"之一的中南银行就此成立。在银行走上正轨后，史量才又开始投资其他实业，如发起成立民生纱厂，帮助项松茂扩大五洲大药房，协助陆费逵复兴中华书局等。

　　如此一来，史量才不仅是当时中国最大的报业资本家，同时也是具有相当影响力的金融家、实业家，《申报》也因此有了更雄厚的经济后台。据说，发达之后的史量才在 1929 年修建了新的"史公馆"（哈同路 9 号，今铜仁路），其间有园林、有别墅，还有超大的球场，豪华无比。更匪夷所思的是，据说史量才还买了一辆昂贵无比的"亨斯美马车"，由此成为首位拥有"亨斯美"的华人。

　　作为办报起家的文化人，史量才最不能忘情的还是报业。受英国报业大亨北岩爵士的影响，史量才也颇具"报纸托拉斯"的雄心。1927 年，史量才收购上海颇具影响

《申报》广告

力的《时事新报》；此外，他还控制了天津的《庸报》，并在杭州发行了《申报》地方版。1929 年，史量才再次出击，打算出资 40 万美元从美国人福开森手里购买 65% 的《新闻报》股权。

但让他有些意想不到的是，《新闻报》人员对此大加抵制，上海各商会也认为"史量才欲垄断报业"而纷纷反对。此外，国民党政府因担心史量才影响过大而横加干预。最终，《新闻报》虽然收购成功，但《申报》只占了不到 50% 的股权，史量才的"报业托拉斯"之梦也只好告一段落。不过，《新闻报》被收购后，史量才对报馆经营绝不干涉，其在此后 5 年中，仅进过报馆一次而已。

史量才办报可分两个阶段，最初持论稳健，较少涉及政治，其理念是"广告第一，新闻第二，言论第三"；但 1931 年九一八事变后，在亡国危机的压迫下，史量才邀请陶行知、黄炎培、陈彬和、黎烈文、鲁迅等名家或高参或加盟或主笔，《申报》政治立场日益鲜明，风格转而激越。另外，在 1932 年一·二八事变后，史量才出任了上海市民地方维持会会长，之后又相继出任上海地方协会会长、上海临时参议会会长等职，其政治影响力越来越大，同时也成为上海地方势力与南京政权博弈的重要人物之一。

最终，在 1934 年 11 月 13 日，因不顾警告而多次发文抨击国民党统治，史量才从杭州回沪途中被国民党特务有预谋地刺死，终年 54 岁。一代报业巨头，就此魂归西土。

【29】出版巨子：张元济与商务印书馆的不解之缘

1932 年 1 月 28 日，为转移九一八事变的压力，日军在上海再次挑起冲突。事变次日，日军飞机向地处闸北的商务印书馆投下 6 枚重磅炸弹，霎时间，满是图书、纸张、油墨的商务印书馆很快就燃起了熊熊烈火。在冬日阴霾的天空下，此刻的北上海唯见"飞灰满天，残纸堕地"，一片末日凄凉景象。据事后记载，这场大火一烧就是数日，商务印书馆内的印刷厂、编译所、图书馆等统统付之一炬，化为灰烬。此情此景，为商务印书馆操劳半生的出版大家张元济不禁潸然泪下，为之心碎！

一

张元济，字筱斋，号菊生，浙江海盐人，1867 年生于一个世代书香之家。尔后，天资聪颖的张元济在科考路上也是一帆风顺，其于 18 岁中秀才，23 岁中举人，26 岁考中壬辰科二甲第二十四名进士并拨入翰林院深造。1894 年经散馆考试后，张元济被分发为刑部主事，次年又以头名成绩考取总理衙门章京。

从履历上看，张元济无论是在科考上还是仕途上都堪称春风得意，这等智慧与机运，在万千读书人中可谓凤毛麟角。尤为难得的是，身为浸润传统文化多年的饱学之士，张元济却并不排斥西学，他在京官任上曾自学英语，并与同时在京为官、志趣相投的陈昭常、张荫棠、夏偕复等 8 人发起成立健社，"约为有用之学"，之后又与诸人共同发起成立通艺学堂，以讲授英语、数学等西方新知识。

1898 年维新变法开始后，在翰林院侍读学士徐致靖的保荐下，张元济于 6 月 16 日受到光绪皇帝的单独召见（同日召见者还有康有为），君臣相对，就变法问题做了大致的探讨。9 月 5 日，张元济上奏变法总纲 5 条、细目 40 条，分别就变法全局、满汉、用人、理财等 5 大问题作出阐述。9 月 18 日，张元济二度上奏，请求朝廷明降谕旨，令中外大员切实保荐素习矿路农工商学之人，以充实新设立的矿路农工商总局，发展实业。

然而，因为种种原因，慈禧太后很快收回光绪皇帝大权，康有为、梁启超等人闻讯流亡海外，谭嗣同等人则喋血京师菜市口。所谓"百日维新"，很快即宣告失败。事后，并未与康、梁等人结党的张元济虽然没有招来杀身之祸，但因为同属维新阵营，因而也遭到"革职、永不叙用"的严厉处罚。

据说，在诏令下来后，张元济的岳母责备他说："你闯大祸丢了官，连累女儿不能当诰命夫人，永无出头之日！"张之母则宽慰他说："儿啊，有子万事足，无官一身轻。"如此，时年 32 岁的张元济，他的政治最高峰也就此戛然而止。

据说，在张元济仕途顿挫之时，同处人生低谷的前直隶总督、北洋大臣李鸿章派人慰问他，并问他有何打算。张元济表示，京城已无容身之地，自己将赴上海谋生。10 月下旬，张元济携眷南下上海。1899 年 4 月，在李鸿章亲信、时任南洋公学督办的盛宣怀帮助下，张元济出任南洋公学译书院院长，主持翻译东西各国新书。当时张元济或许没有想到的是，正是这一契机，让他逐步脱离官场，并由此走向了近代出版业。

1901 年，在商务印书馆创始人之一夏瑞芳的邀请下，张元济入股商务印书馆，成为大股东之一。次年春，张元济作出一个令人吃惊的决定：辞去南洋公学的所有任职，全身心地投入商务印书馆中去。对此，当时很多人都感到无法理解。毕竟，张元济曾是翰林清贵，而且做过六品京官，即使一度被罢官，将来遇到恩赦，官复原职也未可知。如此身份，怎么能就此栖身连当时一般读书人都为之轻视的"贱业"呢？

张元济

在写给盛宣怀的一封信中，张元济或许说出了他心中的所思所想：中国 4 万万人口，只有 40 万人受过教育；而受过教育的人，也无非就是学过几句八股文，对于应该知道的知识，几乎都没有学到。这样下去，在竞争如此激烈的时代，难免有亡国之虞！而要开启民智，就必须要出版适合时代要求的好书籍。因此，自己不愿做官，而宁可以此为终身大业。

从这个意义上说，张元济原本有个美好前程，但戊戌年的那场政变改变了他的人生历程。或者说，张元济成为近代出版业巨头完全是一种历史的偶然，他原本可以成为朝中高官、成为学术大家，或者成为大教育家，但历史的风云变幻，慈禧太后在无意之间将他推下"商海"，并最终让他成了近代中国的出版大家。

二

张元济与商务印书馆的结合并非没有缘由。在此之前，其挚友汪康年经办的《昌言报》及译书院所出的严复著作《国富论》都是在商务印书馆代印的。不过，商务印书馆最初只是一家小印刷厂，其创办人夏瑞芳、鲍咸昌也只是英文报馆的排字工人，当时虽然已开业数年，但资本仍很小，经营规模也不大。

不过，张元济倒是注意到其中的一些细节，那就是：这家小厂虽然看起来并不起眼，但厂主讲究质量，对技术也是精益求精；而且，印刷出版行业的利润很高，当时一般图书成本不及售价 1/4，一本线装 40 双页的西学书，5 分的成本却可卖到二三角钱；此外，上海作为大商埠，不但新书新报多，市场需求也极大，机器印刷业前景广阔，如商务印书馆成立仅 4 年，资本已经增值了 7 倍。

当然，以翰林身份而屈居于一籍籍无名的小印刷厂，在很多人看来有些匪夷所思，但张元济不这么认为。他曾与夏瑞芳说，"吾辈当以扶助教育为己任"，而出版业则是"教育救国"大业中不可或缺的重要一环。

世间事往往充满偶然与必然，商务印书馆就是这样传奇。如果夏瑞芳没有惜才重才、甘于放手的宽广胸襟，如果张元济不具备高屋建瓴、目光深远的卓越才华，他们的相遇也不会促成近代出版航母——商务印书馆的崛起。但这一切，在张元济到来后，梦想最终变成了现实。

1902 年张元济加盟商务印书馆后，商务的主体业务逐步由印刷转为出版，并逐渐涉及其他与教育文化相关的事业，如办学、教具、图书馆甚至电影等。凭借自己的声望与广泛的人脉，张元济为商务印书馆带来了众多的优质作者资源，也让商务印书馆在政界、知识界，尤其是教育界如鱼得水，迅猛发展。正如有论者所说，张元济与商务印书馆的成功是文人与商人成功合作的鲜见之例。

张元济引导商务印书馆最重要也是最成功的一件事是编写适应时代的教材。清末新政特别是废除科举后，张元济从中看到了敏锐的商机，他根据自己的办学经验与对时势的把握，亲自主持编写了系列国民教育教科书，也正是这套行销全国、一印再印的"商务版"教科书，奠定了商务印书馆在出版业中的主导地位。

慈禧太后 70 大寿时（1904 年），清廷豁免了除康有为、梁启超之外的原维新派人士，张元济也可重入仕途，但他最终选择了放弃。在他看来，商务印书馆才是自己的安身立命之处。在写给报人兼友人汪康年的信中，张表示："如今时势，断非我一无知能者所可补救。若复旅进旅退，但图侥幸一官，则非所以自待。……弟近为商务印书馆编纂小学教科书，颇自谓可尽我国民义务。平心思之，视浮沉郎署，终日做纸上空谈者，不可谓不高出一层也。"

1904 年，商务印书馆推出《最新国文教科书》，这本书在 3 天内售罄，共卖出 14000 册。在之后 10 余年间，这套系列教科书（共 375 种，801 册）一直在同类书中独占鳌头，几乎占到全国发行量的近六成，其中几本甚至在新中国成立后仍在出版，足足卖了半个世纪。

叶圣陶曾说："凡是在解放前进过学校的人，没有不受到商务的影响，没有不曾读过商务书刊的。"从某种意义上说，"商务版"国民教科书启蒙了整整一代人，而商务印书馆所以能成为出版界巨擘，"实肇端于是书"。

作为佐证，商务印书馆在 1901 年时资本金为 5 万元，1905 年即迅速增至 100 万元，而当时全国数百家私营企业中，资本超过 100 万元的只有 15 家。到 1926 年，商务印书馆已经成为远东最大的出版商（号称亚洲第一、世界第三），其在

张元济

上海的宝山路建起了规模宏大的商务印书总馆，其分馆不仅遍及中国内地，而且开到了中国香港地区及南洋。

做出版，当然有利润要求，不过出版同时也是文化事业。对于出版事业，张元济极其挑剔认真，其在影印古籍时，必须选最好的版本；推介西学时，找的都是最好的翻译者；每出版一本有价值的新书，他都要用最好的设备、最好的纸张。对于书的排版样式这样的小问题，张元济都要一再叮咛：书的版框四周空白要宽展一些，"否则紧眉头，令人一见烦恼"。如此态度，诚可谓事无巨细，全心全意。

尤其值得一提的是，在张元济主持下，商务印书馆及时辑印了《涵芬楼秘籍》《四部丛刊》《续古逸丛书》等大部古书，为商务印书馆赢得了良好的声誉和可观的收入。在此过程中，张元济身体力行，其不仅校勘文字正误，还辨章学术，考镜源流，对各种古籍进行十分精要的点评和整理，并写成《校勘记》数十册。这些工作，为后来的学术研究带来了极大的方便。

此外，张元济还在商务印书馆的基础上创办了一系列知名的报纸杂志，如国内最早研究国际问题的《外交报》（1902 年）、中国第一份文学期刊《绣像小说》（1903 年）、持论公正、闻名遐迩的《东方杂志》（1904 年）。嗣后，商务印书馆旗下的《小说月报》更是影响力巨大，如巴金、丁玲等著名作家都是从这里走出来的。

三

作为商务印书馆的舵手，张元济的作风既务实稳健，又敢于创新，大胆开拓。与此同时，张元济又始终保持了商人创业的艰苦砥砺精神，他没烟酒嗜好，出行时常在火车轮船上辑校古籍。尽管商务馆每年印书要用 30 万令白纸、营业额上千万，但他除社交信件外，几十年如一日地用纸边或背后空白的废纸写信拟稿。如知名编辑章锡琛说的，"（张元济）没有丝毫官僚习气，……每天总是早到迟退，躬亲细务，平时写张条子，都用裁下的废纸，一个信封也常常反复使用到三四次以上"。

作为文化人，张元济保持了一种难得的"在商言商"的经营理念，其对政治敏感人物的著作也一律不出版、不代销。如与张元济私交不错的康有为要商务代售其《不忍》杂志和出版攻击民国的《共和平议》时，张元济予以婉言谢绝，直到帝制风潮过后才勉强应允出版。1919年，孙中山托人将《孙文学说》送到商务印书馆，不承想遭到拒稿。为此，孙于次年在《致海外国民党同志函》中严厉斥责商务印书馆负责人为"保皇党余孽"，足见其耿耿于怀。1928年，被国民党抓入大牢的陈独秀寄来《中国拼音文字草案》，张元济宁赠他几千元稿费，也不愿意给商务印书馆带来任何风险。

在张元济的主导下，商务印书馆始终保持着一种既不激进又不保守的发展姿态，而商务能在几十年的时代旋涡中安然无恙，其法宝就是尽可能地"远离政治"。在漫长的半个世纪里，张元济一直注意保持商务股票不落入政治色彩过浓的人物手里，而许多政治力量想控制商务印书馆，但终没能如愿。

在用人问题上，张元济一直主张公司高层的子弟在一般情况下不进公司为妥，以防任人为私，其理由有两点：一、公司同人关系较重者，均在公司有年，薄有储积。其子弟席父兄之余荫，必不能如其父兄之知艰难。不知艰难之人，看事必易，用钱必费；二、父兄既在公司居重要地位，其子弟在公司任事，没有不合之处，旁人碍于其父兄面子，必不肯言，则无形之中公司已受损不少。即使闻知，而主其事者以碍于其父兄之情面，不便斥退，于是用人失其公平，而公司受其害矣。

平心而论，张元济的观点十分中肯切要，但当时的社会观念，"父子相继、子承父业"乃是天经地义，张元济的这一用人方针也遇到颇多挑战。例如，当时商务印书馆创始人之一、时任商务印书馆总经理兼印刷所所长的鲍咸昌有意安排其子鲍庆林担任印刷所副所长，张元济以为不可，鲍咸昌听后"词色愤懑，甚不谓然"，把张元济搞得左右为难。

随后，商务印书馆的首席会计王莲溪也找到张元济，其称鲍某儿子可以进公司，那我的儿子也要进来，今后重要职员的子女应优先考虑，安排一条出路云云。张元济听后，忍不住当场驳斥："人人都有儿子，如果都要进公司，那成什么话？！"

次日，张元济即给鲍咸昌写了一封长信，其中痛陈利害，并说道："满清之亡，亡于亲贵；公司之衰，亦必由于亲贵。"最终，鲍咸昌被说服，放弃了此前念头。而在此后，商务高层子弟不进公司的主张即成为惯例。

当然，律人必先律己，打铁还得自身硬。1932年，张元济的独子张树年从美国留学归国，想进商务印书馆。张听后马上表态："你不能进商务，我的事业不传代。"见儿子不理解，张元济又解释说："我历来主张高级职员的子弟不进公司。

商务印书馆

我应以身作则，言行一致。"

在长达半个多世纪的时间里，张元济一直是商务印书馆的灵魂与核心人物，而商务印书馆之所以能在近代出版业稳居龙头老大的地位，这与张元济的苦心经营及其治理智慧是分不开的。从某种程度上说，张元济对商务印书馆的影响无疑是重大而又潜移默化的，商务的出版风格长期保持着稳健与渐进的完美统一，其中"既不激进也不保守"的调和主义，也如同张元济的为人处世哲学。在几十年的政治动荡中，商务印书馆能安然涉险并不断壮大，靠的正是远离政治的"在商言商"。

后来，曾有人问张元济："你是文人，还是商人？"张听后黯然神伤，沉默不语。晚年时，张元济曾自撰一联："数百年旧家无非积德，第一件好事还是读书。"或许，一切尽在不言中，这就是张元济的答语吧！

1959 年，作为唯一见过"中国五位第一号人物"（光绪、孙中山、袁世凯、蒋介石与毛泽东）的出版业元老，张元济以 93 岁的高龄去世。

【30】办出版不挣钱，邵洵美图什么

作为民国文化圈的名人，邵洵美身上有很多标签，如诗人、作家、出版家、翻译家、富家子弟等。认真说，他的诗写得一般，文章也一般，不过做出版是尽心尽力，费了不少的心血与大把的银子。鲁迅曾写文章讽刺邵洵美，说他是"富人家的赘婿"，用"阔太太的陪嫁钱"做文学资本，这个却是误会了。邵洵美的妻子盛佩玉是晚清巨富盛宣怀的孙女固然不假，但邵洵美乃是原湖南巡抚邵友濂的长孙，家底原本就十分殷实，以夫人的嫁妆做文学资本之说并不成立。

一

邵洵美做出版，主要还在于他爱好文学。早在英国读书期间，邵洵美就为自己崇拜的希腊女诗人莎茀写了个短剧并交海法书店自费出版。据说，这本书做得十分精美考究，可惜一本也没有卖出去，邵洵美倒因此而博了个"希腊文学专家"的称号。

1926 年夏，回国途中的邵洵美在新加坡偶然看到滕固、章克标等人编辑的《狮吼》半月刊，他极为欣赏，回到上海就去拜访了狮吼社同人。正所谓，来得早不如来得巧，滕、章等人正愁没有经费，这下来了个金主，《狮吼》半月刊得以复活，而邵洵美也由此开启了他的创作和出版之路。

1927 年 1 月，邵洵美与盛佩玉在卡尔登饭店举行婚礼。同月，他的第一本诗集《天堂与五月》也由上海光华书局出版发行。让邵洵美不甚满意的是，诗集的出版过程颇费周折，因为出版商认为诗集销路不好，并不热心。为了让自己的诗集出版不必求助他人，邵洵美决心开办自己的书店。

1928 年 3 月，在曾朴、曾虚白父子办理真善美书店的启发下，邵洵美决定自

邵洵美

邵洵美和家人

办金屋书店，主打文艺类、唯美派作品。金屋书店位于静安寺路、斜桥路口，也就是邵洵美家的对面。虽然只有一开间门面，但里面布置得富丽堂皇，令人印象深刻。对于为何要办此书店，1927年10月《上海画报》有如下介绍："大文学家邵洵美君鉴于我国出版事业之腐败，书贾唯利是图，蔑视著作家之地位，于印刷装订上又不加研究，较之欧美日本相去判若霄壤，不胜愤愤。因拟与张景秋君等，合资开办一海上最高尚之文艺书店。"至于为何取"金屋"之名，章克标回忆说："既不是出于'藏娇'的典故，也不是缘于'书中自有黄金屋'诗句，而是由于一个法文字眼，即'La Maison d'or'的声音悦耳动听，照字义翻译过来。"

据同期作家温梓川在《文人的另一面》中说："金屋书店出版的书籍最精致也最讲究，书页不是用古雅的米黄色的书纸，就是用粗面的重磅厚道林纸。虽则是薄薄的一本三四十页的小书，看起来却显得又厚又可爱。封面在芸芸的出版物中别出心裁，使爱书家常常不可释手。"金屋书店开办两个月内，邵洵美也出版自己的三部作品：译诗集《一朵朵玫瑰》、文艺评论集《火与肉》和第二本诗集《花一般的罪恶》。新作问世后，文艺界褒贬不一，毁誉参半。对此，邵洵美倒不介意，因为他的写作本就是纯粹的自我情感抒发而已。

有了金屋书店，便也有了《金屋》月刊，不过持续时间不长。1930年10月，在《金屋》月刊出满12期后，邵洵美停办金屋书店和《金屋》月刊。之所以如此，有两个原因：首先，邵洵美应张光宇、张振宇兄弟的邀请，入股了中国美术刊行社的《时代画报》，这也是后来时代系出版矩阵的雏形；其次，当时徐志摩邀请他共同创办并主编《诗刊》，但邵洵美介入后，发现《诗刊》出版方新月书店已经陷入困顿，最终还是由他出资接手。考虑到新月书店创立早、名气大，于是邵洵美结束了自己的金屋书店而转入新月书店。

二

然而，由于徐志摩的意外去世，加上其他"新月派"人物如胡适、梁实秋、闻一多等人各奔东西，各有自己的事业，邵洵美最终于 1933 年 6 月结束新月书店的业务，改而全力经营自己的"时代系"出版事业。在此期间，邵洵美有一大手笔，那就是从家族房产售款中拿出 5 万美元向上海德商泰来洋行订购了德国郁海纳堡厂制造的全套影写版印刷机，这是当时世界上最先进的印刷机，也是中国第一台影写版机器。

1931 年 7 月，配备了照相设备、磨铜机、镀铜机等一系列完整配件的影写版印刷机运至上海。让人哭笑不得的是，高薪聘来的技师对这套有两层楼高的印刷设备也是一窍不通，最初的调试一再失败，无法工作。没办法，邵洵美只得自己捧起那本厚厚的外文说明书细细研读，同时与技工们反复磨合，这才摸出门道，印出了满意的产品。对此，邵洵美感到十分自豪并遍发广告："上海时代印刷厂是中国唯一以影写版印刷为主要营业，技术较任何印刷厂为专门，交货较任何印刷厂为迅速。"后来，这套设备承接了《良友》画报（赵家璧主编）、《生活周刊》（邹韬奋主编）等知名刊物，反响相当不错。

也就在这段时期，邵洵美的出版事业开始蓬勃发展。1932 年一·二八事变后，由于战事影响，《时代画报》暂停刊，邵洵美创办了以照片为主的《时事日报》并出满 16 期。当年 9 月，在此前时代印刷厂的基础上，邵洵美开办时代印刷公司，由此成为国内首家采用影写版印刷技术的出版企业。同月，在《新月》月刊结束后，邵洵美创办《论语》半月刊，由林语堂任主编。1933 年 8 月，邵洵美创办《十日谈》旬刊，这也是他首次介入时政类刊物，后于次年底停办。11 月，中国美术刊行社改组为上海时代图书公司（仍在原址福州路九十五号），曹涵美、邵洵美各增资 2000 元后拆成 5 股，另 3 股为张光宇、张振宇、叶浅予。同月，创办《诗篇》月刊。同年底，创办第一出版社，接办《十日谈》。

1934 年 1 月，创办《时代漫画》（1937 年 6 月出满第 37 期停刊）；2 月，创办《人言》周刊，邵洵美化名郭明主编，由第一出版社发行。5 月，创办《万象》（1935 年出满第 3 期停刊）。6 月，时代图书公司开始推出作家系列自传，其中包括沈从文、郭沫若、张资平等；同年出版的还有《论语》系列丛书和晚明十八家

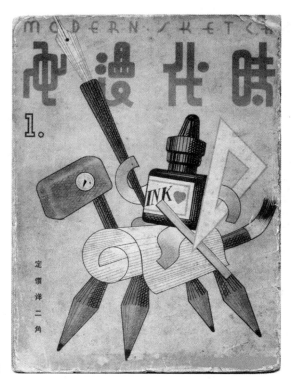

时代漫画

小品。

　　1935 年 6 月，创办《时代电影》(1937 年 7 月停刊)。8 月，与林语堂、吴经熊等合编《天下》英文月刊。9 月出版中英文对照《声色画报》，由第一出版社发行，次年改《声色周报》，与项美丽合编。11 月，创办《文学时代》，由储安平主编，次年 4 月出至第 6 期停刊。在这五六年间，邵洵美先后出版报纸杂志 12 种，涉及文学、诗歌、漫画、电影、时事、评论等各个领域。在其事业最鼎盛时，邵洵美"时代系"下同时出版 7 种刊物，而且还打通了从编辑到印刷到发行的出版全链条，这在当时的出版界是十分罕见的。

三

　　邵洵美主持发行的出版物口碑很好，被称为上海"最精致、最讲究，也是最昂贵的"。无论内容还是装帧，邵洵美总是追求完美，即便贴钱亏本也在所不惜。
实际上，"时代系"的出版物中，只有《论语》热销盈利，其他几乎都是亏钱。
如办《诗刊》时，第 1 期赚钱，但第 2 期后就开始亏本，原因是诗稿来得多了，
又不舍得丢弃，于是刊物比原来要厚得多。可成本上去了，定价却不变，哪有不
亏的道理呢。最早和邵洵美一起办出版的老友章克标后来回忆说："书店每年都蚀
本，也没有一本畅销书，我常劝他歇手，不要办什么书店了，这样每年蚀本不是
生意经，但我的劝告他听不进，他对于出版事业有极大的兴趣。"因此，邵洵美
是"自恃有钱，甘心亏损，并不失望"，这话倒也写实。

　　邵洵美办出版，不仅带着追求完美的诗人气质，同时也有着文人的任性而为。
章克标就说，当年狮吼社其实也没什么章程，就是无组织的集合，"一份小的杂
志，有钱就出，没钱就停，可算是个小山头，自立为王"。邵洵美的次女邵绡红
也说："（父亲）办刊物是兴之所至，突然来个念头，或是朋友里有人出个点子，
他就会办份新的杂志。……每一份他都要关心，尤其在刊物创办之初，他更是费
神，从制定编辑方针到挑选编辑，从组织撰稿阵容到分头约稿，乃至具体的编务、
出版，他都事必躬亲，有时连封面设计、广告词都参与意见。编辑们常常到他家
里来跟他讨论到深夜。"

　　20 世纪二三十年代，邵家的万贯家财日渐耗尽，主因虽是邵父赌博投机，但
邵洵美办出版也确实赔了不少。如其妻盛佩玉所说："洵美出版无资本，要在银行
透支，透支要付息的。我的一些钱也支了出去。抗战八年，洵美毫无收入，我的
首饰陆续出笼，投入当店，不懂利弊，总希望有朝一日赎回原物。洵美没有生财
之道，脑子每天动在书上。"不过，盛佩玉对此却并无怨言："每次听到他提出的
要求，只要是光明正大、合情合理的事要花钱，我总会全盘接受。"

　　1937 年全面抗战爆发后，邵洵美的出版事业一落千丈，原有刊物基本停办，
也无法推出新的图书。在战事激烈的期间，还是靠着项美丽找来的外国巡捕帮忙，
邵洵美才得以从日军占领区运回那台昂贵的印刷设备，还有未使用的白令纸（卖
后小赚一笔）、家具等，这已经是不幸中的万幸了。抗战初期，邵洵美与项美丽

一起办过《大英夜报》《自由谭》月刊（同时有英文刊），但受众主要是外国侨民，影响不大。1941 年 12 月珍珠港事变后，日军进入租界，印刷厂业务全停，邵洵美靠做股票赚了点钱，最穷极无聊时只能以集邮和写点邮票掌故的文章打发时间。

四

抗战结束后，邵洵美恢复印刷业务，同时又将时代图书公司改名为时代书局，继续图书出版业务。后来，邵洵美赴美购买摄影器材，在盛佩玉主持下，之前能盈利的《论语》半月刊于 1946 年 12 月复刊（抗战期间停刊于 1938 年 8 月，办至 1949 年 5 月第 117 期被勒令停刊）。1948 年，盛佩玉走了五姑母盛关颐（宋美龄的闺蜜、宋蔼龄曾为其家庭教师）的门路，印刷厂接到了承印公债券的大生意；同时，邵洵美也通过老友张公权的关系，申请了一笔外汇并订购了一批美国新闻纸，此举不但解决了公债券的印刷用纸问题，而且还从中赚了一笔。

1949 年后，根据政府的需要，由北京新华印刷厂收购了邵洵美的影写版印刷机，连同工人一起迁到北京，后用于印制《人民画报》。后来，政府提出改组时代书局、实行公私合营，但由于有的股东不同意，最终导致书局关门，邵洵美从此彻底告别了出版业。

邵洵美一生和出版业有着不解之缘。他曾在回忆文章中说：他在 12 岁时和弟妹们做了一份家报，"用一张三十二开纸，缮写四份：一份给祖母，一份给母亲，还有二份给住在我家的二位姑母。……我一生的命运，好像在那时候已注定了。……多少年来，可以说，我只是经营着出版事业。自己的刊物有时停办了，便为别人的刊物编辑写作。我对于国外著名的出版家和编辑的传记，极为注意，也最感兴趣。我还有一个痴念头，觉得只要模仿了他们成功的经过做去，一定会有相当的成绩。所以当我读了英国新闻大王北岩爵士成功的记载，是从发行一种八开本周刊《回答》开始，我便也曾经在某一年出版过一种八开本的刊物：《十日谈》。我是失败的。不过我对于他们出版的经验，总是十分的信仰"。有意思的是，在第 2 期家报中，有篇这样的文字："小喜阿妈（注：四弟的奶妈）昨天重一百二十斤，今天重一百三十斤，因为她将银洋廿五枚、双角子一百枚、铜圆四枚带在身上，以便随时逃难。"这一文风，和后来畅销的《论语》半月刊在冥冥之中似乎早有幽默之缘。

文学研究者李欧梵曾高度评价邵洵美："他似乎有无穷的精力、时间、文学天赋和金钱。"诚然，邵洵美为出版耗尽家财，但他一生最大的成就也在于出版。很多时候，出版确实不能用赚不赚钱来衡量，因为作为文化载体的出版物，它的价值是多面的。诗人卞之琳说：邵洵美"讲究印书，和我有同样的兴趣。他自有条件在上海大办出版事业，……大起大落，赔完百万家业，抗战还未全面展开，就陷入了拮据境遇。和他相比，我是小巫见大巫"。

卞之琳还讲了这样一个小故事：1932 年他写了本诗集《三秋草》，沈从文交给他 30 元让他印书，后来他回北平找到南河沿一家小印刷厂用 30 元（连张纸）正好印了 300 本，交给即将关门的新月书店代售。朋友们都说这本书印得好，纸也很好，但不知道是什么纸。卞之琳说，"上海《时代画报》主人邵洵美也来信说好，竟说将来要托我在北平印一本诗"，其实那"不过是一种较为韧性的薄渗墨纸罢了"。卞之琳还说："恕我这个也喜爱而无力玩印书花招的'小巫'，就这样嘲弄一下'衣带渐宽终不悔'玩印刷技术赔光家业而给新中国留下印《人民画报》的第一台影写版印刷机的'大巫'，遵'祭如在'的古训，轻轻松松，'如'隔世相对一笑，俨然见他在我面前音容犹在吧。"

【31】盛衰之界："明星"三巨头，漫漫创业路

在改变人类生活的重大发明中，电影无疑是其中之一。1895 年 12 月 28 日，法国卢米埃尔兄弟在巴黎卡普辛大街 14 号咖啡馆公开放映了几部自摄短片，这也被认为是世界电影的开始。仅过了一年半时间（1897 年 5 月底至 6 月初），这

种来自西方的"影戏"在上海礼查饭店和张园先后放映，中国人由此见识了什么叫电影。

一

看电影是一回事，拍电影则是另一回事。要说起中国人拍的第一部电影，当数 1905 年照相馆老板任景丰为京剧演员谭培鑫拍摄的《定军山》。不过，这只能算部分戏曲片段的影像化，既没有声音，也没有完整的剧情。因此，国内第一部真正的电影，还得是 1913 年由张石川、郑正秋合作拍摄的《难夫难妻》。

张石川生于 1891 年，浙江宁波人。他原名伟通，字蚀川，后因忌讳"蚀"有"赔本"之意而改为"石川"。张石川出身书香门第，但因为少年丧父而投奔舅父经润三（上海有名的"三个半大滑头"之一），后任职于华洋公司。张石川从小聪明伶俐，因为经常和洋人打交道，无师自通，学了一口的"洋泾浜英语"。

1913 年，美国商人依什尔和萨佛到上海办亚细亚影戏公司，他们与年仅 21 岁的张石川一见如故，于是聘请他为顾问并代为主持制片业务。当年 9 月，由郑正秋编剧、张石川导演合拍的《难夫难妻》，也成为中国故事片的开山之作。说来有趣，当时的电影业刚刚起步，一群年轻人既无经验，手里也没有像样的设备，所谓摄影也不过在马路边的空地上围一圈竹篱笆，直接利用自然光进行拍摄。当时的张石川也不懂得什么叫导演，只管将摄影机摆好，然后指挥那些文明戏出身的演员在镜头前演戏。

明星电影公司电影海报

张石川

郑正秋

　　一年后，由于第一次世界大战爆发，外国胶片断档，亚细亚影戏公司也在不久后关门大吉。1916 年，美国胶片重新进入上海，张石川心痒难耐之下，又和朋友合办了"幻仙影片公司"，并将宣传戒烟的文明戏《黑籍冤魂》（"黑籍"即抽鸦片者）搬上银幕。由于人员奇缺，张石川不仅在这部影片中担任导演，而且在剧中担任了一个角色。影片推出后，虽然颇受社会的注意，但因为公司资本过于单薄，不久就因为周转不灵而宣告歇业了。无奈之下，张石川只好回到他舅舅办的"新世界"，继续打杂生涯。

　　同时期，黎民伟在香港成立华美影片公司拍摄《庄子试妻》，另有商务印书馆影戏部的商务活动，张謇牵头组建的中国影片公司，但杜宇组建的上海影戏公司等，这些公司大多昙花一现，但具有拓荒意义。

　　不管什么行业，初创时期的青涩困阻总归在所难免。好在 20 世纪 20 年代，随着摄影技术的飞速进步和市场的不断拓展，电影行业的情况大为改观，一些影片公司也随之纷纷成立。1922 年，在经营股票生意的大同交易所投机失败后，张石川与之前就有合作的郑正秋、周剑云、郑鹧鸪、任矜苹等人共同发起成立了"明星影片股份有限公司"。当年 2 月，明星公司在《申报》上刊登招股启事，称"我人且看到假使中国人自己不办，恐怕外国影戏要蓬蓬勃勃地漫延到全中国的，我们所急于起来组织这一个公司，替中国人争回一点体面……"最初，公司额定资本 10 万元，由发起人认购半数，其余向社会各界募集。但出师不利的是，最终只筹到 4 万元，且多来自发起人亲友。

二

"明星"公司成立后，张石川等人先后拍摄了《滑稽大王游沪记》《劳工之爱情》《大闹怪剧场》三部短片。但遗憾的是，因为没有经验，票房收入十分不理想。这时，洋行职员阎瑞生图财谋害当红妓女王莲英而引发社会热议，阎的朋友陈寿芝趁机组织"中国影戏研究社"并拍了一部名为《枪毙阎瑞生》的电影。片中，陈寿芝自演阎瑞生，并约王莲英一位小姊妹扮演王莲英，片子推出后噱头十足，很是火爆了一把。张石川见后，也依样画葫芦拍了一部时事片《张欣生》（根据当时浦东一件杀父凶案编写），但因为把凶手杀人过程拍得过于真实，结果被租界当局禁演了。此时，公司资本消磨殆尽，日常开支只能靠借贷维持，甚至到了请工友典当物资以购买布景材料的地步。

在此窘况下，"明星"公司只能背水一战，将宝押在了郑正秋的长篇正剧《孤儿救祖记》上。1923 年 12 月，历经 5 个月拍摄的《孤儿救祖记》在爱普庐影戏院试映成功，盈利十分可观，"明星"的首次危机得以解除。之后，公司再次登报招股，将股本扩充至 10 万元。

《孤儿救祖记》取得商业和艺术的双重成功，"明星"公司随后再接再厉，于 1925 年拍摄新片《空谷兰》，并创造了默片时代的最高卖座纪录。然而，也就在这年，郑鹧鸪病逝，任矜苹因与张石川矛盾激化而另立门户。如此一来，"明星"组织者便由"五虎将"变成了"三巨头"，并逐渐形成以张石川为导演、郑正秋为编剧（兼导演）、周剑云负责财务的合作模式。之后，三人各自发挥所长，"明星"也迎来了最辉煌的 10 年。

据"明星"旗下的男星龚稼农回忆，张石川工作时经常穿短袄一袭，鸭舌帽一顶，整洁挺括，作风十分洋派，但他为人性格豪放，心直口快，具有事业家之雄心。同为"明星"旗下的影后胡蝶则认为，张石川粗壮结实，肥头大耳，一脸福相，但他脾气暴躁，动不动就要骂人，甚至骂粗口，很多演员都怕他；与之形成鲜明对比的是，郑正秋却十分有耐心，待人非常诚恳，没有架子，所以大家都称他"郑老夫子"。至于周剑云，他也是文人出身，和张、郑一起搞过亚细亚影戏公司，但办"明星"时退居幕后，扮演财神爷的角色。而且，周剑云头脑灵活，才干突出，善于应付各种突发事件，对"明星"的发展有不可抹杀的功绩。

张石川等人创办"明星"的初衷，一方面是看到电影业有利可图，是一项大有可为的事业；另一方面，也像郑正秋说的那样，希望通过电影来"补家庭教育暨学校教育之不及"，把电影看成改良社会的工具。因此，张石川热衷于拍摄商业性强的影片，而郑正秋更看重社会伦理正片。这一时期，"明星"公司推出的《火烧红莲寺》和《姊妹花》即为两者分野的典型例子。

1928年5月，由张石川执导的《火烧红莲寺》上映后反响热烈，大有万人空巷之势，国内第一波"武侠热"也由此诞生。由于影片十分卖座，"明星"公司在之后3年内将《火烧红莲寺》连拍18集，一时赚得盆满钵满。之后，"明星"公司一再搬迁并不断扩大，摄影棚、剧务部、化妆间、服装间、道具间一应俱全，拍摄、洗印、剪接器材等全部更新换代，其他如导演部、宣传部、卡通部、技术部、营业部、出纳部也都重新设立。此时，"明星"公司人才齐全、技术先进，品牌价值初现，股本总额随之增至20万元。

三

"明星"公司的大发展，其中的一个关键因素在于对编剧、导演和演员的高度重视。为了获得更多人才，"明星"公司不惜重金挖人，如编剧除了最初的郑正秋、洪深，后来又邀请知名作家包天笑、程小青、严独鹤等加盟，后者为公司创作了大量作品并创下了不俗的票房收入。在导演方面，除了领军人物张石川外，后来又引进了卜万苍、程步高等新锐导演，为"明星"公司的后续发展奠定了稳固的基础。至于演员，"明星"公司更是发掘、培养并捧红了一大批的男女影星，其中如王汉伦、张织云、胡蝶、阮玲玉、龚稼农、赵丹、白杨等，可谓群星汇聚，

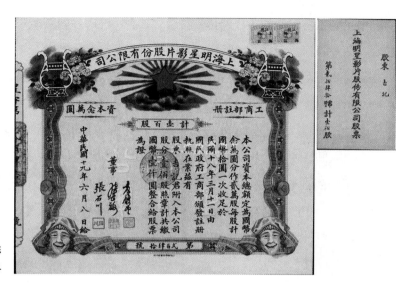

明星电影
公司股票

闪耀一时。在"编剧、导演、演员"三者合力下，"明星"公司由此脱颖而出，傲视群雄，"明星"二字俨然成为金字招牌，"只须出片，即有人购买"。

20世纪20年代后期，随着美国有声片《爵士歌王》（1927）的横空出世，世界电影也迅速由默片时代向有声时代推进。对于国内各大电影公司而言，这一技术革新同样带来了新的较量。1931年3月，"明星"公司和百代公司合作，率先推出由胡蝶主演的《歌女红牡丹》，中国电影也由此进入有声时代。当然，严格地说，《歌女红牡丹》采用的是蜡盘发音，只能算半有声片，而这部耗资12万元的大片虽属首创，但票房成绩并不理想，所幸后来放映权卖给东南亚（菲律宾和印度尼西亚分别卖了1.8万元、1.6万元），这才挽回了不少损失。

1931年7月，大中国和暨南两家公司联合推出有声片《雨过天青》，但因为在日本租用设备拍摄，市场反响不佳。同时期，天一公司也在尝试拍摄蜡盘发音的《钟声》，但因摄影场失火而未果。之后，天一公司另建新摄影棚并从美国聘请摄影师、收音师并租用美国有声电影器材拍摄《歌场春色》，后于当年10月推出。这一新片开支浩大，但收入也颇为不菲。在同业对手的压力下，"明星"公司也继续加大技术方面的投入。当年6月，洪深受命前往美国选购有声摄影器材并聘请了四位美国技师（分别负责摄影、录音、洗印和剪接），耗费巨大。据龚稼农、胡蝶等回忆，当时美国技师开出的周薪高达 200 美元，而为了延长服务期以获得更多报酬，美国人故意拖延，不肯传授相关技术，"明星"方面不得不想尽办法偷师学艺，这才得以掌握这些技术。

之后，"明星"公司陆续推出有声片《旧时京华》和《自由之花》，并取得不俗业绩。在同行业你追我赶的共同努力下，国内电影也很快进入了有声时代，迅速拉平了与西方电影的距离。另外值得一提的是，"明星"公司附营的"华威贸易公司"发明了四达通影片放映机并为之前放映默片的影院提供改装业务，这对普及国产有声片起到了很大的推动作用。

进入 20 世纪 30 年代后，由于时局日渐紧张，加上电影市场竞争日趋白热化，本已取得相对优势的"明星"公司再次遭遇挫折，这就是投入重金摄制张恨水小说《啼笑因缘》（1932）时，却因为拍摄权纠纷而陷入官司，损失不小。而在此时，"明星"公司购置了昂贵的有声片设备却未能及时收回成本，财政上又一次面临严重危机。

内忧外患之下，"明星"公司聘请了阿英、夏衍、郑伯奇等人担任编剧，并陆续推出《狂流》《春蚕》等一系列左翼电影，以求转机。然而，左翼电影虽然给"明星"带来了一定的活力和收益，但迫于当局的政治压力，票房并不是太理想，"明星"一时半会仍难走出困境。好在 1934 年时，"明星"推出由郑正秋编导、胡蝶主演的新市民电影《姊妹花》，这一影片在新光大戏院首轮连映 60 多天，人气爆棚，票房持续飙高，最终创出高达 20 万元的收益纪录，这才算帮"明星"渡过了这次难关。

令人惋惜的是，"三巨头"之一的郑正秋于 1935 年 7 月因病去世。这一事件，对"明星"无疑是个巨大的损失，而且"明星"当时正在筹建新厂。经过大规模裁员降薪和人事变动，公司分设一厂和二厂，前者以"明星"原有导演如张石川、程步高、李萍倩等为主，后者以"电通"转入的影人如应云卫、袁牧之、沈西苓、陈波儿等为主，两厂独立制作，共同营业。

改组之后，两厂分别推出自己的作品，如一厂作品《压岁钱》(1937)由张石川导演、夏衍编剧，以一枚银圆的流转串起了五光十色的中国社会，极富教育和讽刺意味；而二厂于1937年推出袁牧之编导的《马路天使》和沈西苓编导的《十字街头》，两部作品更是代表了同时期中国电影的最高水平。

<h2 style="text-align:center">四</h2>

盛筵难再，好景不长。1937年抗战爆发后，上海遭受日寇侵袭，电影行业也遭遇重创。在战火的摧残下，"明星"公司的辉煌历史就此终结。之后，张石川、周剑云也曾为"明星"复业而奔走努力，但时局的动荡、人事的变迁，加之财力枯竭，最终回天无力，无果而终。

1948年，柳中亮和柳中浩兄弟办起"国泰"和"大同"两家公司，张石川一度应邀出任"大同"制片主任，但他勉力拍完《乱世的女性》一片后，就因为各种原因而告别影坛，后于1953年6月在上海去世，终年62岁。

很多人或许认为，"明星"公司之所以取名"明星"，目的是为了推出更多的明星。但实际上，郑正秋在"明星"公司成立时是这样说的："明星"之名，意在以"明星点点，大放光芒，拨开云雾，启发群盲"。这等用意，可谓深远。

从1922年到1937年这16年间，"明星"公司共拍摄影片200余部，培养了包括编剧、导演、演员、摄影、美工、录音、剪辑、洗印、发行在内的一整套人才，其间经历了从无声片到有声片的重大变革，为中国民族电影事业做出了不可磨灭的贡献。此外，"明星"曾大力拓展放映渠道，也曾联合其他电影公司组成"六合影片影业公司"，做过重组发行业务、整合影院资源的有益尝试。1933年，"明星"还设立了卡通科，中国动画片创始人万氏兄弟（万籁鸣、万古蟾、万超尘、万涤寰）在4年多时间里绘制了一大批爱国主义动画短片。此外，"明星"公司为了扩大宣传，还创办《明星》《明星月报》《明星半月刊》等业内媒体，此举也大大丰富了20世纪二三十年代的电影文化。从这个意义上说，"明星"公司确实是中国电影史上当之无愧的耀眼明星。

【32】国产优先：柳中亮、柳中浩的电影王国

说起民国的大明星、人称"金嗓子"的周璇，当时可以说是无人不知、无人不晓。不过周璇之所以能走红，除了她个人的才华外，很大程度也来自上海滩的柳氏兄弟。正是在后者的力推下，不仅周璇创造了很多奇迹，当时的电影娱乐业也同样大放光芒。

"柳氏兄弟"指的是柳中亮和柳中浩，两人父亲柳钰堂早年进入轮船招商局，积攒了一笔不小的财富。由于从小耳濡目染了上海滩的各种新鲜玩意儿，柳氏兄弟对航运业并不感兴趣，他们将目光和财富投向了当时最热门的电影业。

20 世纪 20 年代，整个世界范围内的电影业都在蓬勃发展，上海也不落于人后。在同为宁波人的张石川、邵醉翁等人的带动下，中国民族电影迅速崛起，影剧院里看电影俨然成为那个年代最时髦的消遣。在此热潮下，柳氏兄弟在南京新街口兴建的世界大戏院也于 1929 年 10 月开门营业，该戏院为半斧形双层楼房，拥有近千个座位。

或许有人要问，柳氏兄弟从小生长在上海，为何将首次创业的影院开在了南京？原来，当时上海已有大大小小的电影院上百家，竞争十分激烈。而且，那时电影院多以放映好莱坞电影为主，一线影院几乎都被洋人控制。作为刚刚入行的新手，柳氏兄弟根本没有实力参与竞争。而在这时，国民政府刚刚定都南京，电影市场的潜力很大，柳氏兄弟的这一策略后来果然成功了，世界大戏院一经开张，生意就十分红火。

在南京试水成功后，柳氏兄弟信心十足，随后于 1933 年在上海北京路、贵州路口开始兴建金城大戏院。据记载，金城大戏院由华盖建筑事务所（成立于1933 年）设计、新恒泰营造厂承造，耗资 16 万元，有观众席 1786 座。该项目由华盖主创人赵深亲自主持，合伙人童寯为主要设计者，主打现代主义风格。建筑

金城大戏院广告

外观上，金城大戏院以西立面和南立面为主立面，采用不对称设计，转角处最高，南西两侧呈阶梯状依次降低，立面为光洁的白墙面，没有采用装饰线脚，仅在轮廓和窗的水平方向上施以灰色线条加以点缀。内部装饰上多用金色，造型多圆形或弧形，颇具变化感和流动性。大面积的白色墙壁反衬黄色的地面，配上金色的扶手和黄色的吊灯灯光，整个门厅弥漫着金碧辉煌的氛围。室内的地面、门、扶手等，均采用中国传统符号，在西方现代主义风格中融入中式建筑元素。金城大戏院坐北朝南，两面临街，占地面积 1050 平方米，建筑面积约 3600 平方米，门厅高 8.4 米，贯通两层，内有圆形楼梯。西侧配楼为 5 层，南侧配楼为 4 层，东北部设观众厅，分上下两层，观众厅下设有地下室。

1934 年 2 月 1 日，金城大戏院正式开业，前来捧场的观众爆满。据《申报》报道：当天"楼上楼下均告满座，门前车水马龙，盛极一时。该院建筑之宏丽，设施之新颖，布置之完美，座位之舒适，莫不称美，均道极端完美"。

1931 年九一八事变后，各界掀起了声势浩大的救亡浪潮，电影界也不例外。为了支持民族电影，柳氏兄弟将金城大戏院定位为国片的头轮影院，专门放映明星、联华、天一等国内电影公司出品的新片，以抗衡外来的好莱坞片。当年 6 月，由联华影业公司出品、蔡楚生编导、王人美主演的影片《渔光曲》在金城大戏院首次公映，一时火爆异常。在之后 84 天里，金城大戏院几乎场场满座、天天加场，不但创造了国内电影史上的票房新纪录，也让金城大戏院声名鹊起，中国电影从此扬眉吐气。1935 年 5 月，由田汉和夏衍编剧、许幸之导演的电影《风云儿

周璇

女》在金城大戏院上映，田汉作词、聂耳作曲的《义勇军进行曲》作为影片主题歌首次从这里唱响，并迅速传播到全国各地。同年 8 月，金城大戏院举行聂耳逝世追悼会，《义勇军进行曲》再次唱响。由于柳氏兄弟经营得当，金城大戏院一时被誉为"国片之宫"。据说，当时有外商出资 60 万美元想要购买，但被柳氏兄弟一口拒绝。

随着电影事业的不断壮大，柳氏兄弟又将经营范围扩展到制片业，并接手了明星影片公司及其主创人员、摄影场地和设备等，由此形成拍片、洗印、放映发行的完整产业链。筹建新公司的过程中，由于日本侵略战争的干扰，柳氏兄弟一手打造的国华影片公司于 1938 年 9 月才宣告成立。之后，公司相继拍摄了《风流冤魂》《孟姜女》《碧玉簪》《三笑》《金粉世家》等 40 余部影片，成为国内电影界异军突起的一支劲旅。

值得一提的是，大明星周璇由歌星转为影星也得力于柳氏兄弟。早在国华公司成立前，柳中浩夫妇已经十分欣赏并认周璇为干女儿，还给了她与亲生女儿一样的待遇。国华成立后，柳氏兄弟更是要力捧周璇为公司的台柱。从 1939 年起，周璇一连拍摄了《李三娘》《孟姜女》《董小宛》等 10 余部民间故事片。与此同时，公司又聘请作曲家陈歌辛、贺绿汀等为周璇量身定做相关歌曲，并联合百代等唱片公司为周璇灌制唱片。在柳氏家族不遗余力的扶持下，周璇可谓火上加火，红极一时。

1937 年，柳氏兄弟再次筹建一座新的影院，这就是 3 年后开张的金都大戏院。当时的金都，主要作为二轮影院，放映金城已经放过的影片。然而，好戏不长的是，1941 年"珍珠港事件"爆发后，日军占领租界，柳氏兄弟因为拒绝加入汪伪组织的中华联合制片公司而停办国华影片公司，金城和金都两家戏院也不再放映电影而只演戏曲和话剧。由于营业状况不景气，柳氏兄弟不得不变卖家产来弥补亏损，勉力维持之前的事业和人员。

抗战结束后，正当柳家准备大干一场时，一场"附逆"之祸从天而降，柳中浩也一度被法庭传讯，一时闹得沸沸扬扬。所幸的是，柳氏兄弟在抗战期间的作为有目共睹，最后有惊无险，平安过关。之后，柳氏兄弟又创办国泰影业公司，田汉、于伶、洪深等被聘为特约编剧，后在 3 年内拍摄了《无名氏》《忆江南》《假面女郎》《湖上春痕》《龙凤花烛》《平步青云》《残冬》等 30 余部影片。1948年，柳氏兄弟实行资本分家，柳中浩继续经营国泰影业公司，柳中亮和儿子柳和清另外成立大同电影公司。

1952 年 2 月，国泰影业公司与"文华""大同""大光明"等影片公司成立上海联合电影制片厂（即后来的上海电影制片厂）。1955 年，金都大戏院更名为瑞金剧场；1958 年，金城大戏院更名为黄埔剧场，并相继实行公私合营。

六　商业明星

【33】黄楚九长袖善舞：从艾罗补脑汁到欢乐大世界

在老上海方言里，"滑头"一词既有"狡猾"之意，又常作"聪明"之解，大意是指"脑子活络、善于来事"的人。20世纪二三十年代，上海滩就有"三个半滑头"的说法，其中之一为本文主角黄楚九。据统计，黄楚九事业如日中天时，他独资或参股的商号、公司有近百家之多，因此也有人戏言，黄楚九除不经营棺材铺外，各行各业没有他不涉足的。正因为如此，贪大求全、天性冒险的黄楚九也被称为上海滩的"大投机家"。

一

黄楚九，生于1872年，浙江余姚人，少时随父行医，粗通医术。15岁时，其父不幸去世，黄楚九遂随母迁居上海，仍操医术谋生。据说，其母有祖传妙方，善医眼疾，黄楚九得其真传，后来便在城内开设颐寿堂诊所，并自制多种丸散膏丹出售。

不过，旧上海名中医陈存仁对这段历史不无鄙夷地说：黄楚九因为眼科生意不甚理想，"所以就暗地里出卖春药，借以自给。不料营销太广，竟被拘捕到上海县衙门，审判他的是县知事王欣甫，对黄楚九出卖春药深恶痛疾，判打屁股40大板，还要鸣锣游街。这件事，凡是60岁以上的上海乡绅们都知道的"。

陈存仁的话是否同行相忌不得而知，不过也有人说，黄楚九最初在上海老城隍庙附近摆摊卖药时，因为善于交际而结识了许多穷朋友，诸如江湖艺人、小生意摊贩、各种手艺人等，虽然每日卖药收入微薄，但黄楚九为人慷慨、乐善好施，经常周济穷朋友，而穷朋友们也为之义务宣传，生意遂日益兴旺，不久发展为一所小小的诊所即"颐寿堂"。

1904年，随着生意的日渐扩大，黄楚九深感老城区空间狭窄，利润有限，于

黄楚九

是将颐寿堂迁往治安更好、人口素质更高的法租界，颐寿堂也被改名"中法药房"。之所以取名"中法药房"，无他，除制销中成药外兼售西药，这也算在医药界开了中西合璧的先例。

迁入法租界后，黄楚九观念为之一新，一时间仿佛脑洞大开，次年即挖到了他人生中最重要的"第一桶金"——艾罗补脑汁。说起艾罗补脑汁，其实也不是什么神奇之物，不过是他从某吴姓药剂师处买来的普通安神健脑滋补剂处方一张，仅此而已。不过，黄楚九的精明之处在于，他利用当时人们的崇洋心理而将药名洋化为"艾罗补脑汁"，药瓶商标上又设计一个外国人的头像，即子虚乌有的洋博士 Mr. Yale。

这还不算，黄楚九又请人写了英文的药物说明，普通的安神健脑剂遂摇身一变，成为"地道"的洋药。黄楚九这么做并非没有原因，因为当时人们大多认为洋货代表了高明与高档，市场上大受吹捧，"中土之所生产、中国之所制造，日形其壅滞，……西人精造诸品，无不利市三倍，而参岐黄术（者），久藏药笼，无顾而问者矣"！

当然，如果仅仅是简单的换装，那离成功还有数百步之遥。为了推广这款新产品，黄楚九另有高招：一是大肆宣传艾罗补脑汁可以长智慧、祛百病，服用后一身轻松，乃读书科考之必备良药；二是善于利用新的宣传手段，他不惜重金，天天在《时报》《中外日报》《申报》等上海报纸上大做广告，甚至假冒用户在报上现身说法，连续刊载感谢信、疗效说明等。由此，艾罗补脑汁的知名度迅速飙升，这是当时其他商品从未有过的营销新法。另外，以往中药都是从药铺买了自己煎或者药房代煎，而艾罗补脑汁却是煎好的成品，用瓶子装好，买回后即可直接服用，这对顾客乃至推广销路方面无疑是极方便的。

说白了，艾罗补脑汁其实就是保健品，这类产品的功效姑且不说，但黄楚九在产品、包装、宣传、营销渠道上都做得到位，艾罗补脑汁也就一炮打响，销售情况极为火爆。由此，中法药房一时门庭若市，销售额不断攀升，真的是日进斗金。如此一来，身为保健品鼻祖的黄楚九一下就发了大财。不久，追求时髦的黄楚九就买了刚上市的汽车，成为上海滩少数几个以车代步的富豪之一。

当时还有个笑话。某日，有个意大利人跑来找黄楚九，说他的父亲名叫艾罗博士，补脑汁的处方乃是他老爹的发明，如今被盗用许久，要求赔偿损失。黄楚九问他："你知我姓什么？"意大利人说："你姓黄。"黄楚九一笑，又问："你知道黄字译成英文是什么？"意大利人说："Yellow。"黄楚九遂指着自己的鼻子说："Yellow！ Yellow！ Yellow 译音'艾罗'，它代表的正是我呢！滚吧，我不要做你爹。"原来，这外国流氓本想敲黄楚九一笔，孰料反落进黄楚九的圈套，做了别人的儿子，最后碰了一鼻子灰，只得羞惭而去。

数年后，艾罗补脑汁的营销神话日渐褪色，黄楚九也在积累了第一笔资本的基础上扩大制药生产与销售。10余年后，中法药房又推出一种新药名为"百灵机"，这种药大概是人造血补品之类，仍不脱保健品的范畴。为了迅速扩大销售，黄楚九故技重演，他在报纸上大做广告，宣称此药乃是"炼取百药之精华制成"，"可以补血、补脑、补肾"，而且故意把价格定得很高，以示高档。在此噱头之下，很多人又信以为真，争相购买，结果黄楚九再造神话，数年间便由此赚得数十万元。

二

如果仅仅是个卖药的商人，那黄楚九还成不了上海滩的闻人。当时有句流行语，"不去大世界，枉来大上海"，黄楚九最终暴得大名，靠的正是名扬中外的"大世界"游乐场。

从时间上说，黄楚九进军娱乐业并非从"大世界"开始。他最早在1912年开设新新舞台（今南京路、浙江路口），主要演出京剧和文明戏，次年又与人合资在新新舞台顶上创办了上海第一家游乐场——"楼外楼"屋顶花园，主要上演曲艺、戏法等小型节目，并设冷饮茶座。为了吸引顾客，黄楚九在"楼外楼"进门处特别安装了令人捧腹的哈哈镜和最新引进的电梯，这一别出心裁的营销手法，让一向好轧闹猛的上海人趋之若鹜，一时间游人如织。

"楼外楼"大获成功后，黄楚九又于1915年开办了规模更大的"新世界"游乐场（今南京路、西藏路口），其中曲艺、歌舞、杂耍、电影、弹子房等各种娱

艾罗补脑汁

乐形式齐备，同时供应各式美食，游人进场后不限时间，玩至半夜也不清场，生意好得让人眼红心热，由此还带动了沪上其他娱乐场所的迅速发展。

1917 年，由于与合伙人闹翻，黄楚九又在法国领事的支持下开设了比"新世界"规模更大的"大世界"游乐场（今延安东路、西藏路口）。为了把"新世界"比下去，黄楚九很是动了一番脑筋。首先，"大世界"的建筑独具特色，其内部设施更是尽善尽美。一进大门，16 面哈哈镜迎面而来，先逗人发笑；接着，4 层的游艺场所随便赏玩，其中底层"共和厅"10 小时连映电影场并有溜冰场、"大京班"，2 楼"共和阁"分别上演魔术、弹词、滑稽和绍兴文戏；3 楼"共和楼"设中西餐厅和文明戏、维扬文戏、滩簧三个剧场，4 楼"共和台"设济公坛、歌舞班、杂耍场。由此，"大世界"上上下下、四面八方都是南北曲艺，可谓包罗万象，整天莺歌燕舞，在上海、来上海不去"大世界"，那真是太土老帽了。

为了吸引更多的游客，黄楚九又在门票上动脑筋，他将"大世界"的门票定为两角，这其中是大有奥秘的。因为当时"新世界"的门票也是两角，但"大世界"的面积是"新世界"的两倍，节目也远多于"新世界"，各种花样就更不必说了。此外，"大京班"虽然需要另外买票，但也只售两角，等于用戏馆的最低票价，却能看到上海滩的名角演出。

价格合算姑且不说，"大世界"的门票还另有用途，这就是"赠上加赠，奖中有奖"的优惠营销。但凡游客入场，检票员即凭票发一张优惠券，可 7 折购买黄楚九所办烟厂的"小囡牌"香烟一包，每百包中有彩票一张，可兑换银圆一块；另外，每包香烟附带购物优惠券一张，满 10 张去中法大药房购买药品打 8 折。为了鼓励游客在"大世界"内用餐，黄楚九又规定，凭门票吃西餐打 8 折，吃和菜打 7 折，满 30 元再赠"大世界"门票一张。这一系列的营销绝招，不仅吸引了大批爱占便宜的小市民前来游玩，同时也为黄楚九所办的药厂、烟厂打开了销路。以此而言，"大世界"不仅是上海最大的娱乐场所，同时也成了"黄家大卖场"。

作为娱乐场所，光有优惠当然还远远不够，因为游客到"大世界"来主要还是想看节目，开心才是最重要的。为此，黄楚九在节目上也颇费了一番心思，用

5个字来概括的话，就是"名""新""奇""趣""怪"。"名"指名角，"新"是新人，"奇""趣""怪"那是花样百出，以满足人们爱寻刺激的心理。进了"大世界"，唱戏、溜冰、放电影那是正常的，其他如猜灯谜、坐风车、击电磅、拉杠铃、打落弹等也不稀奇，让人随时吓一跳的是一般难得看到的大蟒、两头蛇、蜘蛛美人、怪侏儒等，到了夜里，一颗流星弹放到空中炸开，奖券纷纷洒落，游客们是又争又抢，又笑又闹，场内气氛，一片欢腾。

每逢传统佳节，"大世界"往往有特别布置。如中秋节，"大世界"底层空场上会架出一个周长2丈、高3层的巨大月饼；端午节，天桥四周用白布扎成白蛇，各剧种都演《白蛇传》；7月7日乞巧节，底层空场上彩扎出比真人还高两倍的牛郎织女绸像，演出时牛郎竟牵着"哞哞"直叫的真牛上台，场内观众为之绝倒；元宵节时，场内吃汤团可凭入场券8折优惠；"大世界"里，几乎季季有节、月月有会，每到这时，场内外总是观众潮涌，热闹非凡。走进"大世界"，就像进入了五光十色的大观园，当年不知道吸引了多少人。

三

除中药、娱乐行业之外，黄楚九所涉足的行业多达几十、上百种。1910年，黄楚九以中法药房名义开办"同征长寿团"，办理人寿保险业务；又以劝人戒鸦片烟为名制销以吗啡为原料的"天然戒烟丸"，仅此一项，每年即获利10万余元。1915年，黄楚九创办大昌烟草公司，所产的"小囡牌"香烟问世后风行一时，最后竟逼得英美烟草公司以20万元代价买下商标销毁了事。

黄楚九虽然自称"知足庐主人"，但从他的投资来看，完全不是这么回事。1918年后，黄楚九又陆续开设三星舞台、三星地产公司、中华电影公司等，其他如浴室、茶馆、南货店、戏院、旅社、酒店乃至公墓等，几乎没有他不插一脚的。为了管理方便，黄楚九又设立共发公司，以统一打理他的全部生意。

就像当时上海滩流传的那句话：黄楚九的生意，七十二行他占了三十六行。然而，并不是所有生意都能顺风顺水，在黄楚九涉足的所有产业中，利润最大的是金融业和房地产业，但风险最高的也莫过于此。

　　清末民国时期，资本家开银行并不是什么稀罕事。从 1897 年中国通商银行成立伊始到 20 世纪 20 年代末，国内自办银行已近 200 家。黄楚九办银行，起因是 1919 年末他与人合伙开办上海夜市物券交易所。为了便于收付清算，黄楚九随后又决定自办银行。这个银行起名"日夜银行"，风格和交易所类似，也就是夜间照常营业，随时敞开大门，为储户服务。

　　1921 年 8 月 10 日，在一片吹吹打打声中，上海日夜银行在"大世界"东北角闪亮登场，当天的开业广告也是夺人眼球："24 小时昼夜营业，任意金额均可开户，不问行业，童叟无欺。"怎么个"任意金额""童叟无欺"呢？黄楚九也有妙招：当天他让人找了些小孩，每人发一块大洋，让他们到银行开户存进，过会又去取出，如此存存取取，取取存存，弄出一副业务繁忙的样子。这幕活剧，套

上海"大世界"

路虽然简单，但效果立竿见影，日夜银行"连小屁孩都接待、一元钱也肯受理"的消息不胫而走，一些看热闹的纷至沓来，也有人当场就把钱存上了。

为营造气氛、拉动业务，黄楚九还动员他名下所有职工都来日夜银行存钱捧场。尤其开张头几天，黄楚九更是到处拉人，就连在大世界里唱戏的艺人也不放过。当然，靠熟人存款毕竟杯水车薪，黄楚九心里也清楚，日夜银行吸引不了大客户，唯有争取更多小客户、吸纳零散小钱，才能立于不败之地。如陈存仁在《银圆时代生活史》中说的：

"上海的银行营业时间只在下午四五时为限，唯有日夜银行是日夜营业的，因为它的客户都是另一批人物。日夜银行因为毗邻大世界游乐场，大家认为大世界每天人山人海，生意旺盛，对日夜银行极有信心，而且这个地区，是英法两租界中心点，附近有好多赌台，大家赢了钱，还可以黹夜存入这家银行；又因为大世界附近都是么二堂子，以及八仙桥一班低级妓院（当时上海人称为韩庄），还有数以千计的'野鸡'，这些人的收入全靠夜间，而且心目中认为大世界是大事业，日夜银行是很可靠的，所以她们把赚来的钱纷纷存了进去。日夜银行为了拉拢储蓄存款，除了厚给利息之外，还附送'大世界'门券，因此有许多散户，都到日夜银行去开户口。"

用现代营销学的说法，日夜银行这是细分人群、精耕市场，实行差异化生存的策略。通过夜间营业，日夜银行把生意做到了赌客和妓女的身上，这不能不说是定位清晰、眼光毒辣了。为了和其他银行竞争，黄楚九也是绞尽脑汁、想尽办法，如在推广游览储蓄项目时，即以赠送"大世界"门票为手段，以吸引更多储户前来存款。此外，符合一定条件的储户，还可享用半价出租的"纯铜坚固新式保管箱"。

正所谓，"肥水不流外人田"，上海"大世界"每日灯红酒绿、歌舞升平，日夜银行和夜市物券交易所则从早到晚，生意每时每刻。三者联动下，无论白天、黑夜，财源滚滚而来，这也让黄楚九感到意气风发，踌躇满志。没多久，日夜银行开了浙江路分行和虹口分行，并在"大世界"内设存款游览部，这也是黄楚九一生事业的巅峰了。

<h2 style="text-align:center">四</h2>

然而，银行存款多固然是好事，但吸收到的资金必须要有出路，以钱赚钱才能真正赚钱。于是，黄楚九将目光投向了房地产业。上海自开埠以来，地价不断抬升，搞房地产的一直是有赚无亏。如捷足先登的沙逊、哈同、嘉道理等外商个个都发了横财，国内地产商如程谨轩、周湘云等也都由此暴富。当时的很多银行，如谈荔孙掌管下的大陆银行也在南京路、虹口等地投资建造了大批房屋。在此引领下，黄楚九也不甘寂寞，他将日夜银行的大量款项投向了地产业，并在爱多亚路（今延安东路）、极司菲尔路（今万航渡路）、浙江路、宁波路等处租买了大量地皮并兴建了大批楼房。

千算万算，时代难算。正当黄楚九以为自己能大捞一把时，1929年世界经济大危机突然爆发并很快波及中国。在此冲击下，上海市面百业萧条，地产衰败，新屋卖不出去，店面也乏人承租。当时，不要说黄楚九这种新玩家，就连老牌的哈同、沙逊等都为之焦头烂额，谈荔孙在南京路上投资的大陆商场更是损失上百万元之巨，差点将大陆银行拖垮。

房地产业能让人迅速暴富，但资金链一旦断裂，那几乎就是灭顶之灾。为了缓和局势，黄楚九拉拢义兴钱庄等组成万春银团，把自己所有的地产契据作为抵押借款后垫入日夜银行应付日常提现。然而，万象银团并没有回春的暖意，索债之风反而更为猛烈。最艰难时，黄楚九不得不每日将家里首饰拿去抵押垫付。

相比其他银行，日夜银行还有一个致命的缺陷，就是和同业没有往来。之所以如此，主要因为日夜银行并未正式注册，其他银行也嫌弃其夜间营业作风不正、储户又多是烟花女子或底层大众，更有人暗指其为"野鸡银行"。因此，日夜银行陷入危机时，沪上财团基本袖手不理，冷眼旁观。走投无路之下，黄楚九只得请求同为余姚同乡的上海滩大亨黄金荣出面帮忙，后者借款几次后成了最大的债主，这也为"大世界"落入黄金荣之手埋下伏笔。

1930 年底，日夜银行爆发挤兑事件，黄楚九疲于应付之下，最终焦虑成疾。1932 年 1 月 19 日，一个催款电话成了压死骆驼的最后一根稻草。据说，黄楚九在接完电话后急恨交加，当晚即告去世，终年 59 岁。消息传开后，储户更是如潮水般前来提款，但此时日夜银行早已大门紧闭，黄家产业也随后被接管清算。此时，势力大的投资人、借款人在幕后博弈分赃，无依无靠的储户们只能干等，默默承担损失。

据报道，日夜银行所欠存款近 400 万元，但黄楚九所遗现款仅 4 万余元，差额巨大。至于其名下产业，因为债权债务关系复杂，一时难以厘清。由于清算困难，最终由法租界会审公廨接管。由于日夜银行并未注册而只能算无限责任公司，理应由黄家及合伙人负最终责任，但后者向会审公廨集体喊冤，声称日夜银行从未发过红利，股东会、董事会也数年未开，他们只有股东之名而无股东之实，承担无限连带责任显失公平。最终，清偿责任暂由黄家承担。1931 年 6 月 18 日，法租界会审公廨对此案做出裁决：中西药房、温泉浴室虽已出盘，但前者系分期付给，后者尚未收齐，不得已向上海银行商借 15 万元，先给储户发一成之数。至于黄家其他遗产，待变价后再行发还；如有不足，仍需向董事股东追偿。此后，上海"大世界"被黄金荣接手，中法大药房因系股份公司性质而未列入查封范围，其余产业或转让或拍卖，日夜银行的众多小储户们在拿回一成半存款后，就没然后了。

黄楚九商业帝国的大溃败，既是 20 世纪 20 年代末世界经济大危机的大环境所致，也与他的地产投资有很大关系。事实上，黄楚九办实业，无一不是借钱办事，而在地产投资上是登峰造极，他先是借钱买地皮、造房子，房子押给银行；再借再买地皮，再造房子再抵押，结果窟窿愈来愈大，一旦银根收紧，沙滩上建起的大厦也就随之倾倒了。

黄楚九晚年自署"知足庐"主人，以"知足常乐"为信条。在其居所内，还有一副对联："求闲哪得闲，偷闲便闲；思足几时足，知足方足。"然而，黄楚九是从不"知足"，最终落得两手空空。更惨的是，就连黄楚九生前所穿的上百件长袍也被拍卖，正如上海商会会长王晓籁在其葬礼上所送挽联说的："楚楚大志，廿年雄心夺天下；九九归原，一双空手渡黄泉。"这副挽联，可谓道尽黄楚九的一生，其结局意味深远，足以昭示后人。

不过话又说回来，作为一个卖眼药出身的外地穷小子，黄楚九在上海滩打拼了二三十年，其间搭建出一座庞大的商业帝国，这无疑是了不起的。上海名家陈定山即说，黄楚九头脑新颖，遇事敢为，喜负债，能以少数资金博取大利，他所创办的实业，无不开风气之先；而其失败，在于事业太多，负债太重，而其创建性之伟大，见事性之灵敏，有非他人所可及者。经济学家于光远也说："我对黄楚九的经营能力是很佩服的。我当然不会用'奇才'这样的语言去形容他，但是一直承认他在商业上的确是一个很懂市场，很有本事的人。"这段话，也是持平之论。

斯人已去，高楼犹在。黄楚九创立的"新世界""大世界"至今仍矗立在上海南京路繁华商圈，算来也有近百年历史了。仰目望去，这些老建筑虽然远低于周边的高楼，但在时代沧桑的褶皱里，仍可想象出当年称雄沪上的灿烂风光。

【34】"的士大王"周祥生：祥生车行何以荣登榜首

20世纪初的上海街头，各种交通工具如马车、电车、黄包车、自行车、手推车等，不论新的、旧的，也不论土的、洋的，可谓中西并存、各显神通。在这熙熙攘攘、车水马龙中，其中就已经出现了出租车的身影。

一

世界上的第一辆出租汽车诞生于德国斯图加特。1896年7月，戴姆勒汽车公司为马车行老板格雷纳定做了一辆带计程器的维多利亚汽车。次年，格雷纳将第一辆出租车投入运营，由此开创了一个新的服务行业。

在中国，第一辆汽车于 1901 年首先出现在上海。两年后，哈尔滨成为中国第一个有出租车的城市（当时被称为"营业小汽车"）。1908 年 9 月，地处公共租界四川路 97 号的美商环球供应公司百货商场购置了 5 辆卡迪拉克汽车开设汽车出租部，为购买商品的顾客提供出租汽车服务，由此成为出租车行业的拓荒者。

1911 年 8 月，工部局批准美商平治门洋行和美汽车公司经营出租汽车。也有人说，老上海第一家真正的专业出租车公司是一家叫美的汽车公司，也叫东方汽车公司，于 1911 年 8 月 7 日成立，车行设在南京路，总部设在四川路，主要使用的是法国雷诺汽车。同年获准开业的还有亨茂洋行、中央汽车行等。天津第一家车行即美丰洋行成立于 1913 年，主要销售美国福特公司的福特牌、林肯牌、马克瑞牌汽车。1915 年，天津就出现了出租汽车车行。

据 1922 年《上海指南》统计，1921 年上海出租车公司有 24 家，到 1926 年发展到 51 家，其中包括云飞、探勒、环球、利利、祥生、黄汽车等。其中，有 4 家公司规模最大，分别是祥生、云飞、泰来和银色汽车公司。其中，云飞、泰来是外商，而银色和祥生是华商。1928 年，上海出租汽车业联合会成立，参与的 46 家车行共拥有 500 余辆出租汽车，占到全市出租汽车的 95%。

美商云飞汽车公司成立于 1921 年，这是当年上海出租车行业实力最强的，其总经理高尔特是美国人，擅长经营管理，云飞一度雄踞上海出租车行业榜首。此外，英商泰来汽车公司实力也非常雄厚。华商这边，实力比较强的是银色汽车公司和祥生汽车公司。银色公司成立于 1928 年，他们非常重视企业形象的塑造，为了吸引人们的注意，取得广告效应，这家公司将车身全部漆成银色，并且在车身中间嵌漆一条红带，整车外形十分醒目。该公司还曾以一辆飞驰的出租车为商标，表现其快速到达、服务迅速的特点。银色公司的预约电话是"30030"，也非常好记。

然而，和人力车相比，这时的出租车行业还非常弱小。同一时期，上海的人力车大约有 20000 多辆，占据出租车市场的绝对优势，这是因为汽车对比人力车有太多弱点：汽车价格昂贵，动辄数千银圆，而一辆人力车的成本只要 50 银圆，此外，汽车的维修和运营成本也比人力车高很多。当时出租汽车一小时收费银圆4块，而人力车一次则是银圆4角。另外，培训司机的成本也非常高。

当时，出租车除了交牌照费，同时还要交营业捐。1932年杭州出租车每辆牌照费2元，每季营业捐15元到30元不等。出租车司机也要交份子钱，如1946年上海祥生汽车公司规定，司机每天须上缴营业收入的五成，而多数车行只给司机发工资。

民国时期，打出租车是一件非常奢侈的事，据最早提供汽车出租业务的美商环球供应公司百货商场投放在《字林西报》的广告："坐落在四川路97号环球供应公司，五座乘客，汽车出租，车价第一小时银圆6元，以后每小时4元……"据陈伯熙《上海轶事大观》所载："出租汽车乘一小时，价四、五元（银圆）。"当时，工厂熟练工平均月薪约30块大洋，一小时车相当于他们收入的1/6，一般市民根本消费不起。

民国时期，上海出租车大多采用按时计费。当时某些出租车公司会印制一大批"计时单"。司机营运的时候，把计时单放在车里，乘客上车，先在计时单上填写起始时间，下车时再填终止时间，最后双方计算时长，按时间结算费用。当时，一般都是司机自带怀表，和客人的表进行核对按时间手工计价。此外，也有按里程计费的。如1923年郁达夫受聘去北大教书，他从旅馆打电话叫出租车，接线员告诉他按英里计费，每英里收费大洋3角。

和现在不同的是，民国叫出租车需要电话预约，路上招揽乘客的被称为"野鸡车"。据1933年《津浦铁路旅行指南》中的记载，往来下关及夫子庙，逗客乘坐之普通汽车，俗呼"野鸡汽车"，每人每次约收车费4角，但须凑足5人方肯开行。正规出租汽车每钟点收费3元，逾1小时后每钟点加2元，每半钟点加1元。

二

1901年的上海只有两辆汽车，是一个匈牙利人带来的，据说是最早进入中国

祥生出租公司

20 世纪 30 年代上海街道的各种汽车

的汽车。两年后，上海有了 5 辆汽车，1908 年激增到 119 辆。1912 年民国成立时，上海滩的汽车猛增到 1400 辆，街头已不难看到奔驰、福特、雪佛兰等汽车飞驰的身影。

也就在 1908 年，一位 13 岁的定海少年背着包裹、挟着雨伞来到上海，他就是未来的上海"出租车大王"——周祥生。初至十里洋场，周祥生先在某葡萄牙人家当童工，后又做过饭店徒工、咖馆侍应生。18 岁那年，在姑丈的介绍下，周祥生进入礼查饭店当"仆欧"，这也是他一生转机的发迹之地。

礼查饭店（现为黄浦路 15 号浦江饭店）是上海开埠后的第一家豪华西式酒店，也是远东地区最著名的酒店之一。1882 年 7 月 26 日公共租界试验点灯，总共 15 盏灯中，礼查饭店就占了 7 盏。当时，它也是最先安装电话、举办花园舞会的饭店，堪称欧美新事物登陆上海滩的"桥头堡"。这里社会名流出入，也是众多西方名人到上海后下榻的首选。诸如爱因斯坦、卓别林、罗素等，都曾在此下榻。

作为上海滩的高级消费场所，礼查饭店的客人在餐毕出门叫出租汽车时，善于察言观色的周祥生往往提前将车叫好，这样客人高兴，车老板和司机也开心，周也获得了一笔小费。日积月累，周祥生渐渐有了一点积蓄。不过，周祥生的"第一桶金"并不是那些花花绿绿的外国钞票，而是他曾捡到一笔卢布巨款（也有说是两个人力车夫拾到卢布巨款后发生争吵，周因调解而分得 1/3，合银圆 500 块），由此买入他人生中的第一辆汽车——日制黑龙牌旧篷车。

周祥生最初不会开车而是雇用司机，自己则到码头、火车站、饭店、戏馆等地专门揽客。这时，他在饭店学来的洋泾浜英语派上了大用场，外国水手成了他最初的主顾。两个月下来，生意做得相当不赖，购车时的贷款很快还清。英商中央汽车公司见周祥生信用好，随后又赊给他一辆美制新车。不到 3 个月，周祥生又将车款 1250 元全部付清。堂弟周锡庆见他这生意不错，于是凑了 1000 元合伙，周祥生又购进旧车一辆，正式成立了车行。当时行址设在鸭绿江路，他任经理，弟弟周三元管内务兼司账，妻舅潘增华担任车务主任。两年后，周祥生拥有了 6

辆专门用于出租的汽车。生意做大后，周祥生不再满足于这种打游击、兜圈子的"抛岗生涯"（就是违规揽客的黑车生意），他决定挂出自己的招牌，这就是后来的"祥生车行"。

1923 年，周祥生的车行在武昌路、百老汇路（今东大名路）正式开张。为给车行起个好名字，周祥生绞尽脑汁，最后决定中英文各起一个：中文叫"祥生"，英文叫"Johnson"，这两个名字土得亲切，洋得地道，就像是称呼老朋友一样简洁上口，中西合璧，天衣无缝。颇值一提的是，周祥生原名周锡杖（乳名阿祥），此后他的原名渐被人遗忘，而"周祥生"一名开始闻名上海滩。

20 世纪二三十年代是上海出租车行业发展的黄金时期。1930 年后，美国通用汽车公司和美孚、亚细亚等石油公司为应付世界经济危机而一再跌价竞销，周祥生抓住机遇，以付定金 20% 的方式向美国通用汽车公司一次性购进雪佛兰轿车 60 辆。次年，他的朋友、新顺记五金号副经理李宾臣预测美元汇价将看涨，他主动提供 3 万两白银帮周祥生扩大车行业务。周祥生得银后，即以 100 两白银兑45.5 美元的比价向花旗银行兑换美元，用以订购雪佛兰轿车 400 辆，分四批陆续到货。新车到上海后，车价已翻一倍，而 100 两白银兑换美元的比价降至 24 美元，周祥生除自留 200 辆外，其余新车全部脱手，双双获利。一夜间，祥生公司清一色湖绿的雪佛兰新车开上大街小巷，如同一股绿色旋风席卷上海。

1932 年，祥生汽车行更名为祥生出租汽车有限公司，额定股金 10 万元，周祥生入股 6.5 万元并担任董事长兼总经理，公司总部设在北京路与西藏路交叉口。与此同时，周祥生的社会地位也日渐提高，他先后担任华洋出租汽车联合会董事和上海出租汽车业同行会会长。

祥生公司成立后，周祥生立下目标，要求公司做到"规模最大，设备最全，训练最严，侍应最周，车辆最多，车身最好，分站最广"。当时的美商云飞汽车公司拥有福特牌出租车 200 多辆，车顶上的"云飞"两字很远即可看清，"云飞汽车，腾云驾雾"；"云飞车夫，训练有素"的广告语也随处可见，是祥生公司的主要竞争者。

银色出租车公司

受云飞公司叫车电话"30189"（谐音"三人一杯酒"）的启发，周祥生也在公司叫车电话的号码上动足了脑筋。电话叫车，图的是方便快捷，通顺易记、朗朗上口的电话号码也成为各公司打入市场的不二法门。当时，祥生汽车的电话号码是40251和40253，周祥生觉得并不突出，最后软缠硬磨，用花了10根金条（100两白银）的代价买到原电话公司自用的号码"40000"。

为起到更好的宣传效果，祥生公司打出"四万万同胞，拨4万号电话"的广告语，并将公司汽车的车头上钉着白底蓝圈的圆形铜牌标志，车尾喷上公司标志和"40000"号码。公司的司机，也穿着统一的号帽、号衣，衣帽上都印着"40000"的醒目大字。

更绝的是，周祥生还买了大量墨绿色的饭碗，碗上印一辆汽车和"40000"号码，送给公司老顾客加深印象。此外，周祥生还请人设计了一种小巧的话机金属搁架，架子上冲压着祥生公司的标记和"40000"号码，并派人到戏院、酒楼、舞厅、赌场等热闹场所和用户家中的电话上免费安装（共安装数万只）。祥生公司此举虽花费大量人力、财力，但收获可想而知：叫车者拿起电话，"40000"就跃入眼帘，大批生意自然涌向祥生公司了。

为了把生意做大，周祥生在宣传上可谓用尽了心思。他在报纸电台大做宣传，如《新闻报》头版刊头下就长期刊登祥生公司广告，电话簿封面和书脊上也有祥生广告。在热闹的街头，公司制作了一个"4"字带四个大圆圈的广告牌，每到夜晚，霓虹灯不停闪烁，十分吸引眼球。为了多接业务，周祥生在公司下开办电话问讯服务，专门答询天气和火车、轮船始发时间等信息，而不少问讯者问了车船时间后，往往就在祥生公司租了。更有甚者，周祥生还让人根据报纸上的讣闻讣告，迅速派人上门联系用汽车送丧的业务。等生意接下来，公司就派出车队随送丧队伍缓缓而行，场面甚为壮观，也趁机扩大了公司的影响力。

当然，宣传做得好是远远不够的，周祥生随后打出"服务社会，便利交通"的口号，并特别强调"日夜服务，承叫即到"的营业准则，其硬性规定：凡乘客叫车，10分钟内必达；调度员接待客户必须亲切礼貌，绝不允许态度生硬；凡乘客上门叫车，必须车随人走；乘客遗忘物品一律上缴，以便归还失主，如隐匿不报，不但要受处罚，甚至可能开除，上交贵重物品的司机可以得到奖励；车辆外壳和座椅要定期清洗，始终保持清洁和完好；等等。由于祥生公司的声誉卓著，加上周祥生与上海一些头面人物交往密切，上海铁路局黄伯樵局长给祥生公司开了后门，后者汽车可以直接开进北火车站接送客人，而其他出租车公司只能待在外面。

为了监督公司规章的执行情况，周祥生会派人不定期地外出抽查，如客人表示不满意，司机要当场向乘客道歉，回去后还要接受处罚。有时候，乘客来车行叫车，周祥生甚至亲自上前招呼，为乘客开门关门、安放行李，并恭恭敬敬地送客离去。最厉害的是，周祥生还会在外面假装顾客打电话，他同时拨打祥生、云飞等几家大公司的电话，看看最先到达的是否是祥生汽车；如果不是，那调度和司机都要受处罚。

为了最大限度地调配资源，周祥生亲自坐车在市区考察，看哪里客流量大，就在哪里设立服务点。当时，祥生公司共设立 22 处分行，几乎囊括了上海最主要的商业娱乐区、交通枢纽区、外侨聚居点和游览风景区。为方便顾客叫车，祥生公司还在全市的酒楼、饭店、娱乐处添设 50 处叫车点。如要用车，电话一响，车子即到。正如一位乘客说的："电话铃声尚未断，汽车已在门前等。"有一次，出租汽车行业的老板聚会，有人提议，大家不妨试试打自己汽车公司电话叫车，看看哪家公司的车先到，结果祥生公司的车第一个驶到。

1937 年，祥生公司拥有汽车 230 辆，职工 800 多人，并取代"云飞"成为上海最大的出租汽车公司，周祥生也理所当然地登上了"出租汽车大王"的宝座。但好景不长的是，抗战后上海的出租车业又开始了新一轮的洗牌，周祥生创造的奇迹最终未能维持长久。

更有甚者，出于被同行妒忌的原因，祥生公司出租车多次被人敲碎玻璃；1929 年，周祥生在武昌路被人浇了大粪；1933 年，周祥生又在北站被人扔了大粪，驾驶员被拖下车打骂。为此，公司专门雇了俄国保镖加以保护，而周祥生也辗转托人，他不但投帖拜在了社会闻人杜月笙门下，而且花钱托关系报名成为租界特别巡捕，这样可以穿制服、挂手枪，以此吓唬那些企图加害于他的人。

三

全面抗战爆发后，外商出租汽车公司纷纷关闭，华商也大多数歇业或转业。为免资敌，周祥生分 4 次将 200 多辆出租汽车低价卖给国民党军队。因为没有提交董事会讨论，此事引起董事们一片哗然。1937 年 10 月，周祥生以退为进、提出辞职，不料董事会立刻批准他辞职。作为补偿，公司每月送干俸 200 元，并为他安排专车。由于接任者是他弟弟周三元，兄弟为之反目。1949 年初，周三元以酬谢创办人为名送给周祥生 4 辆崭新的雪佛兰汽车，兄弟方才和好。据说，周祥生听到自己被"除名"后，一怒之下把手头公司股票全都卖掉而仅保留一股，他说："我至少还是股东，我还可以参加董事会听听，我睁大了眼睛看看他们的结局。"

太平洋战争爆发后，上海全部沦陷，日军断绝汽油供应，全市出租汽车停业，祥生公司也改为经营人力三轮车。此时，周祥生逃亡广州和南洋谋生。1939 年秋，由黄伯樵介绍到广州湾西南公路运输管理局代运物资，来回于广州、贵州、重庆一线。抗战后期，由于生活困难，周祥生甚至在亚尔培路 219 弄（今陕西南路 63 弄）堂口摆摊卖粢饭、豆腐浆，以维持一家老小生计。

抗日战争胜利后，周祥生试图重整旗鼓，他创办了上海祥生交通公司，置卡车、轿车等 90 余辆。同时，还开设祥生钱庄、祥生饭店、祥生电台等。上海解放前，周祥生从上海到香港，但不久又返回。1949 年 8 月，周祥生将交通公司的全部车辆登报拍卖，发给工人 3 个月工资，将祥生交通公司解散。同时，祥生饭店也不景气，周祥生在饭店辟出一间店面，出售祥生饭店的桌椅、餐具、灯架等饭店残留物品，以后干脆改为旧货寄售商店，公私合营时并入华艺旧货店。

上海祥生出租汽车公司在抗战结束后全部复业，但实力已大不如前；到 1949 年上半年，只有汽车八九十辆，职工 300 人左右。新中国成立初期，上海尚有出租汽车行 29 家，营业汽车 370 辆，但出租汽车营业清淡。1951 年，祥生汽车公司被公私合营。1956 年出租汽车全行业合营，实现全市出租汽车统一经营，共有出租汽车 185 辆。自此，上海的出租汽车统一由上海市出租汽车公司经营。

1959 年，周祥生 65 岁因病退休，从此赋闲在家。他迷上了收集古董，隔三岔五地跑文物市场，但多数物件都是赝品和假货。“文革”爆发后，周祥生被抄家批斗，吃了不少苦头，并从原居住的 4 号被赶到 32 号亭子间一个人居住。晚年，他留下了颇有意味的一幕：一次劳动时，为躲避一辆飞驰而过的汽车，近 70 岁的周祥生不慎滑进了阴沟，挣扎了好一会儿才勉力爬了出来，全身沾满了污水。1974 年 2 月 12 日，周祥生病故，享年 79 岁。

“文革”期间，乘坐出租汽车被视为资产阶级腐朽生活方式而遭到批判，出租汽车行业急剧萎缩。在很长一段时期，很多出租车都是为外宾服务，甚至需要外汇券才能乘坐。1979 年，港商刘耀柱创办了广州第一家民营出租车公司——白云小汽车出租公司。刘耀柱将这 300 辆出租车全部喷涂为与香港“的士”类似的红色，从此，"招手即停"的出租车经营模式开始风靡广州并逐渐席卷全国，出租车行业也迎来了全新的春天。

【35】亏本也在所不惜：陈光甫与中国旅行社

旅游在当下已经是一种普通的生活方式，来一场说走就走的旅行，在年轻人看来一点也不稀奇。不过，在百年前的中国，要想旅游可不是那么的方便。道理很简单，当时的交通方式除轮船、火车外，并没有太多的选择；而各地虽有旅馆，但多为旧式旅舍，远没有现在那样方便卫生；至于旅行社，那简直就是没有。因此，要说起近代中国旅游业的兴起，还得从中国旅行社的创办人陈光甫说起。

一

陈光甫，江苏镇江人，其早年曾为报关行学徒，后赴美留学，回国后于1915年创办上海商业储蓄银行（下称上海银行），并逐渐成为国内知名的银行家。

关于中国旅行社的诞生，据说还有这样一段小插曲。某年陈光甫到香港办事，后准备转赴昆明。当时，从香港到昆明既无火车也无飞机，只能坐船到越南后再经滇越铁路前往，很不方便。某日中午，陈光甫见一外国旅行社有代买船票的业务，于是进门打听。孰料进去十几分钟，只见柜台里的一外籍男子只顾与另一女职员闲谈，而对陈光甫这位"中国顾客"完全视而不见，毫不理睬。

受此冷遇，陈光甫十分气愤，他出门后心想：这些外国职员之所以不接待他，无非是因为自己并非西洋人，所谓"非其族类"而故意加以歧视；然而，中国没有相应的旅行机构为国人提供方便，以致因求助洋人而遭受白眼，也不能不说是自取其辱。在此刺激之下，陈光甫决心创办中国自己的旅行社，一方面为本国人服务，另一方面也要与外国人竞争，以挽回中国之利权。

当然，作为一个银行家，陈光甫萌生自办旅行社的念头也不是突发奇想或仅

中国旅行社

中国旅行社

仅因为受了刺激。事实上，陈光甫对此是深思熟虑，早有想法。首先，在民国初年，外国在中国开设的旅行机构主要是英国通济隆公司和美国通运银行，这两家公司在上海、香港等地均设有分支机构，主要有代售车船票等业务并自主发行旅行支票（即所谓"通天单"）。可当时的中国人，却没人想到要与他们竞争，为国家收回利权。

其次，当时外国人来中国旅游，缺乏相应的接待，以致有损国格。如美国总统轮船公司发起环游全球的活动，其中一站就有上海。当时参加这一活动的人很多，其中不乏美国的富商巨绅、名流学者。可是，轮船公司安排在上海的时间非常短促，游客上岸后参观的地方也不多。更糟的是，当时也没有什么真正意义上的导游，结果一些略通英语而操着洋泾浜口音的人便把这些业务揽下来，由他们陪着这些外宾各处观光。

对此现象，陈光甫颇为不满。因为在他看来，这些所谓"导游"所导引的地方往往不能代表中国文化或风景名胜，即使有一些可以代表中国民间的古朴风物，但时间如此匆促，解说又如此蹩脚，外国友人一时半会恐怕也无法领略。试想，外国友人不远万里来到中国，他们对中国本身就没有什么了解，如此匆匆而来、匆匆而去，其接受的东西本就有限甚至被误导，回去后难免信口宣扬，说这就是他所亲历的中国，这对于其他人来说，不免又会对中国产生各种错误认识。

此外，陈光甫还想起之前的一件往事：某年冬夜，他乘火车抵达徐州，那晚特别寒冷，风霜凛冽，冰雪载途，他虽身裹重裘，但仍止不住冷得连打寒战。当时，因为正值凋年腊尾，加之夜色已深，作为异乡过客，不免有一阵凄凉落寞之感。更糟的是，当他出站时，许多乘客根本没有过夜的地方，而只好麇集在露天月台上等候搭车，男女老少，各自守着自己的行李，依偎一团，在彻骨的寒风中簌簌发抖。如此寒夜漫漫而无栖身之地，是非常难熬的。此情此景，也给陈光甫留下了极为深刻的印象。

在陈光甫看来，徐州作为苏北重镇，其地处津浦铁路和陇海铁路两大交通干线交叉点上，不管是北上南下还是东去西行的旅客都可能在这里换车。假如车站附近有间屋，不必豪华考究，只要宽大轩敞，足避风寒，有条凳，有灯火，如能免费供应一些热水茶点，让这些在长途旅程中备感辛劳的旅客暂时有个休息小坐之所，岂不也为他们解除了一些痛苦，提供一些方便？假使能把这件事做好，岂不也算得上是真正的服务？

有鉴于此，陈光甫决心把久蓄的意念立即变为行动，他要创办一个中国人自己的旅行社，这样既可以服务于国人，同时也要与洋人的旅行机构一争长短。

1923 年 8 月 1 日，陈光甫创办的旅行社宣告成立，这就是上海银行旅行部。有意思的是，作为中国第一家旅行社，它并不是独立机构而是设在银行下面。而从时间上看，这已经是英国人托马斯·库克在 1845 年创立世界第一家旅行社之后近 80 年的事了。

二

说来也是机缘巧合。正当陈光甫摩拳擦掌，打算开办自己的旅行社时，报上刊发了一条消息，说全国教育会联合会第九次会议将于 1922 年 10 月 22 日在云南昆明举行，届时各省代表先至上海集中，然后由香港转越南，再乘滇越铁路前往昆明。看到这条消息后，陈光甫立刻意识到，教育代表所行路线与自己曾经历的旅行路线完全吻合，而发生在自己身上的遭遇与不便，恐怕也会在教育代表身上再次发生。

于是，陈光甫便给上海银行总行拍发电报，让相关人员与全国教育会会务人员取得联系，并表示：各省代表齐集上海后，从上海到昆明的一切舟车食宿事项，均由上海银行派人员陪同料理。这一提议，很快得到教育会负责人黄炎培先生的首肯，计划得以顺利实施。尔后，上海银行的周到服务也受到教育代表们的一致好评。

陈光甫的超寻之举，当然不仅是因为热心于教育。事实上，他还有另一层用意，那就是以此验证开办旅行社的可行性，而本次由上海银行提供的服务，实际上也相当于一次练兵。在此成功经验的鼓舞下，陈光甫加快了创办旅行社的步伐。1923年4月，交通部召开全国铁路联运会议，上海银行代售火车票的业务得到批准。是年8月1日，上海银行旅行部正式宣告成立，这也标志着中国近代旅游业迈出了实质性的第一步。

刚开始营业时，上海银行旅行部人员不多，业务也比较简单，其主要以代售国内外火车及轮船票为主。后来，因为前来旅行部办理购票、接洽事宜的人越来越多，旅行部遂于1924年1月迁至四川路，以扩大发展。1927年6月1日，经上海银行董事会批准，旅行部从银行独立出来，并正式更名为"中国旅行社"。1928年1月，南京国民政府交通部核准了中国旅行社的"元号旅行业执照"，这也是国内第一家拿到旅行业执照的旅行社。

值得一提的是，初创时期的旅行部及中国旅行社虽然业务繁忙，但其实都是亏本的，而且一时半会也看不出有盈利的前景。是以，银行内部有不少人否决这项生意，一些同仁好友也纷纷劝其停办，但陈光甫始终不为所动，他表示："旅行社虽说年年亏本，但为国家挽回了不少的利权，不然又多送入外国许多钱了！"

爱国情怀固然很重要，不过陈光甫更加认为，中国旅行社也可以说是上海银

旅行杂志

行的形象代表，是一台无法估量的宣传机器，其对上海银行的业务拓展有帮助，社会效益更无法用利润和数字来衡量。如他自己说的："寰宇间万物有重于金钱者，好感是也。能得一人之好感，远胜于得一人之金钱。今旅行社博得社会人士无数量之好感，其盈余为何好耶？"

作为一项新事业，要想博得顾客的好感也不是一件容易的事。为此，陈光甫为中国旅行社制定了一套规范的管理制度和独到的宣传教育方法。他曾对旅行社工作人员说："吾人有必须注意者，吾人经营斯业，宗旨在辅助工商服务社会，平时待人接物宜谦恭有礼，持躬律己宜自强不息，务求旅客之欢心，博社会之好感，庶几无负创业初衷。"

在他的严格要求下，中国旅行社的表现也确实让人眼前一亮。当时，只要和中国旅行社稍作接触，就能处处感受到它的与众不同：社里的工作人员一律穿制服，到车站码头的接待人员还头戴专门的帽子，帽上的"旅"字标识熠熠生辉，五角星红光闪烁，十分引人注目。工作人员的服务也极为妥帖周到，绝不以貌取人、以财取人。

陈光甫在开办上海银行时，始终以"人争近利，我图远功；人嫌细微，我宁烦琐"这 16 字为准则；中国旅行社创办后，同样继承了上海银行"顾客至上，服务社会"的宗旨，并从一开始就确立了"发扬国光，办事旅行；阐立名胜，改进食宿；致力货运，推进文化"的 24 字方针。在陈光甫与社里同仁的群策群力之下，中国旅行社不但在与外国旅行社的竞争中立稳了脚跟，同时也赢得了社会各界的普遍赞誉，其发展势头非常可喜。至 20 世纪 30 年代中期，中国旅行社逐步扭亏为盈，如 1936 年即盈利 60 万元。

三

在 20 世纪二三十年代，国人出去旅游那可是一件很时髦的事，而参与者也多数为收入较高的城市中产阶级，如官员、商人、高级职员等。随着教育的不断普及，很多学生及一般市民也陆续加入了旅游的队伍，但这些人的经济承受能力有限，去其他城市及风景名胜游玩也没有太高的要求，只要有吃有住就行。用上海话来说，就是所谓的"穷白相"。

出游是人的天性，"穷白相"也没有什么错。陈光甫本人是平民子弟出身，他对老百姓的这种旅游需求及相应的市场潜力当然是十分清楚的。为此，中国旅行社有一个重大创举，那就是在各大城市、各风景名胜区建立了很多平价招待所，以满足游客的基本食宿需求。用陈光甫的话来说就是，游客在舟车劳顿或游山玩水之后，能"藉安适之卧房，温暖之浴水，消减其劳乏，恢复其精神"就足够了，而不必追求奢华，做多余的装饰。

中国旅行社的招待所并不奢华固然是事实，但并不意味着服务也可以乘机缩水。事实上，陈光甫对社里自办招待所的要求很高，员工除了制服整齐、手面清洁、笑脸迎客三点之外，其他四项也务必保质保量地完成，那就是：一要保持幽静，严禁喧哗，让游客能安心休息；二是所有被褥、枕套、毛巾等用品要卫生整洁，及时换洗；三要保证热水供应，让游客能洗个热水澡，解除旅途中的疲乏；四是要供应简便卫生的膳食，以解游客之饥。

就此而言，中国旅行社实际上是确定了行业的基本准则，后来的宾馆也无不以此为服务规范。对于近代中国的旅游业和宾馆服务业来说，这无疑是个高起点，开了一个好头。此后，如陈光甫所预料的，中国旅行社的招待所很快声名鹊起，它不仅成了社里的金字招牌，也成了上海银行最好的活广告，大大提升了后者的知名度和社会美誉度。如1934年建成的青岛招待所，其楼下为上海银行青岛分行以及中国旅行社青岛分社，二、三、四楼为招待所，两者捆绑在一起，无疑起到了相互促进的作用。

作为旅行社，组织旅行团观光游览自是其主要业务，中国旅行社也不例外。为此，社内专设游览部，其每年春季与铁路局协商特开游杭专列、海宁观潮、惠山游湖、超山探梅、富江览胜等旅游项目，后来还组织有赣、闽、湘、桂、粤五省旅行团等。1929年杭州举行首届西湖博览会时，中国旅行社从香港、南京、天津等地组织团体赴杭参观，并在会议期间提供客店、汽车、导游等服务，由此受到人们的普遍赞誉。此后，再如1933年华北运动会（青岛）、1934年中华基督教青年会第十二届全国大会（上海）、1935年第六届全国运动会（上海）等重要会议和活动中，中国旅行社都极其活跃，会场内外，其服务人员的身影随处可见。就连1932年国际联盟派出的"李顿调查团"，也由中国旅行社负责接待，可见其声誉之隆。

除了国内旅游之外，中国旅行社也在大力争取国外游客并拓展国外游。如1926年，中国旅行社组织了赴日本观樱团，之后又与日本国际观光局合作，共接待20余批日本游览团计3000余人。1933年爪哇华侨实业考察团来华考察，即由中国旅行社全程招待。1936年柏林第11届奥运会期间，中国体育代表团及参观团的出国事宜也都由中国旅行社提供服务。

除常规工作之外，中国旅行社还有颇多创新。如1935年创立的"中旅社旅游团"，实际上有些类似于当下的旅游团购。"中旅社旅游团"是一种经常性质的游览团体，团部设于中国旅行社上海总社楼上。其中，团员分普通、特别、永久三种，普通团员年纳团费2元，特别团员10元，永久团员一次性缴纳25元即可。这种做法，有些类似于年费，对于出游次数较多的人来说，具有一定诱惑力。"中旅社旅游团"提倡集体旅游，团员有颇多福利，如下榻本社招待所及购买本社刊物等，均可享受优待折扣。此外，总社二楼设有康乐室，供团员业余集会及消闲之用，另在外租有网球场、游泳池、足球场、篮球场多处，供团员锻炼身体之用。据统计，至1937年冬，各类团员数已接近1000人。

1931年，上海银行与中国旅行社率先推出国内旅行支票，其中票面分为10元、20元、50元、100元4种，中、英文两种版本同时发行。这些支票，在国内诸名胜地和各大城市及部分国外城市均可随时兑换成现金。有意思的是，为更好地推广旅行支票，当时凡购买者均获赠一个漂亮的皮夹子，这一促销点子果然有效，旅行支票也很快打开了销路。

此外，旅游刊物也是由中国旅行社首创。1927年，中国旅行社创办的《旅行杂志》正式发行（初为季刊，次年改为月刊），因编辑新颖、图文并茂而广受读者的欢迎。为了旅游业的长远发展，中国旅行社还持续不断地编辑出版各种中英文旅游手册，以向国内外游客推介各地名胜古迹。

尤其值得一提的是，中国旅行社在抗战时期表现卓越，为世人所瞩目。当时，苏联援华物资从新疆到甘肃、陕西、四川，接运人员的沿途食宿均由中国旅行社负责。为此，中国旅行社在西安兰州公路上设立彬县、平凉、华家岭和兰州4处招待所，川陕公路上设有宝鸡、庙台子、褒城、汉中、广元5处招待所，在宝鸡天水线上设有天水招待所，加上西安西京招待所、临潼华清池管理处、兰州西北大厦、兰州思危斋招待所、迪化花园招待所等，组成了中旅社在西北的服务网络。这些贡献，无疑应该记入史册。

在陈光甫的不懈努力下，中国旅行社从无到有，从小到大，其分支机构一度达到一百多处，并在中国香港地区、新加坡、美国、菲律宾等地设立了分支机构，

堪称国内旅游业的航母舰队。自 1923 年创立到 1953 年宣告停业，中国旅行社以其
30 年的不凡经历，为后人留下了宝贵的经验与理念，这也同样是不应该忘记的。

【36】商人爱国不怕死：项松茂与五洲大药房

　　被誉为上海滩"西药大王"的项松茂，他和很多白手起家的工商业者一样，
出身并不高贵。这位生于 1880 年的宁波少年，早年因家道中落而被迫辍学，14
岁时到苏州某陆姓皮毛牛骨行当学徒。勤工苦学 3 年后，满师的项松茂被店东委
以账房重职。又过了 3 年，项松茂跳槽到上海中英大药房担任会计，由此开始了
在上海滩的闯荡。

　　项松茂的一生中，沪上知名的"滑头商人"黄楚九是他的重要引路人。清末，
黄楚九发明了保健药"艾罗补脑汁"，他利用国人崇洋的心理而打出美国"艾罗
博士"的旗号（实则"艾罗"即 yellow 音译，系指黄本人），因为在药中添加了
一些兴奋类成分，这种药在市面上卖得十分畅销，而它的成功又与项松茂有着密
切的联系。

　　推销"艾罗补脑汁"的过程中，黄楚九结识了精明强干的项松茂。在其盛情
邀请下，项欣然出任五洲大药房总经理一职。上任伊始，项松茂将店中豪华陈设
变卖后充为营业资金，随后又挖来了熟悉钱庄的俞钜卿为副经理，为五洲大药房
提供了充足的资金保障。

　　如果只是药品买卖，那未免小觑了项松茂。当时的中国，西药完全被外国资
本垄断，传统中药又遭到西方文明的极大挑战，如何生产出本土的现代药物成为
药学界的一大难题。为此，身怀大志的项松茂果断派出业务骨干前往欧美考察学
习。在取得很多欧美大药厂远东独家代理权的同时，五洲大药房的技术人员也摸
索学习了相应的制药技术与办厂经验。之后，五洲大药房开始试制西药，并在传
统中药的基础上炼制了酊剂软膏、牛痘疫苗等新药品。

作为这一时期的拳头产品，"人造自来血"为五洲大药房赢得巨量现金流的同时也为项松茂赢得了极好的商业名声。"人造自来血"原名"博罗德补血圣药"（Blood Tonic），据其宣传为"英国皇家医生处方"，原料也来自英国，制成后色泽鲜红，效果较中法药房出品"红血轮"等同类产品为佳，由此在市场上广受欢迎。据统计，"人造自来血"1911年产量为15210公升，两年增至22013公升，20年后（即1931年），"人造自来血"的年产量已扩增至75563公升，年销售额达471万元。

项松茂

以今天的眼光看，"人造自来血"这种治疗贫血的药物未免有些夸大宣传。但不管怎么说，"人造自来血"曾在巴拿马万国博览会上获奖，最后畅销到连外商都眼红不已。某德国药厂即在租界里搞起了山寨版的"人造自来血"药片，项松茂发现后立刻向公共租界巡捕房投诉，德商产品最终被没收查处，五洲大药房保护了自己的知识产权。

随着业务的不断扩大，项松茂又向大丰工业原料公司、开成造酸公司等企业投资附股，在取得国产原料如硫酸、松脂等低价供应的同时，又以自产的甘油、硝酸、盐酸等原料销给大丰等厂家使用。此举既降低了彼此的生产成本，也密切了民族工商企业的协作关系。

五洲大药房壮大后，项松茂的地位越来越强势，原始股东黄楚九很识时务地于1916年将股份转让给项松茂，五洲大药房由此成为项氏产业。在此基础上，项松茂建立了现代意义上的企业管理制度，他在董事会、总经理之下设立店务、厂务、店厂联席会议和技术会议，又按生产、营业、财务、管理4个系统设置层级部门。在项松茂的科学管理下，五洲大药房的资本总额逐渐增至百万元，职工人数也由最初的30余人增至400余人，并发展成为国内最大的制药兼销售企业。

　　尽管在商业上取得了巨大成功，但项松茂始终将"精诚勤俭"四字奉为座右铭。在同仁眼中，项松茂凡事"必躬必亲，每至夜半始寝"。身为总经理，项松茂以身作则，严格执行规章制度。他的亲弟弟染上鸦片烟瘾，他发现后立刻将其辞退。即便在家中，项松茂也是要求严格，项家女眷一律从事家政，不许坐享其成。另外，项家设有专门账本，一日三餐粗茶淡饭，每顿只有一个荤菜，有鱼则无肉，有时一条鱼还要吃两顿，上顿没吃完，下顿接着吃。

　　1931 年九一八事变后，项松茂积极从事抗日救亡运动，并在企业内组织了义勇军第一营，项自任营长。非常时期，项松茂特别规定，队员下班后须在军事教官的指导下训练一小时，这也招致了日军的仇视。1932 年一·二八事变后，日军在上海重燃战火，五洲大药房二分店因毗连战场而被日军搜出义勇军军服，留守的 11 名员工全部被劫走。

　　得此消息后，项松茂不顾个人安危亲自前往营救。有人劝阻他："你是抗日救国会委员，此时还是避避风头为好。"项凛然道："居高位者致人于危而图自安，吾耻之。吾长五洲，吾不救，谁往者？"当晚，项松茂亲赴敌营要人，由此被日军捕至海军陆战队司令部，并于 1 月 31 日清晨与 11 名下属同时被枪杀。

　　据说，项松茂为历史留下了最后一个人生场景是日本军官在审讯中怒喝："还敢抵抗我们吗？谁抵抗我们就杀谁！"项从容答道："杀便杀。我们中国人，不爱中国爱什么？"一代工商巨子就此陨落。事后，国民党政府

五洲大药房创立三十周年暨新厦落成纪念

褒扬项松茂"抗敌不屈，死事甚烈"，蒋介石亲笔题赠——"精神不死"。

4年后，一幢10层楼高、号称"远东第一"的药业大厦在原来五洲总店的地基上落成，五洲大药房的员工们用一种特殊的方式表示对这位爱国总经理的纪念。值得一提的是，项松茂之子项绳武后来继承父志并将其事业发扬光大，五洲大药房一直延续至今，这在众多的民族工商企业中不能不说是一个奇迹。

【37】留住繁华：王开照相馆的百年传奇

人类最早的摄影术起源于针孔成像，但在1550年意大利人卡尔达诺用双凸透镜替换针孔后，还需要等到1822年，人类社会才有了第一张真正意义的相片。之后，摄影技术开始突飞猛进。到19世纪中期，摄影设备已经比较成熟，并在不久后传入中国。

据记载，1844年10月法国外交使团来华时，随行官员兼摄影爱好者于勒·埃及尔用达盖尔摄影机拍下了澳门最早的照片。之后，于勒·埃及尔又前往广州并拍下了中国内地最早的一批照片，其中包括两广总督耆英的半身像。

19世纪70年代后，香港与上海也相继出现照相馆。1846年，英国医生约翰·迈凯来在香港开设照相馆，这可能是中国最早的照相馆。1852年，外商赫尔曼·哈斯本德在上海福州路隆泰洋行经营银版摄影和肖像着色。稍后，法国人李阁朗在上海外滩开设照相馆，专门拍摄人物肖像，这也是上海第一家照相馆。不久，广东人罗元祐也在上海城内开设照相馆，由于他技法娴熟，照片人物"眉目清晰，无不酷肖，胜于法人李阁朗多矣"，当时很受推崇。1862年，英国人威廉·桑德斯在上海开设"森泰照相馆"，并经营25年之久。

到1876年时，从上海广东路到南京路一带开设了近10家照相馆，其中包括"宜昌""苏三兴""华兴""同兴""日成""恒兴""时泰""公芳"等。据《上海新报》刊登的广告，1864年5月20日开张的"宜昌"照相馆是上海最早有确切创办日期的照相馆。稍后由香港迁到上海汉口路的"苏三兴"照相馆则以拍摄名媛魅影而闻名，"凡柳巷娇娃、梨园妙选，无不请其印成小幅，贻赠所欢"。

"王开"照相馆

在其他城市如广州，在 1860 年前后也开始出现照相馆。当时宦游粤东的广西桂林人倪鸿在《观西人以镜取影歌》中，称某外商在广州城内开照相馆，店主"日获洋钱满一车"，他诗中详细描述了拍摄过程："竿头日影卓午初，一片先用玻璃铺，涂以药水镜面敷，纳以木匣藏机枢，更复六尺巾幂疏，一孔碗大频觇觎，时辰表转刚须臾，幻出人全躯神传……"天津第一家照相馆"梁时泰照相馆"于 1875 年开业，京城首家照相馆"丰泰照相馆"则于 1892 年开业。在此之前，京城虽然没有对外营业的商业照相馆，但达官贵人如恭亲王奕䜣、醇亲王奕譞、李鸿章等，均有过照相经历并有相片流传于世。

因为技术和成本等原因，当时摄影并没有取代画像，而是长期共存。早期的照相馆通常设施简陋，拍摄多在玻璃棚内，当时也没有灯光和其他人造光，全靠透过顶棚的日光，所用底片也多为碘化银湿片，感光速度很慢，拍摄体验较差。为保证影像清晰，顾客往往被要求保持端坐或直立姿势，摄影师打开镜头盖，一般要数到 10 甚至数到 20，被摄者才可以动。为了招徕生意，有些照相馆往往以新巧布景取悦顾客，摄影室一般备有山水风光、亭台楼阁或西洋油画、自鸣钟等布景，陈设茶几花瓶、高脚痰盂，有的还搬上了模型汽车、游船等。

19 世纪末，上海照相馆最著名的有"耀华""宝记""保锠""致真"四家，号称"四大天王"，分别开在南京路、福州路和广东路上。"耀华"老板施德之摄影师出身，他积极探索光影造型，主张"以黑出白"，所摄人像层次丰富、立体感强，并擅长相片着色和放大巨幅照片。在 1900 年巴黎博览会上，"耀华"送展的照片获得大奖，成为清末中国唯一在世博会上获奖的照相馆。庚子年后，耀华照相馆分为东、西两馆，东馆设在"抛球场"，由施德之主持；西馆设在"跑马场"，由施德之的女儿任摄影师，也精通摄影，"其技之精，不亚于乃父"，父女共同经营照相馆，在当时传为佳话。当时，女摄影师在"耀华"首开先例，其以"以女子而为妇人照相，深合男女有别之礼"为号召，很是争取了不少女性市场。此外，城内九亩地的"毕肖楼"同为女子照相馆，经营者和摄影师也都是女性。

清末时期，感光速度快的照相干片开始广泛应用，加之电灯照明的发明，摄影不再受天气影响，拍出的照片也较为生动自然。民国时期，国外胶片大量进口，拍照价格的降低也招徕了更多的顾客，上海照相馆随之如雨后春笋般出现。

在这些照相馆中，有家老字号坚持了上百年，这就是王炽开创办的"王开"照相馆。王炽开又名王秩忠、王开，广东南海人，他 15 岁进上海"耀华"照相馆当学徒，后入同生、美利丰照相馆任摄影。1918 年，王炽开和原同事合伙开了一家"英明"照相馆，但未能维持多久。1920 年底，王炽开自办"王开"照相馆，并逐渐在南京路上创出品牌。

在经营上，王炽开以"人无我有，人有我精"为宗旨，他注重技术提升，坚持优质服务，并在广告宣传上舍得花钱。当时，沪宁、沪杭铁路沿线各站点都竖立了"王开"照相馆的路牌广告，沪上各大报如《申报》《新闻报》等也经常刊登有关"王开"的广告和消息。不过，"王开"照相馆最终暴得大名，却是通过以下两件事。

第一件事是民国十六年（1927 年）在上海举办的"远东运动会"。在重金投标获得赛事摄影权后，王炽开派出技术最好的摄影师组成四个摄影小组，并配发"罗勒发来克斯"高级相机抢拍比赛精彩画面，随后又以最快速度冲洗出来。各大报社前来购买每日竞赛图片时，王炽开要价不高，但要求在照片下注明"上海'王开'照相馆摄"的字样。由于远东运动会是当时的头条新闻，竞技特写照片更是大受欢迎，"王开"的美名也由此不胫而走。

第二件事是民国十八年（1929 年）孙中山的"奉安大典"。在此过程中，王炽开派出专门的摄影团队前往北京，并一路跟随拍摄了各种历史性场面。除了向新闻界提供照片外，王炽开还将这些珍贵照片加上"王开摄影"的落款并洗印多份分送各地要人，一时声名大振。在此操作下，"王开"照相馆的美誉度和知名度大增，不仅上海本地，全国各地的顾客也都慕名而来。

除服务于普通民众外，"王开"照相馆还为各界名人拍了很多具有历史价值的相片。其中，最具传播力的还属明星照。不夸张地说，20 世纪三四十年代上海滩的当红明星，包括周璇、胡蝶、黎莉莉、阮玲玉、张织云、陈燕燕、陈云裳、黄柳霜等，几乎都是"王开"照相馆的常客。如周璇成名前就曾至"王开"照相馆拍过许多照片，其中有幅 17 岁时拍的半身侧面照，看上去清秀靓丽，已具明星气质；陈云裳成名后，每部新片首映前都会到"王开"照相馆拍造型照，供首映时抽奖用，中奖观众甚至可到"王开"照相馆拍摄同样的明星照。

为了让照片上的明星光彩照人，"王开"照相馆还善用加工程序，如在底片上用铅笔或毛笔将眼睛修大一些，将翘了的衣领整平，等等。当时，"王开"照相馆的手工着色几乎代表了照相行业的最高水平，经过他们加工的明星照，俨然是当时的时尚样本。

如果说明星照主要用于扩大知名度的话，"王开"照相馆最赚钱的拳头产品

靈櫬奉移出北平前門（中央特派上海王開南京中華攝）
The casket passing through Chien Men, Peiping.

孙中山奉安大典

还是结婚照。王炽开认为，结婚照是关系到新婚夫妻的终身大事，拍得好可为新人增添无限喜气，因而各方都十分重视。当时，国人结婚一向崇尚红色，白色衣服颇有忌讳，但王炽开在结婚照中大胆吸收西式装扮，他让新郎身着笔挺的黑色燕尾服和白硬领衬衫，胸前系领结；新娘则身着拖曳的白色婚纱，头戴白色长纱，手戴白色手套，手捧鲜花。在新郎新娘两侧，分别站有伴郎、伴娘外加一男一女两个小傧相，这种寓有早生贵子的站位也是"王开"首创。

"王开"照相馆曾公开宣称，他们拍摄的结婚照可以使新人红颜长驻、永不褪色。当时有人认为这是吹牛，但数十年后，这些照片大多保持光鲜，未曾泛黄或褪色。实际上，这一秘诀就在于王炽开多年潜心研究的漂水工序，他坚持用"四层水洗"过滤药水，并设有专人负责这道工序。

为了提升服务质量，"王开"照相馆一向注重高标准。当时，一般摄影师的月薪通常在是 20 银圆至 60 银圆之间，但"王开"照相馆开出 100 银圆的高薪，以提高拍摄水平。在照相器材方面，"王开"照相馆也只用过硬可靠的产品，坚决拒绝劣质器材。为了抵制日货，"王开"不惜出高价从美国、德国购买高档原材料，一个专业人像镜头要价一万美元也在所不惜。由此，"王开"照相馆的拍摄费用虽然不菲（拍一份照片要 3 到 6 块银圆），但顾客仍旧络绎不绝。

此外，"王开"照相馆对照片质量要求十分严格，王炽开经常亲自检查照片，如发现有眼镜反光、神形不好、色调不正等缺陷的，就会要求摄影师重拍、重印、重修，直到顾客满意为止。1946 年，"王开"成为首家自备发电机供应冷气的照相馆，以更舒适的环境吸引顾客。1949 年后，"王开"照相馆实行公私合营，并与"中国""人民""爱好者"并列为上海四大特级照相馆之列。

从 20 世纪三四十年代的风华绝代，再到 21 世纪的日新月异，"王开"照相馆记载了百年上海的风云变幻，其中的点点滴滴，弥足珍贵。

【38】"三大祥"与"六大招"：孙琢璋的绸布生意经

昔日的上海滩，绸布行里有"三大祥"：协大祥、宝大祥、信大祥。"三大祥"中，最先问世的是协大祥，由丁丕山、柴宝怀创办。丁、柴二人原是"日新增洋货店"职员，后合伙开了一家名为"协祥"的洋货行，这就是协大祥的前身。

辛亥年后，国人衣着日趋洋化，棉布零剪业务前途光明，丁、柴二人于是打算拆分一家绸布行。由于当时还需顾及洋货行的生意，丁、柴二人开办新店时聘请专门的经理人，这就是"协成乾洋货号"的账房先生孙琢璋。

孙琢璋，浦东川沙人，学徒出身，从业有年，业内颇有名声。在答应出任新店经理后，他提出两个条件：一是经理要有全权，股东不得无端干涉；二是经营要打破常规，可以有"特别做法"。丁、柴二人认为只要能赚钱，也就乐得轻松，便答应了孙琢璋的要求。

1912 年 8 月，绸布店正式开张，店名定为"协大祥"。事实证明，孙琢璋确实经营有方，协大祥开业之初，实缴资本只有 7200 两白银，到 1922 年底，新店盈余已高达 16.6 万两银子，为原始资本的 23 倍。协大祥取得这样的好成绩，和孙琢璋的创新经营是分不开的。总结而言，他的秘诀主要有以下六条：

一是明码标价。民国前，顾客上布店买货先要询价，之后还要讨价还价，这对买卖双方来说都是一种时间与精力的浪费。为了跟上现代社会的节拍，孙琢璋打破传统，实行明码标价，并在店堂上挂起"真不二价"的金字招牌，以示信用。

二是开架销售。之前，布店通常用柜台将顾客与货品隔开，顾客看中哪件，店员就拿出哪件，这样顾客不方便，售货员也很吃力。孙琢璋接手店面后，实行敞开供应，所有布品陈列在柜台外，顾客可深入店堂自由挑选，店员一旁参谋服务，既便利省事，又利于成交。

三是尺码加一。当年各布店多使用虚尺，顾客常因尺寸不足而做不成原打算做的衣服，孙琢璋的做法是"足尺加一"，即售货使用足尺、尺放一寸，这种

如今的协大祥店面外景

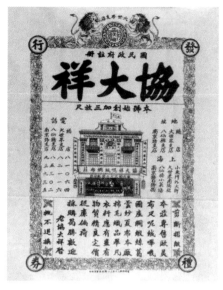

协大祥的礼券

薄利多销、诚实待客的方法大受顾客的欢迎。

四是多种经营。当时布店通常绸缎、呢绒、棉布分类专营，孙琢璋则融三为一，经营棉布的同时兼营各种丝绸和呢绒，以方便顾客。因为备货齐全，协大祥由此形成了这样的口碑："要买布，去协大祥。协大祥买不到，别家更不必看。"

五是保退保换。按通例，布店售出的呢绒、丝绸、棉布，一经剪断或褶皱，概不退换。但协大祥的做法是，售出的布匹如系病疵或变质，即便做成成衣也保退保换。1927年，协大祥购进的香云纱中有部分残次货，顾客买回做成衣服后才发现有的地方已经变质发脆，协大祥不仅向顾客赔礼道歉，而且立刻予以调换或退款，并赔偿顾客的成衣费和来回车费。

六是重视劳工。上海各布店多忽视乡帮（农村）顾客，孙琢璋则认为乡帮市场广阔，进城劳工将成为消费主力。协大祥对待顾客，无论贫富，一律热情接待。有一次，一位农民模样的顾客在店门口徘徊，孙琢璋上前询问，才知客人因两腿污泥，怕沾污店堂而不敢进门。孙琢璋听后，当即唤学徒打水给客洗脚，让客人安心选购，一时传为美谈。

上海各布店中，协大祥一向以管理严格著称，其中"店员规则"多达166条，包括工作规程、奖惩办法、生活福利等，店员违反规则，轻则扣发工资，重则开除出店。协大祥实行"洋号工资制"，绝大多数店员在一线销货，销货金额累积成积分，月底作为工资奖金的发放依据。为方便顾客，协大祥的营业时间很长，夏季16小时，冬季也有14小时。

协大祥的生意做得好，但财富增长的同时也引发了股东间的矛盾与恩怨。

1923年，已不满足做小股东（最初只有协大祥1%的股权）的孙琢璋利用股东间的矛盾将丁巫山、柴宝怀两位创始人挤出协大祥。对此，丁、柴两人也不甘心，他们随后在协大祥的隔壁和四周连开四家"宝大祥"绸布店，企图夺回上海绸布行的龙头地位。

　　孙琢璋原以为丁、柴二人已赚足洋钿，不曾想对方老谋深算，而且迅速东山再起，协大祥居然被团团包围。之后，孙琢璋奋起反击，他在金陵东路、金陵中路及西藏南路开出三家协大祥分店，双方展开了一场激烈的竞争。

　　为对抗协大祥，宝大祥也在包装纸上印上"足尺加一"，协大祥得知后立刻改为"足尺加二"；宝大祥听说后也搞"足尺加二"，但协大祥财大气粗，之后再改为"足尺加三"。这下，宝大祥不敢跟进了。不过，两大祥的做法是"杀敌一千、自损八百"，结果一旁观战的顾客们喜笑颜开，他们倒是得了实利。

　　为了和宝大祥竞争，孙琢璋又让徒弟丁大富在小东门大街的宝大祥对面新开

信大祥公私合营

一家"信大祥"布店，但让孙、丁、柴三人没想到的是，上海绸布行竟因此再生变局。为拉垮宝大祥，信大祥从一开始就搞低价倾销，亏损在所不惜。但长此以往，丁大富很是不满，后来终于摆脱控制，自立门户。到 20 世纪 40 年代，信大祥已和协大祥、宝大祥并驾齐驱。

尽管"三大祥"同出一门，但无序倾轧也会导致三败俱伤。1941 年，"三大祥"成立了联谊社，竞争之势暂告平息。新中国成立前，"三大祥"的营业额占到全市零售布店的 1/3，但随着现代服装工业的兴起，绸布业开始日益萎缩。至 20 世纪 50 年代，昔日门庭若市的"三大祥"门店也就日渐关张，百年老字号逐步转型为商场或企业继续其辉煌。

【39】四大百货：先施、永安、新新、大新的同业竞争

旧上海社交圈里，若有人说衣服是从"公司"买来的，懂行的人就会明白，这指的不是一般公司，而是特指南京路上的四大百货公司，这是衣服上档次、有面子的标志。

20 世纪二三十年代，先施、永安、新新、大新这四家公司在上海可谓家喻户晓，其宏伟壮观的营业大楼，争奇斗艳的橱窗陈设，异彩纷呈的霓虹灯光，所有这一切，都给人留下了深刻的印象，几乎成为上海滩十里洋场的代名词。

四家公司中，最早开办的是先施公司。1914 年盛夏，已在香港、广州开办大型商场的侨商马应彪看中了上海的发展前景，随后冒着酷暑来到南京路上选定店址，并请德和洋行设计公司大楼。3 年后，5 层的先施商场大楼落成，其外部为浓郁的巴洛克风格，内部则厅堂宽敞，装潢奢华，经营面积达一万多平方米，营业员近 300 人。公司正式开业时，商场附设的东亚旅馆、高档餐厅和屋顶戏院中的京戏、绍兴戏、滑稽戏、杂技、魔术等项目同时开张，当日观者如堵，整个南京路都人满为患。

　　先施公司是沪上第一家由华人自建的综合百货公司，商场也是当时上海的第一商业高楼。在诱人的商业前景下，竞争者很快接踵而至。一年后，曾跟随马应彪在澳大利亚经商的郭乐、郭顺兄弟也在南京路上租地建楼，这就是1918年9月开业的永安公司。永安大楼高6层，职员400多人，开业第一天就被挤得水泄不通，原准备卖3个月的货物在20天内即告售罄，受欢迎程度可见一斑。当时的永安公司，"俨然成为旧上海高雅、尊贵、时尚、经典的代名词"。

　　先施与永安并存了一段时间后，又一家大型百货公司于1926年宣告成立，这就是侨商刘锡基开办的新新公司。刘锡基原是先施公司的雇佣经理，后脱离公司自己创业，新新公司是其手下最重要的产业。新新大楼高7层，1楼到3楼经营百货，4楼为粤菜馆，5楼是茶室、新新美发厅、新新旅馆等，6层以上为新都饭店和新都剧场。商场内全部开放冷气、自行组装广播电台，这都是新新公司的首创。

　　大新公司比新新公司晚10年，不过创办人蔡昌一出手就是大手笔。大新商

先施

场高 10 层，1 ~ 4 楼是百货，5 楼是酒家和舞厅，6 ~ 10 楼为游乐场，另外还设有屋顶花园并首创地下商场，内设廉价商品部。商场地面全贴黑色花岗石，墙上贴米黄色釉面砖，底层大厅中央安装大型自动扶梯，这是大新首创，远东绝无仅有，轰动一时。蔡昌给公司取名"大新"（即"更大、更新"之意），其气魄、豪华与先进程度超过前三家。因此，大新公司虽开设最晚，但营业额很

大新百货

快成为四大公司之首，资本总额一度跃居中国百货业第一位。

自古商场如战场，南京路上一下出现四家大型百货公司并同在一商业旺区经营，竞争不可避免。最先开张的先施与永安，因为老板马应彪与郭乐既是同乡，又曾在澳洲一起合伙经商，后来还成为儿女亲家，加上他们初来上海，人生地不

新新百货

熟，最初两家公司相互联系，遇事商量，虽有竞争，但关系还算融洽。但是，资本天生就是逐利的，时间一长，双方难免花样翻新，互争雄长，甚至相互挖墙脚，在宣传上攻击对方。特别在酒楼与游乐场业务的争夺上，先施与永安更是寸步不让，双方闹得很不愉快。

1926 年新新公司加入竞争后，因其创办人刘锡基原本就是从先施闹内讧出来的高层，加上开设地点正好毗邻先施与永安，这下更是"仇人相见、分外眼红"，竞争日益白热化。以楼层为例，新

新公司楼高7层，比先施公司高两层，以示其宏伟并具压倒性优势。先施公司也不甘示弱，随后决定加盖3层，整个大楼显得更为巍峨壮丽。新新公司得知后，由于地基的缘故不能加盖楼层，悻悻然之余，又在原楼屋顶上加盖宝塔一座，高度上再次超过先施。

尽管如此，新新公司毕竟是新来者，资金、备货也不如先施与永安充足，因此，刘锡基在销售方式上动足了脑筋，经常搞一些"猜豆得奖""当场摸奖""房屋奖券"等花样来吸引顾客。先施与永安公司见后，随后也办起了"百万奖金""连环双赠品"等促销，并特辟廉价部削价竞销。新新开业之初，先施与永安还企图联合起来压制这家新公司，但资本的联合毕竟不稳固，为了各自利益，三方很快又各自为战。

1936年，大新公司创办，这家公司比先施、永安晚近20年，比新新也要晚10年，但所谓"后来者居上"，晚到者有"后发优势"，大新公司虽然成立晚，但规模大、设备新，这引起了前三家公司的忌恨。开业前，先施、永安、新新三家公司即企图利用大新公司立足未稳之际一举将之挤垮。为此，先施、永安、新新决定采取联合行动，一致对付大新。首先，他们在进货上抑制大新公司的货源和进价，并威胁部分供货商不得向大新供货，否则他们将停止进货；其次，大新开张营业之时，三家公司联合举行"大减价"活动，部分热销产品价格低于大新公司，以最大可能地抢走客流。在先施、永安、新新的联合攻击下，大新公司在最初营业平淡，直到全面抗战爆发后，局势才有所扭转。

不过话说回来，由于四大百货公司的老板都来自广东香山，因而竞争也主要局限在商业方面。即便是竞争，四家公司也有互相帮衬的举动，如先施、永安的礼券可以相互通用。最主要的，是广东商人喜欢"抱团"，遇到问题相互帮忙，这种团结来自文化认同及共同的语言——粤语将他们紧紧捆在了一起。新中国成立后，四家百货公司的旧址犹在，只是先施成了上海时装公司，永安改名永安百货，新新现为上海第一百货，大新为上海第一食品商店。

【40】兄弟联手打天下：郭氏家族与永安集团

1929 年 8 月，新世界游乐场举行"中西游艺大会"，期间举办选美竞赛，获选者可免费前往美国游历。消息传出，众多上海佳丽参与竞选，其中又以上海大亨虞洽卿之女虞澹涵为最大热门。经过 45 天的角逐，投票结果于 10 月初揭晓，来自永安集团郭氏家族的郭安慈以 20870 票当选，虞澹涵以 14509 票屈居亚军。

一

由于永安公司的金字招牌，郭氏家族在民国上海滩可谓无人不知、无人不晓。然而，永安郭家并不是什么富豪权贵，也没有外国关系可以去做买办，他们能取得这样的成就，完全是靠几代人奋力打拼出来的。

永安郭家来自于广东香山县，第一代郭沛勋仅有二三十亩地，家境不算富裕。郭沛勋生有 6 个儿子，长子郭炳辉十几岁时就跟着乡人前往澳洲谋生，后来积累了一点资本做起了小生意。1892 年，次子郭乐也来到澳洲投奔大哥。但可惜的是，郭炳辉没多久即因病去世，只剩郭乐一人单独打拼。

最初，郭乐先做了两年的菜园工人，后经堂兄郭标（郭安慈之父）介绍，进了后者和马应彪（即后来先施公司老板）合开的永生果栏（水果批发行）任职。数年后，郭乐有了一定的积蓄，于是退出永生和同乡合开了另一家永安果栏。为了将生意做大，后来永生、永安和另一家永泰（后来大新百货创始人蔡兴所开）合并为生安泰果栏，郭乐后来者居上。

除了经营澳洲的果品生意外，生安泰果栏还兼营中澳之间的进出口生意，如将中国的百货运到澳洲，澳洲的牛皮、木材等运回国内。随着业务的不断发展，郭乐的三弟郭泉、四弟郭葵、五弟郭浩、六弟郭顺也先后来到澳洲，这也为后来的永安公司打下了基础。

1918 年初建时的永安公司

　　1900 年，既是生意伙伴又是竞争对手的马应彪回到香港创立先施百货。在此启发下，郭乐等人也摩拳擦掌，准备回国大展宏图。1907 年 8 月，郭氏兄弟在香港创办永安公司，店址在香港皇后大道，与先施公司相距不远，由郭泉主理经营百货业务。两年后，郭乐也回到香港坐镇，澳洲业务交由弟弟郭葵、郭顺负责。

　　5 年后，永安公司的资本额翻了近 5 倍至 60 万港元，公司员工也增加到 60 多人。这时，先施公司已经开始向外拓展，其先后在广州（1912 年）、上海（1917 年）两地开设新店，郭氏兄弟立即紧追其后，也要在上海滩上大展拳脚。

　　1915 年 7 月，郭泉、郭葵受命前往上海物色店址。一番调查后，他们将目光投向了日渐繁荣的南京路。在对店址设在路南还是路北的问题上，据说郭氏兄弟还特意做了个试验，他们派了两个人，一个站在路南，一个站在路北，每过去一个人，就往口袋里放一颗豆子，以此统计两边行人的数量多少。在选定南京路、浙江路口地段后，郭氏兄弟与土地业主、犹太富商哈同签订租约，其中规定：南京路上原"陶陶居茶馆"的八亩半土地租给永安公司，租期 25 年，年租金 5 万两白银，期满后原土地连同建造房屋一并归还。当时有人嘲讽郭氏兄弟不懂生意，这样苛刻的租约怎么能答应？！但后来的事实证明，郭氏兄弟的决定是正确的，不但永安公司很快在上海立稳脚跟，郭氏家族也由此扬名立万，赚得盆满钵满。

不到一年半的时间，永安公司的 6 层大楼在南京路上迅速崛起，再次与老对手先施公司唱起了对台戏。1918 年 9 月，永安公司开始正式营业。为了营造先声夺人的效果，郭氏兄弟在各大报刊上连续发布了 14 天的"开业预告"，其中对公司的商场布置和经营特色大肆宣传，并宣布开业当天实行"超低价"促销。不仅如此，郭氏兄弟还广发请帖，邀请沪上高官、名人和明星等在开幕当天前来捧场，各路媒体也是倾巢而出，开幕前后的新闻报道铺天盖地。

在如此大规模的造势下，永安公司开幕当天，前来参观或购货的各路人马简直人山人海，轰动一时。尽管事前采取了发放代价券进门的方法来限制人流，但商场门口还是大排长龙，挤得水泄不通。令人咂舌的是，原本准备卖 3 个月的货品，在短短 20 天内即销售大半。永安公司大受欢迎的盛况，可见一斑。

二

打响了上海滩的第一炮后，永安公司随后稳扎稳打，业务蒸蒸日上。那么，永安公司的成功秘诀在哪里？窃以为，主要有以下几点。

首先，在商场布局和楼层设计上，永安的安排特别合理：1 楼是各种日常生活必需品如牙膏、毛巾、香皂等，顾客可以随走随买，无须耽误太多时间。2 楼是绸缎、布匹等商品，这个主要针对女性顾客，各种花色、品种可供精挑细选，价格也可以反复比较。3 楼是珠宝、首饰、钟表、乐器等贵重商品。4 楼是家具、地毯、皮箱等大件商品，这些可以代为送货（永安首创），4 楼营业也不会影响生意。这些安排，据说出自永安掌舵人郭乐的亲自设计，以"尽量突出宽敞和适应顾客的心理"，这也为后来的商场布局树立了一个典范。

其次，在商品选择上，永安既做到货物齐全，又要求精益求精。创办之初，永安公司即以"经营环球百货，推销中华土产"为宗旨，当时英国的棉布、呢绒，法国的化妆品、颜料，德国的五金、电气用品，瑞士的钟表，瑞典的搪瓷，捷克的玻璃用品，日本的毛巾等，世界各国的名牌产品，在永安的货架上几乎应有尽有。此外，本国的各种产品也多有陈列，国货和进口货物大体维持在1∶3的比例。由于永安的货品既齐全又精致，当时就有人称永安是世界各国名牌产品的陈列厅，"俨然成为旧上海高雅、尊贵、时尚、经典的代名词"。

最后，永安以"服务至上""客户永远是对的"为营业标杆，每个员工都必须不折不扣地奉行。公司《服务规章》中即明确规定："对顾客须竭诚招待、和蔼应付，不得有厌烦傲慢态度或出言不逊情事；开罪顾客情节严重者，应予开除。"如郭泉所云，"如顾客拟购之货属其他部分者，应以简明语句陈说该部所在，尽可能引导前至该部；或己不暇，可嘱别伴导往。如客挑选之货未惬其意，应善为解释，态度须恳挚。客选货物，或须由柜顶取货，勿嫌烦难；无论换取百数十次，均须和颜悦色，遵命唯谨……已成交之货，装包妥毕，应顺问须代携送至车中否……如遇客挤，接应不暇之时，应抽空分别应酬数语，请其稍候，自可增其耐心"。

在永安公司大楼上，"Customers are always right!"（"客户永远是对的！"）的霓虹灯十分醒目，在很远就能看到。在郭氏兄弟的严厉要求下，商场营业员必须

公私合营时的永安公司

礼貌待客，而且要永远保持礼貌，因为"得罪了一个顾客，就等于赶走了十个顾客；接待好一个顾客，就等于拉来十个、一百个顾客"。所谓"顾客就是上帝"，营业员如有"慢客"行为，轻者警告记过，重者开除，绝不通融。

另外值得一提的是，永安公司在经营方法上十分灵活，而且创新不断。如永安的借记折就有些类似于现在 VIP 会员卡，客户可以凭折子记账购物，按期结算。再如永安的礼券，既可以购物，又可以作为礼物送人，有些类似于现在的预付卡。此外，为了保持现金流的快速周转，永安公司经常在报刊上大登广告搞促销，如换季打折、以成本价或低于成本价甩卖滞销商品等。

曾有人说，永安公司之所以发达，主要是靠了"永安"这个吉利的名字。对此，二代掌门人郭琳爽却认为："店名只是原因之一，但不是主要原因。永安公司办得好，在于备货足、品种多、花色齐、式样新、质量上乘、信誉卓著，还有售货员训练有素，服务周到，有问必答。这些恐怕是永安公司营业额稳居全市首位、历久不衰的主要原因。"

郭乐曾在《回忆录》中说，当年之所以创办香港永安公司，主要是因为在海外旅居多年，看到欧美货物新奇、种类繁多，外人对经营技术也很有研究。反观我国，工业没有萌芽，商业也只是小商小贩，墨守成规，只知博小利而自足，既无有规模的组织，对商战的形势更是茫然。因此，中国要在经济侵略的危机中谋自救，"非将外国商业艺术介绍于祖国，以提高国人对商业之认识，急起直追不可"。郭泉晚年在《永安精神之发轫及其长成史略》一文中，把"永安精神"概括为十点，其中就包括："严稽核、重招徕、礼顾客、树模范、任人才、善采办、慎出纳、绝投机、励储蓄、肃家政。"从这个意义上说，永安公司的成功确实不是偶然的。

三

如果永安公司只是经营百货，那郭氏家族还不至于如此名声显赫。事实上，他们对资本手段的运用也十分熟练，这才把事业越做越大，永安公司也最终发展成为一个庞大的资本集团。以上海永安公司为例，当时投资高达250万港元，这显然不是郭氏兄弟所能承担的。据1919年的一份统计表，上海永安公司的资金有63%来自小投资者，12%来自亲友故交，以郭氏家族名义持股的不到6%，另外20%由香港永安公司持有。由于郭氏兄弟掌控了香港永安公司的控股权，由此也控制了上海永安公司的管理权。

事实上，1907年郭氏兄弟创办香港永安公司时，16万港元的启动资本就有不少来自亲友、同乡和华侨。1912年，香港永安公司转为"私人有限公司"时，以每股1000港元的价格集资60万港元，其发行的600股中，郭氏家族认购的资本不足两成。上市后不久，郭氏兄弟再次以此办法将香港永安公司的资本由60万港元大幅增至200万港元。

为了配合公司的百货业务，郭氏兄弟随后又进军仓储行业，他们在沪港两地陆续购入地皮兴建货仓，如买入香港干诺道西的地皮兴建永安一号及二号货仓，在上海苏州河畔、杨树浦等处买入地皮兴建大型货仓、仓库等。这种自置地皮兴建货仓的投资策略，不但减少了百货生意的经营成本，同时也因为地价大幅升值而为集团带来丰厚的回报。由此也可看出，郭氏兄弟的投资眼光十分独到而准确。

由于永安公司的业务横跨澳洲、中国香港及上海，为降低成本、防止利润外流，郭氏兄弟于1915年投入61万港元创立永安水火保险有限公司。这样一来，永安公司的货品可以投自己家的保险，郭氏兄弟也开始进军保险业。尽管在开业之初遇到挫折，但在家族内部生意的维持下，永安水火保险公司逐步走出了低谷。在此情况下，外来客户也纷纷投保永安保险，公司业务进展顺利，分公司遍及全国及东南亚各地。在此鼓舞下，郭氏兄弟又于1925年集资200万港元进军人寿保险市场，他们把业务重点放在了各通商口岸及海外华人社会，后来证明此举十分成功。经过10余年的耕耘后，保险业务带来了十分可观的回报，成为永安集团不可或缺的组成部分。

一战期间，纺织生意十分红火，郭氏兄弟随后也大举进入。按说，纺织行业长期被江浙商人所垄断，郭氏兄弟对这一行业并不熟悉，他们敢于投身其中，这无疑是有些冒险精神的。1921 年，郭氏兄弟成立上海永安纺织公司并开始筹办纱厂。当时，永安集团并不缺资本，但懂行的经理人员和技术人员十分缺乏。为了解决这一难题，郭氏兄弟特意派出子侄辈郭棣活等前往美国学习纺织工业技术，以最终摆脱对外来工程师的依赖。如此一来，众多子侄也有了更多的发展空间。

毕竟郭氏家族的家底厚，在短短 10 年间，永安纺织公司一边开设新厂，一边兼并他厂，规模越来越大。1925 年，就连沪上知名的大中华纱厂（聂云台所有）也被收入永安旗下。为了配合纺织业务，郭氏家族还在吴淞自建电厂，以保证纱厂的电力供应。此外，他们又在 1933 年投资 100 多万元兴建大华印染厂，此举大大提高了永安纺织业务的竞争能力。1936 年，永安集团向德国订购了一批工业母机，打算建立一座大型纺织机器厂，可惜因为抗战爆发而计划失败，进口机器也被日军掠走。到 1949 年时，永安公司名下已有各类纺织企业 60 余家，拥有纱锭 25 万枚，职工人数 10000 多人。

除了以上业务，郭氏家族的生意网还扩展至酒店、旅行社、物流等不同领域，如大东旅社、大东酒店等，都是永安旗下的实体企业。此外，郭氏兄弟还创办了银行，并大量买入物业地产，如香港的中环、跑马地、湾仔、旺角等黄金地段，到处都有郭氏家族的产业。到 20 世纪 30 年代，永安集团横跨百货、保险、纺织、仓储、地产、金融、酒店、物流等不同领域，其业务遍及上海、香港、广州这些城市及澳大利亚。这几乎就是一个多元化的企业王国了。

四

正当永安集团各项生意蒸蒸日上之际，国内外形势的变化尤其是日本的侵略令郭氏家族遭遇了前所未有的考验和重创。

1932 年一·二八事变期间，位于杨浦、闸北一带的永安纺织厂、印染厂等被日军炮击而损失惨重，不但厂房及生产设备毁于一旦，还有 19 人死于战火之中。由于永安旗下的企业均由集团自己的保险公司承保，风险对冲也就无从谈起。更为严峻的是，1929 年世界经济大危机爆发后，上海市面一片萧条，永安百货的生

永安公司发行的礼券

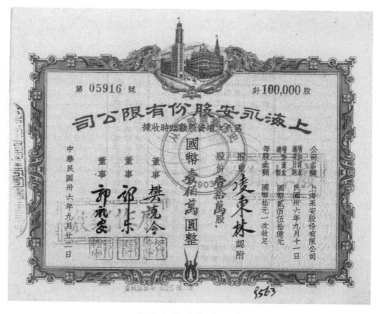

永安公司发行的股票

意也是一落千丈。据统计，自 1931 年至 1937 年间，永安百货的营业额比高峰期减少了四成多。

在战争阴云和经济危机的双重威胁下，永安集团的其他投资也大多陷入了困境。由于资金枯竭，永安集团不得不对外大笔举债。据统计，上海永安公司向上海银行、东亚银行、花旗银行、中国银行等多家银行借贷 10 余次，借款总金额高达 678 万元，可见问题之严重。这一时期，因为借债的原因，就连宋子文也试图对永安插手，企图夺取公司的控制权。

1937 年淞沪抗战后，永安公司的很多企业再次遭遇战火袭击，由此蒙受了巨大损失。鉴于 1932 年的教训，永安公司曾以"英商"身份注册。但战争爆发后，英国当局却以上海永安管理层全是华人为由，其不但拒绝协助永安向日本索取赔偿，而且还撤销了上海永安公司的"英商"注册。

在此情况下，郭氏家族决定转而注册成为"美商"。然而，即便获得了"美商"公司的身份，日军对永安想要讨回被没收资产并追讨赔偿的要求毫不理睬，反而勒令郭乐出面谈判。由于担心人身安全，郭乐于 1938 年 4 月离沪抵港，后又由港赴美，上海业务交由郭顺主持，实务管理则由家族第二梯队郭琳爽等人负责。

出人意料的是，在 1937—1941 年的所谓"孤岛"时期，由于战乱的缘故，大量人口和各路资金涌入租界避难，上海永安乃至香港的生意反而大有起色，一扫六七年前的低迷颓势。只是，这种"畸形繁荣"没能维持多久。1941 年底，日军偷袭美国珍珠港并进入租界，上海和香港均失去偏安条件，永安公司为了生存也不得不向日方低头。为了防止旗下资产被当成"敌产"没收，永安撤销了"美商"公司的注册，旗下纺织、印染等企业也与日资合作，管理权由此旁落。

抗战胜利后，郭氏家族试图重整旗鼓，力求在百废待兴中捷足先登。1946 年，由于租约到期，上海永安公司以极高的价格从哈同继承人处买入所租地皮，此举也说明永安集团实力尚存，并十分看好战后的营商前景。

1945 年 11 月，郭顺以出国治病为由离沪赴美，郭泉长子郭琳爽、郭葵长子郭棣活等开始全面接手家族生意。在香港，虽然以郭泉为领军人物，但实务大多交由郭琳珊、郭琳骧、郭琳褒等人负责。由此，永安集团的管理权也基本移交给了下一代。

1946年后，由于国内战端再起，有人劝郭琳爽和郭棣活离开上海暂避风头，不过后者认为上海大有可为而不为所动。对此，身在海外、健康欠佳的郭乐回函称"余年事已高，无济于事，贤侄等血气方刚，前程万里，至请尽力维护，无负余望为荷"，以此表示对他们决定的支持及勉励。1949年上海解放前夕，在地下党的说服下，郭琳爽、郭棣活都决定留在上海，南京路上的第一面红旗即插在了永安百货的大楼上。

作为永安集团的主要创始人，郭乐定居美国加州后再未返回，后于1956年10月12日去世，享年83岁。由于郭乐的后代子孙数目太少（仅一子一孙及一孙女），亦非可造之才，这一房也就基本退出了永安集团的管控权。至于上海永安的各实体企业，之后相继实行公私合营，郭氏家族的色彩渐渐淡化。

倒是立足香港的郭泉这房，其不但子女众多，而且将永安集团不断发扬光大。到20世纪60年代，香港永安公司囊括了百货、银行、保险、仓储、地产、酒店等核心业务，发展势头十分强劲。1975年10月，永安集团领军人郭琳珊接受《南华早报》记者访问时披露，集团总资产达5亿元，并拥有5家百货公司、1间银行（旗下有11间分行）、1艘大型运输船，在香港及海外也有不少物业投资等。

然而，到了志字辈以后，由于股灾和期货、地产投机相继失败，郭氏家族元气大伤，永安银行的控股权落入了恒生银行之手，人寿保险业务也出售他人。2007年，在永安创立一百周年之际，郭氏家族除了核心的百货业外，集团基本上只剩下地产物业投资与汽车经销等三项业务而已。近年来，随着网购的兴起，传统百货的前景恐怕也难说乐观。但不管怎么说，永安集团这份由祖父辈辛苦开创的家业能够传承数代，这在商业史上已经是十分难得了。

后　记

自 2007 年涉足历史写作以来，主要以晚清民国为范围，我原本没有写经济史方面文章的打算。原因很简单，历史和经济虽然同属人文学科，但经济偏向理科，需要和数学、数字之类打交道，而后者是我一向不擅长的。

直到 2010 年，天津《新金融观察》的编辑李香玉女士向我约了有关近代实业家的系列文章。因为主要偏重故事性和纪实性，相对容易把握，于是就此开始了这方面的尝试。好在当时文章要求都是 2000 字一篇，所以也还算应对自如。

之后，《中国商报》编辑郑立华女士也约了类似连载，而且都是 5000 字的长文，这就不能不慎重对待了。为此，我在自己的写作范围之外，也抽空看了不少相关的书籍和资料，算是对近代经济人物有大概的了解。也就在那时，我对这方面文章有意识地做了个初步规划。最近两年，又应《商界》编辑胡斌先生的约请，围绕这一主题每月撰写一篇专栏文章。如此累计下来，也有个四五十篇，正好可以做成一本书。

2023 年 6 月初，我在朋友圈转发《商界》新发表文章时，把这个意思向出版界朋友稍透露了一下，团结出版社编辑郭强先生很快与我联系，有意接洽出版。说起来，我与郭兄认识有年，之前也写过一点东西，不过出书倒是头一次。这次的合作，也很顺畅而愉快。

说来有趣，我本科是学历史的，研究生学的国际关系，我夫人倒是学经济的，并且一直从事金融学方面的教学和研究工作。我常打趣说，你们学经济的人，往往不屑于写历史（哪怕是本学科的历史），而我们学历史的人又不懂经济，所以经济史谁来写、怎么才能写好，确实是个问题。从这个角度说，我这么拉拉杂杂合成一个集子，也只能算抛砖引玉，以求教于方家了。

非常荣幸的是，这本书的出版还得到了民国实业家卢作孚的外孙、著名作家清秋子的关注并为之欣然作序，至为感谢！20年前，我与清秋子老师相识于"天涯论坛"，当时我还是一个籍籍无名的网文爱好者。2007年底首次出版作品时，也蒙清秋子老师不弃，为之做了封面推荐。我与清秋子老师相差20余岁，他这种提携后辈的精神，实在可敬可佩。

最后，我也要对一直以来支持、帮助我的编辑朋友表示衷心的感谢。在这样一个时代，从事写作有些奢侈，能够坚持下来实非易事。但不管怎么说，既然选择了这条道路，就得坚持走下去。感谢你们，更感谢十几年来一直默默支持我的广大读者朋友们。

金满楼

2023 年 8 月